建築地盤アンカー設計施工指針・同解説

AIJ Recommendations
for
the Design and Construction of Ground Anchorages

1991 制定

2018 改定

日本建築学会

本書のご利用にあたって

本書は，作成時点での最新の学術的知見をもとに，技術者の判断に資する技術の考え方や可能性を示したものであり，法令等の補完や根拠を示すものではありません．また，本書の数値は推奨値であり，それを満足しないことが直ちに建築物の安全性を脅かすものでもありません．ご利用に際しては，本書が最新版であることをご確認ください．本会は，本書に起因する損害に対しては一切の責任を有しません．

ご案内

本書の著作権・出版権は(一社)日本建築学会にあります．本書より著書・論文等への引用・転載にあたっては必ず本会の許諾を得てください．

R 〈学術著作権協会委託出版物〉

本書の無断複写は，著作権法上での例外を除き禁じられています．本書を複写される場合は，(一社)学術著作権協会（03-3475-5618）の許諾を受けてください．

一般社団法人　日本建築学会

改定の序

　本会の「建築地盤アンカー設計施工指針・同解説」は，1991 年に制定・刊行されてから 27 年が経過した．第一版では，それまで一般に用いられていた地盤アンカーの設計法，施工法を分類・整理し，さらに，当時の地盤アンカー小委員会で調査検討した内容を加えて，指針としてまとめたものであった．2001 年には第 1 回の改定版が出版されたが，これは，第一版の内容を踏襲するとともに，第一版の刊行以降に採用実績が増加した，「除去式地盤アンカー」に関する記述を加え，地盤アンカーに携わる技術者にとって，より実際的な情報を盛り込んだものであった．

　今回の改定は，基本的な考え方は第一版および第二版を踏襲するものであるが，近年の採用実績を考慮して，代表的と思われる地盤アンカーの設計法と施工法を系統的かつ合理的に記述することを目標にした．執筆にあたっては，本会の「地盤アンカー小委員会」において最新の技術動向の調査検討をおこない，以下を基本方針として編纂したものである．

・建築地盤アンカーの分類および定着体等の各部名称を再検討し，複数の耐荷体を用いた地盤アンカーに対しても，一般的な地盤アンカーとして設計施工できるようにする．

・本設地盤アンカーの設計法に対して，「本設鉛直地盤アンカー」と「本設斜め地盤アンカー」の独立した節として記述し，それぞれ的確な設計がおこなえるようにする．

・用語の見直しも含めて，指針全体を見直し，より簡潔で明快な表現で記述する．

　本指針で対象とする建築地盤アンカーは，緊張力を導入した状態で使用するものであり，この際に実施する確認試験によって，すべての地盤アンカーの基本性能を確認することを原則としている．この考え方は第一版から一貫して変わっておらず，地盤のばらつきによらず，品質の良い地盤アンカーの造成を可能にしている．近年では，2011 年の東北地方太平洋沖地震（東日本大震災）をはじめとして，巨大台風・集中豪雨などの不測の災害による建築物の損傷事例が増えているが，建築地盤アンカーが損傷したという報告は今のところないようである．これは，地盤アンカーに携わる技術者の努力と勤勉さに拠るところが大きいが，同時に本指針の基本的な考え方が間違っていないということを示すものであろう．

　本指針は，第一版・第二版と同様に，各章・各項目ごとに担当者を決めて改定案を作成し，地盤アンカー設計ワーキンググループ，地盤アンカー施工ワーキンググループおよび地盤アンカー指針改定小委員会で検討を重ねてまとめたものである．本書の利用にあたっては，本会の「山留め設計指針」，「建築基礎構造設計指針」などの関連の指針を併せて参照いただきたい．

　地盤アンカーに係わる技術は，日々進歩を遂げているが，その反面，いまだ研究途上で明らかにされていない問題も数多く存在している．本書が，建築地盤アンカーに携わる多くの技術者に有効に利用されることと，今後の新たな技術開発の一助となることを望むものである．

　2018 年 1 月

日本建築学会

制定の序（第一版）

　地盤アンカーが建築工事の山留めなどに利用されはじめてから 20 年以上になる．この間施工経験を重ねることによって次第に信頼性が増大し，また根切り工事やその後の本体構造物の構築工事のための作業空間が広くとれることなどもあって，多用されるようになっている．しかしながら最近においても地盤アンカーを用いた山留めの事故が生じた例が見られるなど，問題点を有していることも事実である．他方では，地盤アンカーに用いられる PC 鋼材の耐腐食性を増すための構造上の改良が行われるなど，耐久性の向上がはかられてきた．これによって，数年前から，建築構造の一部として使用するための現場施工実験を含む一連の検討がなされて，その結果建設大臣認定の形で本設地盤アンカーとしても使用されるようになっている．以上のような状勢に対応して，日本建築学会構造委員会，仮設構造運営委員会の中に地盤アンカー小委員会が設けられ建築における地盤アンカーの構造・設計・施工についての指針を作成することになった．自然の地盤との協力によって目的を達成するものであるから，地盤アンカーの性能を十分に発揮するためには施工が重要な要素を占めることはいうまでもない．このため，施工管理と施工された地盤アンカーの性能の確認方法についても指針の中で述べられている．

　指針の作成にあたっては内外の既往の規準，指針を参考にした．特に BSI（英），FIP（国際），DIN（独），フランス指針などの外国規準，土質工学会「アース・アンカー工法」「グラウンド・アンカー工法」などの国内指針を参考にするとともに，既往の実施例で得られた資料を収集分析して，地盤常数の決定などの参考にした．

　本指針の地盤に関連した設計法は，仮設用にも本設用にも共通して適用できるものであるが，採用される安全率については使用目的によって配慮がなされるべき問題である．特に本設地盤アンカーについては，本指針での提案と異なる値が行政的に定められる場合のあることを注意しておきたい．

　なお，本指針で取り扱ったのは，鋼材に引張プレストレスを導入する地盤アンカーのみである．またその中で，使用後に鋼材を撤去する，いわゆる除去式アンカーについては除外することにした．地盤アンカーの構造，設計計算法，施工法，施工機械，材料などについては，なお研究開発されるべき問題が残されている．本指針は現状における特殊なものを除いた一般的な知見をまとめたものである．本指針が地盤アンカーを使用する設計者・施工者および新たにこの問題について勉強される方々の参考になるとともに，今後のこの工法の発展の基礎となることを望むものである．

　1991 年 2 月

日本建築学会

改定の序（第二版）

　1991年に建築地盤アンカー設計施工指針・同解説が本会で制定，出版されて10年を経過した．最初の版では，それまで一般に用いられていた設計法の一部を新しく見直したこともあって，利用者になじみのない部分があった．また，本設用の地盤アンカーについては，実大の施工試験体を含む各種の大規模な長期間にわたる研究結果に基づいた設計施工指針が示されたが，地盤アンカーの利用の大部分を占める仮設用地盤アンカーのうち，使用後に緊張用のPC鋼材を撤去する除去式地盤アンカーについては取り上げていなかった．これは，除去式の場合，各種の工法でそれぞれの開発者が工業所有権を取得している部分があり，また仮設用であるために十分な安全性に対する理論的・実験的な裏付けのないままに利用されている場合も多く見られたために，技術的な標準となる指針を作成することが困難であったことによるものであった．以上のような事情から，1997年に建築地盤アンカー設計施工事例集をまとめて，指針に従った地盤アンカーの設計施工を行ううえでの参考となるようにした．この中で，除去式地盤アンカーについては，各種の工法を分類し，それぞれについて特徴と留意点を述べたが，設計施工指針として示すにはいたらなかった．また，これらの中で多用されているアンボンド型除去式地盤アンカーを山留めに使用した例を示した．

　今回の改定にあたっては，仮設地盤アンカーを供用期間が2年以上の長期仮設地盤アンカーと，2年未満の仮設地盤アンカーに分類し，本設地盤アンカーとともにそれぞれ要求される耐久性の性能と許容応力度を示した．また，仮設地盤アンカーの中に除去式地盤アンカーを含めて取り扱い，残置式地盤アンカーに準じた安全性を確保するための設計上の要求を満足するようにした．除去式地盤アンカーは仮設工事の期間中に事故が生じなければ問題にならないということや，供用後のPC鋼材の撤去をできるだけ容易にするために，使用中の安全性の確保の面の検討が不足しており，今後この面での研究が行われ，設計・施工の両面で安全性が明確にされることが望まれる．なお，今回の指針では，除去式地盤アンカーの中で一般的に多用されているアンボンド型のものについて一章を設け，設計，施工，試験法について記述した．

　本指針は1991年版と同様，本会構造委員会の仮設構造運営委員会に属する地盤アンカー小委員会においてまとめたものである．前回同様，FIP，イギリス，フランス等の外国規準や，国内における地盤工学会のグラウンドアンカー指針等について，この10年間の変化も含めて参考にした．各章・各項目で担当者を定めて本文および解説の改定案の作成にあたったが，これらはすべて小委員会で検討し，その意見を集約して得られた結果が本書の内容であり，問題等があればその責任は当小委員会が負うべきものである．本書が地盤アンカーの今後の新しい開発や利用に貢献することを願うものである．

　2001年1月

日本建築学会

本書作成関係委員

― （五十音順・敬称略） ―

構造委員会

委員長	塩原　　等	
幹事	五十田　博　久田嘉章　山田　　哲	
委員	（省略）	

仮設構造運営委員会

主査	佐藤秀人
幹事	軽部正彦　室井　　博
委員	大井尚志　桂　　　豊　木村　　麗　下村修一
	辻　　聖晃　日野泰道　松永茂実　丸　　隆宏
	森　利弘　森脇登美夫　柳澤孝次　山川昭次
	山下俊英

地盤アンカー小委員会

主査	佐藤秀人
幹事	丸　　隆宏　山下俊英
委員	岩田曉洋　奥野　　稔　實松俊明　菅　　浩一
	鈴木武志　須藤敏巳　竹家宏治　中村良雄
	堀田洋之　森　利弘　森脇登美夫　若井修一

地盤アンカー設計ワーキンググループ

主査	丸　　隆宏
幹事	森　利弘
委員	岩崎玄之　奥野　　稔　佐藤秀人　須藤敏巳
	中村良雄　堀田洋之　吉田豊一郎　若井修一

地盤アンカー施工ワーキンググループ

主査	山下俊英
幹事	鈴木武志
委員	石丸達朗　岩田曉洋　實松俊明　菅　　浩一
	竹家宏治　森山英治　森脇登美夫　山﨑淳一
	和知康晴

執筆・調整等担当

全体の調整	佐藤秀人	丸　隆宏	山下俊英
	森　利弘	鈴木武志	中村良雄
	奥野　稔	菅　浩一	
1章　総　　則	佐藤秀人	丸　隆宏	山下俊英
2章　地盤アンカーの計画	佐藤秀人	丸　隆宏	山下俊英
3章　荷　重	堀田洋之	須藤敏巳	
4章　材　料	岩崎玄之	森　利弘	
5章　許容応力度	奥野　稔		
6章　仮設地盤アンカーの設計	丸　隆宏	中村良雄	
7章　本設地盤アンカーの設計	森　利弘	若井修一	須藤敏巳
8章　施　　工	石丸達朗	岩田曉洋	菅　浩一
	鈴木武志	森山英治	和知康晴
9章　試　　験	實松俊明	竹家宏治	菅　浩一
	山下俊英		
10章　維持管理	山﨑淳一		
付　　録	丸　隆宏	鈴木武志	

建築地盤アンカー設計施工指針・同解説

目　　次

| | 本　文
ページ | 解　説
ページ |

1章　総　　則

1.1　適 用 範 囲 ……………………………………………………… 1 ……… 25

1.2　定　　義 …………………………………………………………… 1 ……… 26

1.3　地盤アンカーの種類と選定 …………………………………… 1 ……… 29

1.4　用　　語 …………………………………………………………… 2 ……… 33

2章　地盤アンカーの計画

2.1　基 本 事 項 ……………………………………………………… 5 ……… 37

2.2　地 盤 調 査 ……………………………………………………… 5 ……… 39

2.3　周辺環境調査 …………………………………………………… 5 ……… 43

2.4　地盤アンカーの設計計画 ……………………………………… 5 ……… 45

2.5　地盤アンカーの施工計画 ……………………………………… 6 ……… 49

3章　荷　　重

3.1　荷 重 一 般 ……………………………………………………… 6 ……… 54

3.2　山留め壁に作用する側圧 ……………………………………… 6 ……… 56

3.3　地下外壁・擁壁に作用する側圧 ……………………………… 8 ……… 62

4章　材　　料

4.1　基 本 事 項 ……………………………………………………… 9 ……… 65

4.2　引 張 材 …………………………………………………………… 9 ……… 65

4.3　注入材への荷重伝達部材 ……………………………………… 10 ……… 71

4.4　アンカー頭部の定着部材 ……………………………………… 10 ……… 72

4.5　注 入 材 …………………………………………………………… 10 ……… 74

4.6　シ ー ス …………………………………………………………… 10 ……… 79

4.7　防 せ い 材 ……………………………………………………… 11 ……… 80

4.8　その他の材料 …………………………………………………… 11 ……… 81

5章　許容応力度

5.1　基 本 事 項 ……………………………………………………… 11 ……… 83

5.2　引張材の許容引張力 …………………………………………… 11 ……… 84

5.3　注入材の許容付着応力度　……………………………12………86

5.4　注入材の許容圧縮応力度　……………………………12………88

5.5　定着地盤の許容摩擦応力度　…………………………13………88

5.6　その他の材料の許容応力度　…………………………13………91

6章　仮設地盤アンカーの設計

6.1　基 本 事 項　………………………………………13………93

6.2　山留め用仮設地盤アンカーの設計　…………………14………97

6.3　その他の仮設地盤アンカーの設計　…………………16…… 125

6.4　設 計 図 書　………………………………………16…… 126

7章　本設地盤アンカーの設計

7.1　基 本 事 項　………………………………………16…… 128

7.2　本設鉛直地盤アンカーの設計　………………………17…… 132

7.3　本設斜め地盤アンカーの設計　………………………18…… 144

7.4　設 計 図 書　………………………………………18…… 150

8章　施　　工

8.1　基 本 事 項　………………………………………19…… 152

8.2　施 工 計 画　………………………………………19…… 154

8.3　施 工 準 備　………………………………………19…… 155

8.4　削　　　孔　………………………………………19…… 157

8.5　注　　　入　………………………………………19…… 161

8.6　引張材の組立・挿入　…………………………………20…… 165

8.7　緊張・定着　……………………………………………20…… 167

8.8　除去式地盤アンカーの引張材の引抜き　………………20…… 173

8.9　作 業 の 安 全　……………………………………20…… 174

8.10　施 工 記 録　………………………………………21…… 175

8.11　環 境 保 全　………………………………………21…… 176

9章　試　　験

9.1　基 本 事 項　………………………………………21…… 177

9.2　基 本 試 験　………………………………………22…… 183

9.3　確 認 試 験　………………………………………22…… 194

10章　維持管理

10.1　仮設地盤アンカーの計測管理　………………………………24…… 203

10.2　本設地盤アンカーの維持管理　………………………………24…… 209

付　　録

付録 1.　地盤内せん断すべりの検討方法　……………………………………… 213

付録 2.　分散耐荷体方式の圧縮型定着体における荷重割増係数 β　……… 215

付録 3.　施工管理一覧表の例　…………………………………………………… 218

付録 4.　仮設計画の例　…………………………………………………………… 221

付録 5.　削孔時のクリアランスの例　…………………………………………… 222

付録 6.　高水圧状況下での施工機材の例　……………………………………… 224

建築地盤アンカー設計施工指針

建築地盤アンカー設計施工指針

1章　総　　則

1.1　適 用 範 囲

a.　本指針は，仮設構造物あるいは本設構造物に用いる地盤アンカーの設計・施工・試験および維持管理に適用する.

b.　本指針は，原則として加圧注入された定着体に緊張力を加えて用いる地盤アンカーに適用する.

1.2　定　　　義

地盤アンカーは，各種外力によって仮設構造物あるいは本設構造物に発生する応力や変位（変形）を軽減し，構造物の安全性を向上させることを目的として地盤中に設置される構造体で，定着体，自由長部およびアンカー頭部で構成される.

1.3　地盤アンカーの種類と選定

a.　地盤アンカーの設計・施工は，地盤アンカーの種類と特性を十分に理解し，用途・供用期間・地盤条件などを考慮して，最も適切な方法によっておこなう.

b.　地盤アンカーは，本設構造物の一部として用いられるものを本設地盤アンカー，仮設構造物に用いられるものを仮設地盤アンカーという.

c.　定着体の地盤への定着は，定着体と地盤との摩擦抵抗力による.

d.　定着体内部の引張材から注入材への荷重伝達は，引張材あるいは耐荷体の付着伝達によるものとし，定着体は以下のいずれかの方式のものを使用する.

　　1）引張型定着体
　　　定着体内部の引張材と注入材の付着抵抗によって引張力を注入材へ伝達する.

　　2）圧縮型定着体
　　　引張材先端に設けた複数または単一の耐荷体の付着抵抗で引張力を注入材へ伝達する.

　　（ⅰ）分散耐荷体方式：複数の耐荷体とそれぞれの耐荷体に独立して連結された引張材によって構成する.

　　（ⅱ）単一耐荷体方式：1個の耐荷体とそれに連結された引張材によって構成する.

e.　地盤アンカーの供用期間終了後に引張材を除去する除去式地盤アンカーを採用する場合には，除去の時期および方法を考慮して計画する.

1.4 用　語

（1）　地盤アンカー

　　　仮設または本設構造物に作用する各種外力に対して，構造物の安全性を向上させるために地盤中に設ける構造体のことをいい，定着体，自由長部およびアンカー頭部で構成する．なお，本指針では，定着体と地盤との周面摩擦力によって引張抵抗を発現する摩擦抵抗型地盤アンカーをいう．

（2）　仮設地盤アンカー

　　　仮設構造物に用いる地盤アンカーをいう．

（3）　本設地盤アンカー

　　　本設構造物に用い，構造物の全供用期間にわたって用いる地盤アンカーをいう．

（4）　除去式地盤アンカー

　　　地盤アンカー供用期間終了後，引張材を撤去することが可能な地盤アンカーをいう．

（5）　山留めアンカー

　　　山留め壁の支保工として用いる地盤アンカーをいう．

（6）　アンカー頭部

　　　地盤アンカーの部位のうち，引張材を構造体に緊結する部分をいう．

（7）　自由長部

　　　地盤アンカーの部位のうち，アンカー頭部と定着体の間の部分をいう．

（8）　定着体

　　　地盤アンカーの部位のうち，注入材と地盤との摩擦抵抗力によって地盤に定着する部分をいう．

（9）　引張材

　　　アンカー頭部からの引張力を定着体に伝達する部材をいう．PC鋼材およびそれに準じた強度特性を有する材料を用いる．

（10）　注入材

　　　定着体を地盤に定着するために注入するセメントペースト（セメントミルク）をいう．

（11）　定着地盤

　　　定着体を設置する地盤をいう．定着地盤は良質・強固で過大なクリープを生じない地盤とする．

（12）　引張型定着体

　　　定着体内の引張材と注入材との付着抵抗力によって，アンカー頭部からの引張力を注入材に伝達する形式の定着体をいう．

（13）　圧縮型定着体

　　　定着体内の引張材の先端に耐荷体を接続する形式の定着体をいう．単一の耐荷体を用いた単一耐荷体方式と，複数の耐荷体を分散配置した分散耐荷体方式とがある．

（14）　群アンカー

　　　地盤アンカーを近接して設置すると，アンカーが相互に影響し合い個々の引抜抵抗力は独立して設置した場合よりも小さくなる．この現象を群アンカー効果といい，そのアンカーグループを群アンカーという．

（15）　再緊張型アンカー

　　　地盤アンカーで支持する仮設構造物の供用期間が長い場合や，地盤アンカーを本設構造

物に適用する場合に，緊張力の確認や調整ができるようにした地盤アンカーをいう．

(16) アンカー長（L）
地盤アンカーの全長（自由長と定着体長の和）をいう．

(17) 定着体長（L_a）
地盤アンカーの部位のうち，定着体の長さをいう．

(18) 部分定着体長（$L_{a(i)}$）
分散耐荷体方式の圧縮型定着体を用いた地盤アンカーにおける各耐荷体の定着体長をいう．

(19) 自由長（L_f）
地盤アンカーの部位のうち，アンカー頭部と定着体との間で，地盤との摩擦抵抗力を期待しない部分の長さをいう．

(20) 引張材付着長（L_b）
引張型定着体における引張材と注入材の付着長さをいう．

(21) 引張材自由長（L_{ft}）
引張材のアンボンド部の長さをいう．

(22) 定着体径（D_a）
定着体の直径をいう．通常，削孔径を用いる．

(23) 耐荷体
アンカー頭部から引張材に伝達する引張力を圧縮力として負担すると同時に，その力を注入材に伝達するための部材をいう．

(24) 注入材のコンシステンシー
注入材の流動の程度を表す指標をいう．コンシステンシーの測定は，ロートに入れた一定量の注入材が流下するのに要する時間（流下時間）でおこなう．

(25) 耐荷体シーブ径
分散耐荷体方式の圧縮型定着体において，引張材を設置あるいは通過させるために設ける半円形状のみぞ部分の直径のことをいう．

(26) 緊張・定着装置
アンカー頭部において，引張材を緊張・定着するために使用する機器および定着具をいう．

(27) 初期緊張力（P_i）
アンカー頭部の緊張・定着において，引張材緊張時の引張力をいう．

(28) 導入緊張力（P_t）
アンカー頭部の緊張・定着完了時に導入されている緊張力をいう．

(29) 有効緊張力（P_e）
リラクセーション，クリープなどによる緊張力の低下を予測して設定する緊張力をいう．

(30) 防せい材
アンカー頭部や引張材の腐食を防止するための材料をいう．通常，充填・塗布・被覆などの方法で使用する．

(31) リラクセーション
材料のひずみ度を一定に保ち続けたときに，応力度が徐々に減少する現象をいう．

(32) クリープ

材料の応力度を一定に保ち続けたときに，ひずみ度が徐々に増加する現象をいう．

(33) 引抜耐力（T_u）

地盤アンカーの終局時の引抜荷重のことをいう．設計では，極限引抜抵抗力，極限付着抵抗力，引張材の JIS 規格引張荷重の最小値を引抜耐力とし，通常は引張材の規格引張荷重が最小となるように設計する．

(34) 極限引抜抵抗力（T_{ug}）

定着体と地盤との間の摩擦抵抗が極限状態に達するときの力をいう．

(35) 極限付着抵抗力（T_{ub}）

引張材と注入材の付着抵抗が極限状態に達するときの力をいう．

(36) 設計アンカー力（P_d）

地盤アンカーの設計時に用いる引張力をいう．

(37) 許容引抜抵抗力（T_{ag}）

極限引抜抵抗力を安全率で除したものをいう．

(38) 許容引張力

PC 鋼材の JIS 規格引張荷重または降伏荷重にそれぞれの低減係数を乗じたものをいう．

(39) 許容付着抵抗力（T_{ab}）

引張材と注入材との極限付着抵抗力を安全率で除したものをいう．

(40) アンカー角度

基準面に対する地盤アンカーの角度をいう．鉛直断面におけるアンカー傾角（θ_v）と水平断面におけるアンカー水平角（θ_h）とがある．

(41) 加圧注入

引張材挿入後に定着体の確実な造成を目的として，加圧しながら注入材を注入することをいう．

(42) パッカー加圧

注入材注入時の加圧力を保持するために，定着体上部を密閉しておこなう加圧のことをいう．

(43) ケーシング加圧

注入材注入時の加圧力を保持するために，削孔用ケーシング上端を密閉しておこなう加圧のことをいう．

(44) 基本試験

地盤アンカーの計画段階に実施する試験をいう．設計に必要な定数，あるいは施工性能を確認するためにおこなうもので，引抜試験，長期引張試験がある．

(45) 確認試験

地盤アンカーの施工後におこなう試験をいう．地盤アンカーの品質・性能を確認するためにおこなうもので，多サイクル試験，1 サイクル試験，リフトオフ試験がある．

(46) 監理者

地盤アンカーの設計・施工の監理に関して責任を有する者をいう．通常は，施主の代理人として設計・施工の監理をおこなう開発業者などの担当者であることが多い．

(47) 管理者

地盤アンカーの施工に関して責任を有する者をいう．通常は施工現場の監督のことをさす．

2章　地盤アンカーの計画

2.1　基本事項

a.　地盤アンカーの計画は，調査，設計，施工，試験，維持管理の各項目について対象とする建築物や構造物の種類・用途・施工条件・地盤条件に適合し，かつ総合的に判断して最も適切になるようにおこなう．

b.　地盤アンカーの定着体は，良質な地盤に定着する．

2.2　地盤調査

a.　地盤調査は，既往の資料を含め概略の情報を得るための事前調査と詳細な検討のための本調査に分けておこなうことを原則とする．

b.　事前調査では，地盤アンカーの採用可否を判断するための基礎資料を作成し，詳細検討に必要な本調査での調査項目を設定する．

c.　本調査は，地盤アンカーの設計・施工上必要な情報が得られるように，定着体ならびに自由長部の地層，層厚，力学的特性，地下水の状態，さらに必要に応じて地盤の化学的性質などを含んだ内容とする．

d.　地盤調査の位置と深さは，地盤アンカーの配置と影響範囲を考慮して決める．

e.　地盤調査および土質試験の方法は，本会「建築基礎設計のための地盤調査計画指針」，JIS規格および地盤工学会「地盤調査の方法と解説」等に準拠する．

2.3　周辺環境調査

地盤アンカーの計画に際しては，周辺環境の保全に留意し，既設の構造物や設備に悪影響をおよぼさないように以下の項目について調査・検討する．

　　1)　地盤アンカーの全長が敷地内に収まることを確認する．また，必要に応じて隣地借用の可否についても検討する．

　　2)　既設の近隣構造物，周辺地中埋設物，周辺道路の状況について調査し，地盤アンカーの施工によって悪影響をおよぼさないことを確認する．

　　3)　地盤アンカー施工時に発生する騒音や振動などが近隣に与える影響について検討する．

　　4)　敷地周辺における地下水の利用状況を調査し，地盤アンカーの施工による影響を検討する．

2.4　地盤アンカーの設計計画

a.　地盤アンカーの設計計画は，地盤アンカーの要求性能が供用期間をとおして満足し，かつ安全で確実な施工ができるようにおこなう．

b.　地盤アンカーの各部位の長さは，以下を満足するように設計する．

1) 自由長は 4 m 以上とする.

2) 定着体長は 3 m 以上，定着体の土被り厚は 5 m 以上とする．ただし，分散耐荷体方式の圧縮型定着体における部分定着体長は（$(3+l)$ m: l は耐荷体長）以下とする.

3) 隣接する定着体の設置間隔は 1 m 以上とする．また，斜め地盤アンカーの鉛直傾角は，水平面より下向きに 15° 以上とする.

c. 地盤アンカーは，供用期間中に機能低下が生じないように必要に応じた防せい処置を施す．供用期間が 2 年以上となる仮設地盤アンカーおよび本設地盤アンカーに関しては，特に十分な防せい処置が必要である.

2.5　地盤アンカーの施工計画

a. 地盤アンカーの施工計画は，地盤アンカーが要求性能を満足し，かつ安全性を十分に確保したものとなるように立案する.

b. 地盤アンカーの施工機器は，地層構成と削孔深さ，施工空間などを考慮して選定する.

c. 地盤アンカーの施工方法は，施工条件，周辺環境条件，施工機器，作業効率などを検討し，適切な施工がおこなえるように施工管理計画を立案する.

d. 地盤アンカーの施工終了後の性能を確認する確認試験計画を立案する.

e. 地盤アンカーの供用期間中の挙動を把握するための計測および維持管理計画を立案する.

3章　荷　　重

3.1　荷 重 一 般

a. 地盤アンカーを用いる構造物に作用する荷重とその組合せは，原則として建築基準法施行令に従い，定めのない場合には，本会「建築物荷重指針・同解説」（2015）による.

b. 山留め壁および地下外壁・擁壁に作用する荷重は，土圧および水圧ならびに想定される付加荷重を考慮して設定し，それぞれ本会「山留め設計指針」（2017）および「建築基礎構造設計指針」（2001）による.

c. 反力用仮設地盤アンカーに作用する荷重は，計画最大荷重に対して十分安全となるように設定する.

d. 基礎に生じる荷重は，浮力・偏土圧および地震時や強風時に構造物に作用する転倒力を考慮して設定する．また，基礎に生じる荷重を杭と地盤アンカーで分担する場合は，杭の引抜抵抗力，杭と地盤の剛性などを適切に評価して分担荷重を設定する.

e. 振動および繰返し荷重を受ける場合は，設計上十分安全となるよう設計荷重を定める.

f. 限界状態設計法による場合は，各荷重に対する限界状態および荷重係数を適切に考慮する.

3.2　山留め壁に作用する側圧

a. 山留め架構の設計に用いる側圧荷重は，山留め壁の背面側および掘削側に作用する側圧に

ついて，その大きさ・形状を，地層の構成，土質の性状，地下水の状況，周囲の構造物の影響等を適切に考慮した計算モデルに対応して定める．

1) 背面側側圧

山留め壁の背面側に作用する側圧は，（3.2.1）式あるいは（3.2.2）式で算定する．ただし，背面側に作用する側圧は水圧を下回らないものとする．

$$p_a = K\gamma_t z \tag{3.2.1}$$

$$p_a = (\gamma_t z - p_{wa})\tan^2\left(45° - \frac{\phi}{2}\right) - 2c\tan\left(45° - \frac{\phi}{2}\right) + p_{wa} \tag{3.2.2}$$

記号　p_a　：地表面からの深さ z（m）における背面側側圧　（kN/m²）

　　　γ_t　：土の湿潤単位体積重量　（kN/m³）

　　　z　：地表面からの深さ　（m）

　　　K　：側圧係数（表3.1に示す値）

　　　p_{wa}　：地表面からの深さ z（m）における背面側水圧　（kN/m²）

　　　c　：土の粘着力　（kN/m²）

　　　ϕ　：土の内部摩擦角　（度）

表3.1　側圧係数

地盤		側圧係数
砂地盤	地下水位が浅い場合	0.3〜0.7
	地下水位が深い場合	0.2〜0.4
粘土地盤	沖積粘土	0.5〜0.8
	洪積粘土	0.2〜0.5

2) 掘削側側圧

山留め壁の掘削側に作用する側圧の上限値は，（3.2.3）式あるいは（3.2.4）式で算定する．

$$p_p = (\gamma_t z_p - p_{wp})\tan^2\left(45° + \frac{\phi}{2}\right) + 2c\tan\left(45° + \frac{\phi}{2}\right) + p_{wp} \tag{3.2.3}$$

$$p_p = (\gamma_t z_p - p_{wp})\frac{\cos^2\phi}{\left\{1 - \sqrt{\frac{\sin(\phi+\delta)\sin\phi}{\cos\delta}}\right\}^2} + 2c\frac{\cos\phi}{1 - \sqrt{\frac{\sin(\phi+\delta)\sin\phi}{\cos\delta}}} + p_{wp} \tag{3.2.4}$$

記号　p_p　：掘削底面からの深さ z_p（m）における掘削側側圧の上限値　（kN/m²）

　　　γ_t　：土の湿潤単位体積重量　（kN/m³）

　　　z_p　：掘削底面からの深さ　（m）

　　　p_{wp}　：掘削底面からの深さ z_p（m）における掘削側水圧　（kN/m²）

　　　c　：土の粘着力　（kN/m²）

　　　ϕ　：土の内部摩擦角　（度）

　　　δ　：壁背面と土との間の摩擦角　（度）

—8— 建築地盤アンカー設計施工指針

3) 平衡側圧

山留め壁が変位しないと仮定した場合の山留め壁掘削側根入れ部に作用する側圧を平衡側圧とし,（3.2.5）式で算定する.

$$p_{eq} = K_{eq}(\gamma_t z_p - p_{wp}) + p_{wp} \tag{3.2.5}$$

記号　　p_{eq}　：掘削底面からの深さ z_p（m）における平衡側圧　（kN/m²）
　　　　K_{eq}　：掘削底面からの深さ z_p（m）における平衡土圧係数
　　　　γ_t　：土の湿潤単位体積重量　（kN/m³）
　　　　z_p　：掘削底面からの深さ　（m）
　　　　p_{wp}　：掘削底面からの深さ z_p（m）における掘削側水圧　（kN/m²）

b.　構造物などに近接して掘削工事をおこなう場合や背面地盤が傾斜している場合は，近接構造物や傾斜地盤の荷重によって増加する背面側の側圧を考慮する.

3.3　地下外壁・擁壁に作用する側圧

a.　地下外壁に作用する土圧および水圧を，地下水位以浅においては（3.3.1）式，地下水位以深においては（3.3.2）式による.

1)　常時に作用する土圧

$$p = K_0 \gamma_t h + K_0 q \tag{3.3.1}$$

$$p = K_0 \gamma_t h + K_0 \gamma'(z - h) + \gamma_w(z - h) + K_0 q \tag{3.3.2}$$

記号　p　　：深さ z における単位面積あたりの土圧および水圧　（kN/m²）
　　　γ_t　：土の湿潤単位体積重量　（kN/m³）
　　　γ'　：土の水中単位体積重量　（kN/m³）
　　　γ_w　：水の単位体積重量　（kN/m³）
　　　K_0　：静止土圧係数
　　　h　　：地下水位高さ　（m）
　　　z　　：荷重作用点から土圧を求めようとする位置までの鉛直距離　（m）
　　　q　　：地表面上載荷重　（kN/m²）

2)　地震時に作用する土圧

地震動により土圧が著しく増大する場合は，地震時土圧を考慮する.

b.　擁壁に作用する土圧は，常時または地震時の主働土圧とする.

1)　常時に作用する土圧

地表面載荷がない場合の主働土圧は，（3.3.3）式により算出する.

$$p_A = K_A \gamma_t z - 2c\sqrt{K_A} \tag{3.3.3}$$

記号　p_A　：深さ z における単位面積あたりの主働土圧　（kN/m²）
　　　K_A　：主働土圧係数

γ_t ：土の湿潤単位体積重量 （kN/m³）

c ：土の粘着力 （kN/m²）

ただし，p_A が負になる場合は 0 とし，主働土圧係数 K_A には，(3.3.4)式を用いることができる．

$$K_A = \frac{cos^2(\phi-\theta)}{cos^2\theta cos(\theta+\delta)\left[1+\sqrt{\dfrac{sin(\phi+\delta)sin(\phi-\alpha)}{cos(\theta+\delta)cos(\theta-\alpha)}}\right]^2} \qquad (3.3.4)$$

記号　ϕ ：背面土の内部摩擦角 （度）

　　　θ ：擁壁背面と鉛直面がなす角 （度）

　　　δ ：壁面摩擦角 （度）

　　　α ：地表面と水平面のなす角 （度）

ただし，$\phi-\alpha<0$ のとき，$sin(\phi-\alpha)=0$ とする．

2）　地震時に作用する土圧

地震動により土圧が著しく増大する場合は，地震時土圧を考慮する．

4章 材 料

4.1 基 本 事 項

a. 地盤アンカーの定着体，自由長部およびアンカー頭部は，所要の品質ならびに性能が十分満足できる材料および部材によって構成する．

b. 材料および部材は，運搬・取扱いに十分注意を払い品質・性能の低下を防止する措置を講じる．

4.2 引 張 材

a. 地盤アンカーの引張材は原則として PC 鋼材を使用するものとし，以下に定める品質および性能を有するものとする．

1）　PC 鋼より線は，原則として JIS G 3536（PC 鋼線および PC 鋼より線）の規格品とする．

2）　多重より PC 鋼より線を構成する線材は，原則として JIS G 3536（PC 鋼線および PC 鋼より線）の規格品とする．

3）　異形 PC 鋼棒は，原則として JIS G 3109（PC 鋼棒）の規格相当品とする．

4）　JIS 規格外の PC 鋼材を使用する場合は，JIS 規格相当品とする．

b. PC 鋼材以外の引張材を使用する場合は，PC 鋼材と同等の品質および性能が保証されたものを使用する．

c. 引張材は，有害な損傷やさびがないものとする．

— 10 —　建築地盤アンカー設計施工指針

　　d.　引張材の接合具を使用する場合は，使用する引張材の規格引張荷重以下で破壊することなくその品質および性能が確認されたものとする．

4.3　注入材への荷重伝達部材
　　a.　引張型定着体の荷重伝達部材である引張材には，注入材との付着が十分期待される PC 鋼より線，多重より PC 鋼より線あるいは異形 PC 鋼棒を用いることを原則とする．
　　b.　圧縮型定着体の荷重伝達部材には，引張材と耐荷体がある．
　　　1)　圧縮型定着体の引張材は，PC 鋼より線，多重より PC 鋼より線あるいは異形 PC 鋼棒を用いることを原則とし，注入材との接触を避けるようにアンボンド構造とする．
　　　2)　圧縮型定着体の耐荷体は，十分な軸剛性と付着性能を有し，その品質および性能が保証されたものを用いる．

4.4　アンカー頭部の定着部材
　　a.　アンカー頭部の定着部材は，頭部定着具，支圧板および台座からなり，引張材の緊張・定着方式，地盤アンカーの用途・目的，アンカーによって支持される構造物の種類や状態などによって選定され，引張材の種類，再緊張の有無に応じた適切なものとする．
　　b.　頭部定着具は，引張材の規格引張荷重以下で破壊したり著しい変形を生じることがないような構造および強度を有するものとする．
　　c.　支圧板および台座は，導入される初期緊張力または試験荷重，あるいは作用する外力に対して所要の機能を損なう有害な変形が生じない構造および強度を有するものとする．

4.5　注　入　材
4.5.1　混 練 材 料
　　a.　地盤アンカーの定着体に使用する注入材は，セメントペーストを原則とする．
　　b.　セメントペーストに使用するセメントは，JIS R 5210（ポルトランドセメント）に規定する普通ポルトランドセメントあるいは早強ポルトランドセメントを用いることを原則とする．また，必要に応じて超早強ポルトランドセメント，中庸熱ポルトランドセメントおよび耐硫酸塩ポルトランドセメントを使用することができる．
　　c.　練混ぜ水は，上水道水または所定の品質規定に適合したものを使用する．
　　d.　混和剤はその品質が確認されたもので，引張材，シースおよび注入材に悪影響を及ぼさないものを使用する．
4.5.2　調　　　合
　　a.　注入材の計画調合は，地盤条件や環境条件等を考慮し，必要に応じて試し練りをおこない決定する．
　　b.　注入材は，施工時において所要のコンシステンシーが得られ，かつブリーディングが少ないものとする．
　　c.　注入材は，硬化後においては緊張時および供用期間中に所要の強度を有するものとする．

4.6　シ　ー　ス
　　a.　シースは，自由長部と定着体において供用期間中に所要の強度と性能を発揮できる適切な形状・寸法ならびに強度を有するものとし，かつ引張材が腐食しないよう被覆できる耐食性

と化学的安定を有するものとする.

b. アンボンドシースは,引張材との摩擦抵抗が小さく,引張材の移動や変形を妨げない性能を有するものとする.シースの接続は,所要の品質および性能を有する材料を使用し,上記の条件を満足するよう適切な方法で実施する.

4.7 防せい材

a. 防せい材は,引張材および頭部定着具がアンカーの供用期間中,腐食しないように被覆できる耐食性と化学的安定性を有するものとする.

b. 引張材のまわりに塗布あるいは充填する防せい材は,引張材の変形を妨げない性質を有するものとする.

c. 引張材に密着させて被覆材として使用する防せい材は,引張材の変形に追従できる変形性能を有するものとする.

4.8 その他の材料

a. スペーサーやセントラライザーは,引張材を所定の位置に確保することができる所要の品質と性能を有するものとする.また,注入材の注入作業の連続作業を阻害しない形状・寸法のものとする.

b. 防せいキャップは,所要の強度・耐久性・耐食性を有し,十分な防せい効果が保証できるものとする.また,必要に応じて交換できる構造・寸法を有するものとする.

5章　許容応力度

5.1 基本事項

　地盤アンカーの設計に用いる引張材,注入材,定着地盤およびその他の材料の許容応力度は,原則として本指針で示す方法により定める.

5.2 引張材の許容引張力

　引張材の許容引張力は以下とする.

a. 引張材に対する許容引張力

1) 緊張力導入時

$$T_{as1}=0.75\,T_{su}　と　T_{as1}=0.85\,T_{sy}の小さいほうの値$$

2) 定着完了時

$$T_{as2}=0.70\,T_{su}　と　T_{as2}=0.80\,T_{sy}の小さいほうの値$$

記号　T_{as1}, T_{as2}：緊張力導入時,定着完了時に対する許容引張力

T_{su}：PC 鋼材の規格引張荷重

T_{sy}：PC 鋼材の規格降伏荷重

b. U字形に曲げ加工された引張材の許容引張力

1) 緊張力導入時

$T_{as1} = 0.75 \alpha T_{su}$ と $T_{as1} = 0.85 \alpha T_{sy}$ の小さいほうの値

2) 定着完了時

$T_{as2} = 0.70 \alpha T_{su}$ と $T_{as2} = 0.80 \alpha T_{sy}$ の小さいほうの値

記号　T_{as1}, T_{as2}：緊張力導入時，定着完了時に対する許容引張力

α　：PC鋼より線の径と耐荷体シーブ径から決定される低減係数であり，表5.1による

T_{su}：PC鋼材の規格引張荷重

T_{sy}：PC鋼材の規格降伏荷重

表5.1　α の値

PC鋼より線の呼び名	耐荷体のシーブ直径		
	50〜59mm	60〜69mm	70mm 以上
7本より 12.7mm	0.85	0.9	0.9
7本より 15.2mm	—	0.85	0.9

5.3　注入材の許容付着応力度

引張材と注入材の許容付着応力度は，表5.2に定める値とする．

表5.2　引張材と注入材の許容付着応力度（N/mm²）

引張材種類	長　　期	短　　期	仮設時（2年未満）
PC鋼より線 多重よりPC鋼より線 異形PC鋼棒	1.0	1.5	1.25

5.4　注入材の許容圧縮応力度

注入材の許容圧縮応力度は，表5.3に定める値とする．

表5.3　注入材の許容圧縮応力度（N/mm²）

長　　期	短　　期	仮　設　時（2年未満）
$F_c/3$	長期に対する値の2倍	長期に対する値の1.5倍

［注］F_c は注入材の設計基準強度で 30 N/mm² 以上とする

5.5 定着地盤の許容摩擦応力度

a. 定着地盤の許容摩擦応力度は，原則として引抜試験によって求めた極限摩擦応力度を基に，表 5.4 により定める．

表 5.4 引抜試験による場合の許容摩擦応力度（kN/m²）

定着地盤種類	長　　　期	短　　　期	仮設時（2 年未満）
砂質土，砂礫	$\tau_u/3$ かつ 800 以下	長期に対する値の 2 倍	長期に対する値の 1.5 倍
粘性土			
岩	$\tau_u/3$ かつ 1200 以下		

［注］τ_u：引抜試験によって求めた定着地盤の極限摩擦応力度

b. 仮設地盤アンカーを所定の条件を満たす地盤に定着する場合に限り，引抜試験を省略して許容摩擦応力度を定めてもよい．引抜試験を省略する場合の定着地盤の許容摩擦応力度は表 5.5 による．

表 5.5 引抜試験を省略する場合の許容摩擦応力度（kN/m²）

定　着　地　盤　種　類		長　　　期	仮設時（2 年未満）
砂質土，砂礫	$N \geqq 20$	$6\,N$ かつ 300 以下	$9\,N$ かつ 450 以下
粘性土	$N \geqq 7$ または $q_u \geqq 200$	$6\,N$ または $q_u/6$ かつ 300 以下	$9\,N$ または $q_u/4$ かつ 450 以下

［注］特殊土および岩を除く

N：定着地盤の N 値の平均値
q_u：定着地盤の一軸圧縮強さ（kN/m²）の平均値

5.6 その他の材料の許容応力度

地盤アンカーの架構に使用される，その他の構造材（腹起し，台座など）の許容応力度は本会「山留め設計指針」，「鉄筋コンクリート構造計算規準・同解説」の規定に準ずる．

6章　仮設地盤アンカーの設計

6.1 基本事項

a. 地盤アンカーを用いる仮設構造物が，構造的に安全でかつ有害な変形が生じないように地盤アンカーを設計するとともに，地盤アンカーの定着地盤を含めた全体の安全性についても検討する．

b. 地盤アンカーの構造は，仮設構造物の全供用期間にわたってその機能および品質を保証できるものとする．

c. 地盤アンカーの定着地盤には，仮設構造物を安全に支持し，かつ全供用期間にわたって安定した地盤を選定する．

d. 地盤アンカーは，仮設構造物の変形，地盤アンカー相互の影響，施工性などを考慮し適切な位置および角度に配置する．

e. 地盤アンカーに導入する緊張力の大きさは，供用期間中の緊張力に対して構造物が安全であり，かつ過大な変形が生じないものとする．

f. 地盤アンカーの設計に関しては，地盤条件や周辺構造物・地中埋設物に対する施工中の影響などについて十分検討し，確実に施工できることを確認する．

6.2 山留め用仮設地盤アンカーの設計

6.2.1 地盤アンカーで支持される山留めの設計

a. 地盤アンカーで支持される山留め壁および腹起し部材等の設計は本会「山留め設計指針」による．

b. 山留め壁は，自重，上載荷重および地盤アンカーの鉛直分力に対して十分な支持力を有するものとし，有害な沈下が生じないよう設計する．

c. 地盤アンカーを用いた山留め構造物においては，地盤アンカーを含んだ山留め背面の地盤全体の安定性ならびに側圧による力の釣合いや根切り底面の安定性について検討する．

6.2.2 地盤アンカーの配置

地盤アンカーの配置は，山留め壁の種類・強度，腹起しの強度および構造躯体の形状などに加え，山留め架構全体の安定性を考慮して決定する．

6.2.3 設計アンカー力の算定

設計アンカー力は，各施工段階を考慮した山留め設計で求められる支点反力の最大値と地盤アンカーの水平間隔およびアンカー角度から算定する．

6.2.4 引張型定着体の設計

a. 定着体と定着地盤との摩擦抵抗力から決定される定着体長は，次式を満足するように算定する．

$$L_a \geqq \frac{5P_d}{3\pi D_a \tau_a} - 2 \quad (\text{かつ 3m 以上}) \tag{6.2.14}$$

記号　L_a：定着体長　（m）

P_d：設計アンカー力　（kN）

D_a：定着体径　（m）

τ_a：定着地盤の許容摩擦応力度　（kN/m²）

b. 注入材と引張材の付着力によって決定される引張材付着長（定着体長）は，次式を満足するように算定する．

$$L_b \geqq \frac{2P_d}{\phi \ \tau_{ba}} - 3 \quad (\text{かつ 3m 以上}) \tag{6.2.15}$$

記号　L_b：引張材付着長　（m）

P_d：設計アンカー力　（kN）

ϕ：引張材の有効付着周長　（m）

τ_{ba}：注入材の許容付着応力度　（kN/m²）

6.2.5 圧縮型定着体の設計

a. 定着体と定着地盤との摩擦抵抗から決定される定着体長は，以下の式を満足するように算

定する.

（ⅰ）分散耐荷体方式

部分定着体長は 1m 以上 $(3+l)$m 以下とし下式による.

$$L_{a(i)} \geqq \frac{\beta P_{d(i)}}{\pi D_a \tau_a} \tag{6.2.18}$$

ただし，定着体全長は 3m 以上とする.

記号　l　：耐荷体長（m）

$L_{a(i)}$：i 番目の耐荷体に対する部分定着体長（m）

$P_{d(i)}$：i 番目の耐荷体に対する部分設計アンカー力（kN）

τ_a　：定着地盤の許容摩擦応力度（kN/m²）

D_a　：定着体径（m）

β　：耐荷体の配置に基づく定着体の荷重割増係数（表 6.1 による）

表 6.1　荷重割増係数 β の値

耐荷体名称	第 1 耐荷体	第 2 耐荷体	第 3 耐荷体	第 4 耐荷体	第 5 耐荷体
β の値	1.00	1.15	1.30	1.45	1.60

図 6.1　耐荷体名称

（ⅱ）単一耐荷体方式

1）定着体長が$(3+l)$m 以下の場合

$$L_a \geqq \frac{P_d}{\pi D_a \tau_a} \tag{6.2.19}$$

2）定着体長が$(3+l)$m を超える場合

$$L_a \geqq \frac{5 P_d}{3 \pi D_a \tau_a} - \frac{2}{3}(3+l) \tag{6.2.20}$$

記号　l　：耐荷体長（m）

L_a：定着体長（m）

P_d：設計アンカー力（kN）

D_a：定着体径（m）

τ_a：定着地盤の許容摩擦応力度（kN/ m²）

b.　分散耐荷体方式の定着体の注入材の圧縮応力に対する検討は，次式による.

$$f_a \geqq \frac{P_{d(i)}}{A_a} \tag{6.2.21}$$

記号　f_a　：注入材の許容圧縮応力度（kN/ m²）

$P_{d(i)}$：i 番目の耐荷体に対する部分設計アンカー力（kN）

A_a　：定着体の設計有効断面積（m²）〔設計定着体断面積からアンボンド加工された引張材の断面積（シース部含む）を除いた値〕

― 16 ―　建築地盤アンカー設計施工指針

c. 単一耐荷体方式の注入材と耐荷体の付着応力より求められる耐荷体長は次式による.

$$l \geq \frac{P_d}{\pi D_t \tau_{ba}}$$
(6.2.22)

記号　l　：耐荷体長　（m）

　　　P_d：設計アンカー力　（kN）

　　　D_t：耐荷体径　（m）

　　　τ_{ba}：注入材の許容付着応力度（kN/m²）

6.2.6　引張材の設計

引張材の引張力は，許容引張力に対して安全であるように設計する.

6.2.7　自由長部の設計

自由長部の引張材は，自由に伸縮できる構造とする.

6.2.8　導入緊張力の決定

導入緊張力は，設計アンカー力を基に供用期間のアンカー緊張力を考慮して決定する.

6.2.9　アンカー頭部の設計

a. アンカー頭部に使用する定着部材は，その品質および性能が保証されたものとする.

b. アンカー頭部は，構造物に無理なく荷重を伝達できる構造とする.

c. アンカー頭部の防せい方法は，地盤アンカーの供用期間を通じて有効なものとする.

6.3　その他の仮設地盤アンカーの設計

載荷試験杭の反力，ケーソンの沈設などに使用する地盤アンカーは，その使用される状況に応じて安全率を決定する.

6.4　設 計 図 書

設計図書には，仮設地盤アンカーの工法種別，定着地盤，地盤アンカーの諸元と配置，試験の種類と方法などについて記載する.

7章　本設地盤アンカーの設計

7.1　基 本 事 項

a. 本設地盤アンカーは，その性能および耐久性の信頼できる構造および工法を選定するものとする. また，構造物の計画および施工法は，地盤アンカーを用いることを考慮した適切なものとする.

b. 本設地盤アンカーの計画にあたっては，必要に応じて地盤調査を追加する. また，原則として採用する地盤アンカーの当該敷地における引抜試験を実施する.

c. 本設地盤アンカーは，構造物を供用期間において安定させ，かつ有害な沈下・傾斜などを起こさないように設計する.

7 章　本設地盤アンカーの設計　— 17 —

 d. 本設地盤アンカーは，供用期間，腐食条件，構造物の用途に応じて適切な防せい処置をおこなえる工法を選定する．

 e. 本設地盤アンカーに導入する初期緊張力は，セットロス，リラクセーション，クリープ，基礎の沈下などの影響を考慮して決定する．

7.2　本設鉛直地盤アンカーの設計

7.2.1　基 本 方 針

 a.　本設鉛直地盤アンカーは，供用期間において十分安全に機能を発揮できるように設計する．

 b.　本設鉛直地盤アンカーの設計は，地盤調査および基本試験，定着体および引張材の設計，地盤アンカーを含む地盤全体の安定検討，頭部および構造体の設計の手順でおこなう．

7.2.2　地盤アンカーの配置

 a.　本設鉛直地盤アンカーの配置は十分な精度で，確実な施工が可能となるように計画し，また構造体に生ずる応力も考慮して決定する．

 b.　本設鉛直地盤アンカーの間隔は，地盤アンカー個々の耐力と地盤アンカーを含む地盤全体の安定性を考慮して決定する．

7.2.3　設計アンカー力の決定

 設計アンカー力は，構造物の施工段階から完成後を含めたすべての荷重条件下で算出した地盤アンカーに期待にする力と地盤アンカーの配置を考慮して決定する．

7.2.4　緊張力の決定

 本設地盤アンカーに導入する緊張力は，緊張力の経時変化特性を踏まえ，設計アンカー力を基に決定する．

7.2.5　定着体の設計

 a.　地盤アンカーの定着地盤は，安定した良質な地盤とする．

 b.　定着体の設計は，定着方式に応じた適正な算定方法を用い，設計アンカー力および導入緊張力を考慮しておこなう．

7.2.6　引張材の設計

 a.　引張材は，引張材に発生する引張力（緊張力）が許容引張力以下となるように設計する．

 b.　アンカー自由長部の引張材は自由に伸縮できる構造とし，その長さは定着地盤の深さなどを考慮して決定する．

7.2.7　地盤全体の安定検討

 地盤アンカーを含む地盤全体の安定性の検討として，地盤内せん断すべり破壊に対する検討をおこなう．

7.2.8　アンカー頭部の設計

 a.　アンカー頭部に使用する定着部材は，その品質および性能が保証されたものとする．

 b.　地盤アンカーを緊張定着する構造体は，導入緊張力に対して十分な強度を有し，有害な変形を生じないように設計する．

7.2.9　構造体への影響検討

 緊張力による構造体への影響については，基礎形式や緊張力の導入時期等を考慮し，基礎構造に生じる応力および変形の検討をおこなうとともに，基礎の支持力と沈下に対する検討をおこなう．

7.3 本設斜め地盤アンカーの設計

7.3.1 基 本 方 針

a. 本設斜め地盤アンカーは，供用期間において十分安全に機能を発揮できるように計画する．

b. 本設斜め地盤アンカーの設計は，地盤調査および基本試験，定着体および引張材の設計，地盤アンカーを含む地盤全体の安定検討，頭部および構造体の設計の手順でおこなう．

7.3.2 地盤アンカーの配置

a. 本設斜め地盤アンカーの配置は，適切な精度の施工ができるアンカー位置および角度を計画し，構造物に生ずる応力も考慮して決定する．

b. 本設斜め地盤アンカーの間隔は，個々の地盤アンカーの耐力と地盤アンカーを含む背面土塊全体の安定性を考慮して決定する．

7.3.3 設計アンカー力の決定

本設斜め地盤アンカーの設計アンカー力は，7.2.3 項（設計アンカー力の決定）に準じておこない，建築物の施工段階から完成後までのすべての荷重条件下で算出した地盤アンカーに期待する力と地盤アンカーの配置を考慮して決定する．

7.3.4 緊張力の決定

本設斜め地盤アンカーに導入する緊張力は，7.2.4 項（緊張力の決定）に準じておこない，設計アンカー力とアンカーを含む構造物の応力・変形を考慮して決定する．

7.3.5 定着体の設計

本設斜め地盤アンカーの定着体は，7.2.5 項（定着体の設計）に準じて設計する。

7.3.6 引張材の設計

本設斜め地盤アンカーの引張材は，7.2.6 項（引張材の設計）に準じて設計する．

7.3.7 地盤全体の安定検討

本設斜め地盤アンカーを含む地盤全体の安定性は，6.2.1 項 c.1)（背面土塊全体の安定検討）に準じて検討する．

7.3.8 アンカー頭部の設計

本設斜め地盤アンカーのアンカー頭部の設計は，7.2.8 項（アンカー頭部の設計）に準じて設計する．

7.3.9 構造体への影響検討

緊張力による構造体への影響については，基礎形式や緊張力の導入時期等を考慮し，構造体に生ずる応力と変形の検討をおこなうほか，擁壁や基礎に作用する圧縮力，接地圧や擁壁背面の土に対する検討もおこなう．

7.4 設 計 図 書

設計図書には，本設地盤アンカーの使用目的，工法名称と施工方法，定着地盤，地盤アンカーの諸元と配置，試験の種類と方法などを記すとともに，必要な計算書，詳細図を添付する．

8章 施　　工

8.1 基本事項

a. 地盤アンカーの施工にあたっては，設計図書などを基に設計条件，施工条件，周辺環境条件などを十分に検討し，工法・試験・維持管理・品質・安全を考慮した施工計画書を作成する.

b. 地盤アンカーの施工および施工管理は，施工計画書に基づいておこなう.

c. 地盤アンカーの施工は，削孔から造成完了までを原則として連続作業でおこなわなければならない.

d. 施工計画書等に示されたとおりの施工ができない場合は，管理者等の指示により協議のうえ，すみやかに適切な処置をおこなう.

8.2 施工計画

地盤アンカーの施工計画は，設計されたアンカーが確実に施工できるように立案する.

8.3 施工準備

a. 使用材料は風雨や湿度の高い環境および直射日光等から守ることのできるように保管する.

b. 施工機械および設備は，施工に必要な条件を備え，かつ適切な使用環境となるように設置するとともに，施工により生ずる建設副産物を適切に処理できるものとする.

c. 作業空間は，施工に支障がないように確保する.

d. 作業地盤は地盤アンカーを支障なく，かつ安全に施工できるように整備，確保する.

8.4 削　　孔

a. 削孔は，設計図書，施工計画書に示された位置，方向，角度，長さ，削孔径で，地盤を乱さないようにおこなう.

b. 削孔後は水洗いなどによる孔内洗浄をおこない，注入材と定着地盤との間に十分な周面摩擦抵抗が得られるようにする.

c. 削孔口から地下水の流出のおそれがある場合には，適切な対策を施す.

d. 削孔長は設計図書，施工計画書に示される長さに施工上の削孔余長を加えた長さとする.

8.5 注　　入

8.5.1 注入材の混練

a. 注入材は施工計画書などに示される調合と方法，あるいは試し練りなどに基づいて混練する.

b. 注入材は均質になるまで混練し，所定の品質を満たしたものをただちに使用する.

8.5.2 注入および加圧

a. 注入は，注入ホースを孔底まで挿入し連続的におこない，戻り液が注入材とほぼ同等の品質になるまで続ける.

b. 加圧は，注入完了後，設計図書あるいは施工計画書に示された方法と圧力でおこなう．また，分散耐荷体方式の地盤アンカーに対する加圧は，耐荷体ごとにおこなうことを基本とする．

c. ケーシング引上げ時には，引張材が共上がりしないように注意する．

8.6 引張材の組立・挿入

a. 引張材は，設計図書などに示される形状，寸法に施工上の余長を加えた長さとして組み立てる．

b. 引張材は，地盤アンカーとしての機能を損なわないように，組立・保管・運搬中にさびが生じたり損傷が加わらないように，また，泥や油などの付着や有害な変形が残留しないように注意する．

c. 引張材の挿入は，設計図書などに示された深さまで，引張材を傷つけないように注意しておこなう．

d. 施工後の地盤アンカーは，注入材が所定の強度に達するまで，荷重・振動を与えたり，移動させてはならない．

8.7 緊張・定着

8.7.1 アンカー頭部の施工

a. アンカー頭部は，設計図書，施工計画書に基づいて施工する．

b. アンカー頭部は，施工した地盤アンカーの軸線に合わせて設置する．

8.7.2 引張材の緊張・定着

a. 引張材の緊張・定着は，地盤アンカーの注入材，アンカー頭部のコンクリートなどが所定の強度に達してからおこなう．

b. 引張材の緊張・定着は，所定の導入緊張力が得られるように設計図書，施工計画書に示された方法でおこなう．

c. 分散耐荷体方式の引張材の緊張・定着作業は，それぞれの PC 鋼より線の自由長が異なることを考慮し，各 PC 鋼より線について，所定の安全率を確保できる導入緊張力が得られるようにおこなう．

8.7.3 防せい処置

防せい処置は，設計図書，施工計画書に基づいておこなう．

8.8 除去式地盤アンカーの引張材の引抜き

a. 引張材の引抜きは，緊張力除荷後におこなう．

b. 引抜き後の引張材は，適切に処分する．

8.9 作業の安全

地盤アンカーの施工にあたっては，関連法規を遵守し，作業者および周辺の安全を確保する．

8.10 施工記録

施工した地盤アンカー全数について施工記録を作成し，供用期間中保存する．

8.11 環境保全

a. 地盤アンカー施工時に発生する騒音，振動，粉じんの発生を極力抑えるよう配慮する．産業廃棄物は，関連法規に基づき適正に処分する．

b. 地盤アンカーの施工が周辺環境に及ぼす影響については，事前に関係者と十分に協議し，適切な低減策を講じる．

9章 試　　　験

9.1 基本事項

9.1.1 一　　　般

地盤アンカーを計画する際に必要となる設計定数と施工に対する信頼性を確認するために，原位置において基本試験と確認試験をおこなうとともに，施工性の確認をおこなう．

9.1.2 試験の種類

a. 基本試験は地盤アンカーの引抜抵抗力，変形特性，長期安定性などの計画・設計上必要となる基本的特性を本施工に先立ち確認する試験で，地盤アンカーの使用目的に応じた試験アンカーを使用して，以下の2種類についておこなう．

　　1) 引抜試験

　　2) 長期引張試験

b. 確認試験は施工した地盤アンカーが所定の品質を満足していることを確認するために実施する試験で，以下の3種類がある．

　　1) 多サイクル引張試験

　　2) 1サイクル引張試験

　　3) リフトオフ試験

9.1.3 試験計画

試験の計画にあたっては，所定の試験目的が達成されるとともに，試験が円滑にかつ安全に実施できるように十分な検討をおこなったうえ，試験計画書を作成する．

9.1.4 試験装置

試験に使用する装置は，以下に定める条件に適合したものを使用する．

　1) 加力装置

　　加力装置は，計画最大荷重の加力が可能な公称容量を持ち，所定の速度で荷重の増減ができるものとする．

　2) 反力装置

　　反力装置は，計画最大荷重に対し十分に余裕のある強度と剛性を有するものとする．

　3) 計測装置

　　荷重計，変位計は所定の精度と容量を有するものを用いる．また，変位測定の基準点は動

かないことを確かめる.

9.2 基 本 試 験
9.2.1 試験アンカー
a. 基本試験に用いる試験アンカーは, 実際に施工する地盤アンカーと同じ施工法で造成し, 同じ定着地盤に定着する.

b. 引抜試験において, 定着体径は実際に施工する地盤アンカーと同径とし, 定着体長は定着地盤の性状に応じて 1～3 m を標準とする.

c. 長期引張試験は, 実際に長期使用される地盤アンカーと同規模の試験アンカーに対しておこなう. 本数および位置は定着地盤の性状を考慮して決める.

9.2.2 引 抜 試 験
a. 試験荷重および載荷方法
   1) 計画最大荷重は, 引張材の許容引張力以下とする.
   2) 載荷方式は, 多サイクル方式を標準とする. 多サイクル方式では計画最大荷重までの間を 4～8 等分し, 荷重保持時間 5 分～30 分を基本とする.
   3) 初期荷重は, 計画最大荷重の 0.1 倍程度とする.

b. 引抜試験の計測項目は, 緊張力, アンカー頭部変位量, 反力板の沈下量および時間とする.

c. 引抜試験結果の整理では, 緊張力－アンカー頭部変位量の関係を普通目盛のグラフに作成する. また, 引抜状態を確認した緊張力を極限引抜抵抗力とする.

9.2.3 長期引張試験
a. 計画最大荷重は, 本設地盤アンカーでは初期緊張力 P_i とし, 仮設地盤アンカーでは設計アンカー力 P_d の 1.1 倍を基本とする.

b. 長期引張試験の計測項目は, 緊張力, アンカー頭部変位量, 反力板の変位量, 気温および時間とする.

c. 長期引張試験の結果は, 緊張力 (あるいはアンカー頭部変位量), 反力板の沈下量, 経過時間について整理する.

9.2.4 結果のまとめ
基本試験の結果は, その試験位置, 定着地盤, 施工法, 試験記録および性能に対する評価結果を試験報告書にとりまとめる.

9.3 確 認 試 験
9.3.1 試験アンカーおよび本数
a. 多サイクル引張試験は 1 サイクル試験に先立って実施し, 地盤アンカーの力学的性質によって分けられたアンカー群ごとに実施する. アンカー群の分類は, 引張材の仕様, アンカー角度, 定着地盤の種類等を考慮して管理者等と協議のうえで決める.

b. 1 サイクル引張試験は, 多サイクル引張試験を実施していない残りの全ての地盤アンカーについておこなう.

c. リフトオフ試験は, 導入緊張力を確認する必要がある場合に実施する.

9.3.2 多サイクル引張試験
a. 多サイクル引張試験の計画最大荷重は, 設計アンカー力 P_d の 1.1 倍以上とする. ただし, 計画最大荷重は引張材の緊張力導入時の許容引張力以下とする.

b. 多サイクル引張試験における計測項目は，緊張力，アンカー頭部変位量および時間とする．

c. 多サイクル引張試験における緊張力とアンカー頭部変位量の関係は，所定の書式に従って作図する．

d. 多サイクル引張試験では，以下の判定基準によって品質および性能を確認する．いずれかの判定基準において不合格と判定された地盤アンカーは，管理者等の指示により廃棄または設計アンカー力の低減などの処置を講じる．

（ⅰ）引張型定着体を用いた地盤アンカーでは，見かけの引張材自由長は，設計自由長の90%以上，かつ設計自由長＋引張材付着長の1/3以下にあること．

（ⅱ）圧縮型定着体を用いた地盤アンカー（分散耐荷体方式のアンカーを含む）では，見かけの引張材自由長は，設計自由長の90%以上，かつ110%以下の範囲にあること．

（ⅲ）本設地盤アンカーおよび供用期間が2年以上となる仮設地盤アンカーにおいては，次式に示すクリープ係数 $\triangle c$ が2mmを超えないこと．

$$\triangle c = (St_2 - St_1) / log (t_2 / t_1) \tag{9.3.1}$$

記号　St_1，St_2：各ピーク荷重時の緊張力保持時間 t_1，t_2 における引張材の伸び量(mm)

9.3.3　1サイクル引張試験

a. 1サイクル引張試験の計画最大荷重は，設計アンカー力 P_d の1.1倍以上とする．ただし，計画最大荷重は，引張材の緊張力導入時の許容引張力以下とする．

b. 1サイクル引張試験での計測項目は，緊張力，アンカー頭部変位量および時間とする．

c. 1サイクル引張試験では多サイクル引張試験に準じて，品質および性能を確認する．いずれかの判定基準において不合格と判定された地盤アンカーは，管理者等の指示により廃棄または設計アンカー力の低減などの処置を講じる．

9.3.4　リフトオフ試験

a. リフトオフ試験の計画最大荷重は，導入緊張力 P_t の1.1倍とする．ただし，計画最大荷重は，引張材の緊張力導入時の許容引張力以下とする．

b. リフトオフ試験での計測項目は，緊張力，アンカー頭部変位量および時間とする．

c. リフトオフ試験結果の整理は，緊張力とアンカー頭部変位量の関係を普通目盛りのグラフ用紙に作図し，頭部定着具の離間荷重を確認する．

d. 分散耐荷体方式の地盤アンカーに対するリフトオフ試験は，引張材全体に対する導入緊張力の確認，あるいは単独の耐荷体ごとの導入緊張力の確認など，試験目的に応じて適切な方法により実施する．

9.3.5　結果のまとめ

確認試験の結果は，その全記録，図表および品質・性能に対する検討結果を試験報告書に取りまとめる．

10章　維持管理

10.1　仮設地盤アンカーの計測管理
10.1.1　基本事項
　地盤アンカーおよび地盤アンカーを用いる仮設構造物は，定期的に点検や計測をおこない，その構造物の供用期間中における安全を確認する．
10.1.2　点検・計測管理
　a.　点検や計測の項目・方法・頻度は，構造物の特徴や供用期間などを考慮して決める．
　b.　点検や計測管理を実施するにあたっては，施工者はその目的や実施内容・方法を明記するとともに，結果に対する管理基準や対策などの実施項目・フローを記した計画書を作成する．

10.2　本設地盤アンカーの維持管理
10.2.1　基本事項
　維持管理を実施することを前提として設計された本設地盤アンカーは，設計図書に基づいて必要な維持管理をおこなう．
10.2.2　点検・計測管理
　a.　維持管理を実施する本設地盤アンカーでは，設計図書に基づいて，実施項目・数量・実施方法を設定し，併せて管理基準値を外れた場合の対策を検討する．
　b.　維持管理の実施にあたっては，上記の内容を明記した維持管理計画書を作成し，管理者等の承認を得たうえで実施する．
10.2.3　対策
　本設地盤アンカーの維持管理において，設計図書に明示された管理基準値を外れた場合には，検討のうえ，十分な対策を講じる．
10.2.4　記録の保存
　本設地盤アンカーの点検・計測管理・対策に関する維持管理記録は，設計図書とともに地盤アンカーの供用期間中保存する．

建築地盤アンカー設計施工指針
解　　説

建築地盤アンカー設計施工指針　解説

1章　総　　則

1.1　適用範囲

a. 本指針は，仮設構造物あるいは本設構造物に用いる地盤アンカーの設計・施工・試験および維持管理に適用する．

b. 本指針は，原則として加圧注入された定着体に緊張力を加えて用いる地盤アンカーに適用する．

a. 本指針は，建築に関連した構造物・工作物に地盤アンカーを使用する場合に適用する．地盤アンカーは，山留め壁などの仮設構造物に用いられる場合と建築物などの本設構造物に用いられる場合があるが，本指針ではこの両者を取り扱い，これらを総称して「建築地盤アンカー」という．以降，本書で記述する「地盤アンカー」とは，「建築地盤アンカー」のことをさす．

　これらの建築物や構造物に地盤アンカーを使用する場合には，地盤アンカーの設計・施工の考え方や方法を十分に理解し，地盤アンカーの用途，供用期間，地盤条件に応じた適切な検討をおこなう必要があり，本指針は，これらの各項目を体系的に示した．本指針の内容は，一般的に認められている理論・調査資料・実験結果，およびわが国の地盤アンカーの設計・施工に関する経験・実績を基にして作成している．

b. 地盤アンカーは，その形式や施工方法の違いによって引張抵抗力や変位量が大きく変化する．本指針では，施工実績が多く，設計・施工方法が確立されているセメント系注入材を用いた加圧注入型の地盤アンカーを対象に述べている．上記以外の地盤アンカーの設計・施工をおこなう際にも，本指針を参考にして実施することが望まれるが，その工法独自の調査・試験などに基づいてその安全性を確認する場合にはこの限りではない．

　また，本指針は，あらゆる設計・施工条件に対して必要十分な内容をすべて網羅しているわけではないので，本書を利用する場合には個々の条件に対する適合性を十分に検討することが必要である．さらに，近年では，大地震・巨大台風・集中豪雨などによる建築物の損壊例も増えている．これらを未然に防ぐ，あるいは被害を低減させるためには，計画地の地盤特性はもとより，その周辺の地形や地質，地域特性，気候特性などの検討をおこなうことが必要となるが，ある程度の余裕度を有して計画し，不測の事態にも対応可能な設計・施工を実施することが望まれる．

　なお，本指針は，本会「山留め設計指針」（2017）[1.1]および「基礎構造設計指針」（2001）[1.2]に関連する部分が多いので，必要に応じてこれらを参照願いたい．また，本会「建築地盤アンカー設

計施工指針・同解説」第一版（1991）[1.3]，第二版（2001）[1.4]から多くを引用しているが，以降ではその記載を省略している部分もあるので留意願いたい．

1.2 定　　義

> 地盤アンカーは，各種外力によって仮設構造物あるいは本設構造物に発生する応力や変位（変形）を軽減し，構造物の安全性を向上させることを目的として地盤中に設置される構造体で，定着体，自由長部およびアンカー頭部で構成される．

地盤アンカーとは，地震・風・水圧・土圧などの各種外力によって，仮設あるいは本設構造物に発生する応力や変位（変形）に対して，地中に設置した抵抗体の引張抵抗力によって，構造物の損壊や有害な変形を防ぎ，安全性を向上させるものである．

わが国において，地盤アンカーが本設構造物に初めて適用されたのは 1957 年である[1.5]．地盤アンカーの導入当初は，地中抵抗体（定着体）の引張抵抗の発現方法の違いによって，次の2種類に大別されていた〔解説図 1.1 参照〕．

　（ⅰ）　支圧抵抗型地盤アンカー
　（ⅱ）　摩擦抵抗型地盤アンカー

上記（ⅰ）は，プレート状あるいは拡径削孔して築造した抵抗体の支圧抵抗によって引張抵抗を発現するもの，（ⅱ）は円筒状に造成した抵抗体と地盤との摩擦抵抗によって引張抵抗を発現するものである．これらのうち，わが国の建築関連分野では，摩擦抵抗型の地盤アンカーが主として発達し，1980 年代には，実施される地盤アンカーの多くが摩擦抵抗型となった．このような理由から，本会では，摩擦抵抗型の地盤アンカーを対象とした設計施工指針を策定しており（「建築地盤アンカー設計施工指針・同解説」第一版（1991）[1.3]，第二版（2001）[1.4]），本改定指針でも同様の方針とした．

なお，以降の本指針の記述では，「地盤アンカー」とは上述の「摩擦抵抗型地盤アンカー」を示す．また，摩擦抵抗型地盤アンカーの抵抗体は，セメント系の注入材によって地盤に定着させて用いることから，「定着体」と称する．

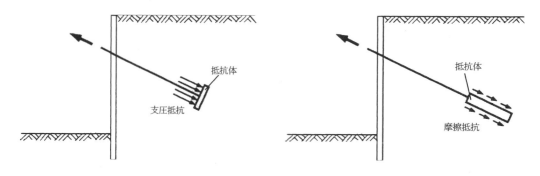

(a)　支圧抵抗型地盤アンカー　　　　　　　(b)　摩擦抵抗型地盤アンカー

解説図 1.1　支圧抵抗型地盤アンカーと摩擦抵抗型地盤アンカー

本指針で対象とする地盤アンカーは，掘削孔内にPC鋼棒あるいはPC鋼より線などの引張材（先端に耐荷体と呼ばれる荷重伝達部材〔1.3節参照〕を取り付ける場合もある）を挿入し，セメントペーストを主とする注入材を注入した後に，緊張力を導入して地盤アンカーの頭部を山留め壁や基礎などの構造体に固定して完成する．解説図1.2に示すように，注入材を加圧注入して地盤との摩擦による大きな引張抵抗を期待する部位を定着体と呼び，定着体とアンカー頭部の間の部位を自由長部（注入材は通常注入），引張材を山留め壁などの構造体に固定する部位をアンカー頭部と呼ぶ．ただし，自由長部の長さは，後述する引張材自由長（引張材をシースと潤滑剤で被覆して注入材との付着力を排除した長さ〔1.3節参照〕）とは異なる場合があるので注意されたい．

　解説図1.3（a）に，地盤アンカーを山留め壁の支保工として用いる例を示す．山留め工事では，傾斜地での掘削や大規模平面掘削，不整形な掘削をする場合など，切梁工法を適用することが困難な場合に地盤アンカーが用いられることが多い．また，地盤アンカーを用いた場合には，切梁や切梁支柱などが不要となるため，大きな作業空間を確保することが可能となり，工期の短縮にも寄与することができる．

　解説図1.3（b）に，地盤アンカーを本設構造物に使用する例を示す．地盤アンカーは，地下水位が高い地盤や上部構造物の荷重のアンバランスによる基礎の浮き上がり防止，地震時の転倒防止やロッキング対策，斜面上の建築物の滑動防止，大規模空間構造物のスラスト[注]対策，擁壁の転倒防止などに用いられる．また，近年では，耐震補強工事での地盤アンカーの使用例が増えている[1.6]．

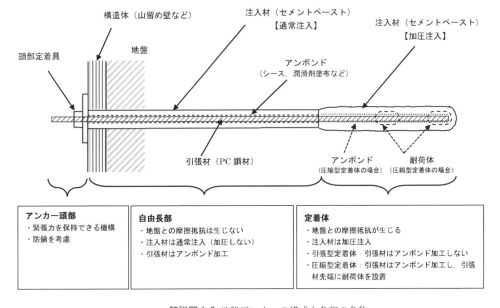

解説図1.2　地盤アンカーの構成と各部の名称

　注）スラスト：アーチなどの支持部において，外方に拡がるように作用する水平力

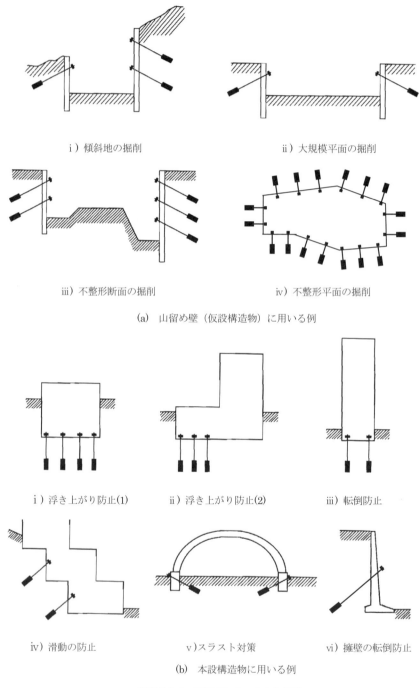

解説図 1.3 地盤アンカーの主な用途

1.3 地盤アンカーの種類と選定

a. 地盤アンカーの設計・施工は，地盤アンカーの種類と特性を十分に理解し，用途・供用期間・地盤条件などを考慮して，最も適切な方法によっておこなう．

b. 地盤アンカーは，本設構造物の一部として用いられるものを本設地盤アンカー，仮設構造物に用いられるものを仮設地盤アンカーという．

c. 定着体の地盤への定着は，定着体と地盤との摩擦抵抗力による．

d. 定着体内部の引張材から注入材への荷重伝達は，引張材あるいは耐荷体の付着伝達によるものとし，定着体は以下のいずれかの方式のものを使用する．

　　1）引張型定着体

　　　　定着体内部の引張材と注入材の付着抵抗によって引張力を注入材へ伝達する．

　　2）圧縮型定着体

　　　　引張材先端に設けた複数または単一の耐荷体の付着抵抗で引張力を注入材へ伝達する．

　　（ⅰ）分散耐荷体方式：複数の耐荷体とそれぞれの耐荷体に独立して連結された引張材によって構成する．

　　（ⅱ）単一耐荷体方式：1個の耐荷体とそれに連結された引張材によって構成する．

e. 地盤アンカーの供用期間終了後に引張材を除去する除去式地盤アンカーを採用する場合には，除去の時期および方法を考慮して計画する．

a. 地盤アンカーの設計・施工を計画する場合には，地盤アンカーの種類と特徴を十分に理解したうえで，要求性能と地盤条件に応じて，最も適切な工法を選定する必要がある．地盤アンカーを計画する際には，まず以下の4項目について検討しておく必要がある．

　（ⅰ）　用途および供用期間

　（ⅱ）　定着地盤の状態と定着体の構造

　（ⅲ）　引張材の種類とアンカー頭部の定着方法

　（ⅳ）　施工方法

b. 地盤アンカーは，その使用目的によって，山留め壁の支保工として用いられる地盤アンカーのように供用期間が短いものから，建築物の基礎に用いられる地盤アンカーのように供用期間が長期に及ぶものまである．地盤アンカーに要求される性能は，これらの用途と供用期間によって異なる．解説表 1.1 は，各国で用いられている指針類での地盤アンカーの供用期間を示したものであるが，ほとんどが仮設地盤アンカーと本設地盤アンカーに分けられている．ここで，仮設地盤アンカーとは建築物の施工時に用いられ，建築物が完成すれば不要になるもの，または，仮設構造物などで比較的短期間の使用に限って用いられる地盤アンカーをいう．一方，本設地盤アンカーとは，建築物の構造体の一部分として使用し，建築物と等しい供用期間を要求される地盤アンカーをいう．

　仮設地盤アンカーの供用期間は，解説表 1.1 を参考にすると，おおむね2年間を一つの区切りとしてよいであろう．また，建築基準法に規定される仮設建築物の存置期間が最大2年であることから，本指針でも，一般的な山留め工事などに用いられる仮設地盤アンカーの供用期間を2年として取り扱うことにした．ただし，施工期間が2年以上にわたる大規模工事や供用期間が2年以上となる仮設構造物に用いる場合には，本設地盤アンカーを参考にして設計条件を設定する．

— 30 —　建築地盤アンカー設計施工指針　解説

解説表 1.1　各種基準・指針による地盤アンカーの供用期間の例

基規準・指針名（出版・公開年）		供用期間
地盤工学会グラウンドアンカー設計・施工基準, 同解説（JGS4101-2012）[1.7]	（2012）（日本）	1)　一般構造物－ランク B（2 年未満） 2)　一般構造物－ランク A（2 年以上）
Eurocode－7[1.8]	（2004）（EU）	1)　仮設アンカー（2 年未満） 2)　永久アンカー
BSI－BS8081[1.9]	（1989）（イギリス）	1)　仮設アンカー（6 ヶ月未満） 2)　仮設アンカー（2 年未満） 3)　永久アンカー
DIN－4125[1.10]	（1990）（ドイツ）	1)　仮設アンカー（2 年未満） 2)　永久アンカー
French Recommendation[1.11]	（1989）（フランス）	1)　仮設アンカー（9 ヶ月未満） 2)　仮設アンカー（18 ヶ月未満） 3)　永久アンカー
PTI－Recommendations[1.12]	（2014）（アメリカ）	1)　仮設アンカー（2 年未満） 2)　永久アンカー

c.　1.1 節，1.2 節で述べたように，本指針はセメント系注入材を用いた摩擦抵抗型地盤アンカーを対象にしたものである．したがって，定着体の地盤への定着は，定着体と地盤との摩擦抵抗力によるものとする．

d.　旧指針（建築地盤アンカー設計施工指針・同解説（2001））は，主として，引張型定着体と単一耐荷体方式の圧縮型定着体を用いた地盤アンカーの設計・施工に関して述べたものであった．しかし，現在では，山留め壁などの仮設構造物に用いる地盤アンカーには，分散耐荷体方式の圧縮型定着体を用いる例が多くなっている．そこで，本指針では，上記に対応できるように，引張型定着体および圧縮型定着体を再定義して用いることにした．

1) 引張型定着体は，旧指針（2001）では引張型地盤アンカーと称していた地盤アンカーの定着体に用いられていたもので，引張材を注入材との付着抵抗力によって定着体内に固定するものである〔解説図 1.4〕．したがって，引張材は自由長部のみをアンボンド加工し，定着体部では十分な付着性能を発現できるように計画する必要がある．

2) 圧縮型定着体は，複数あるいは単一の耐荷体の下端を，アンボンド加工した引張材と連結して定着体内に固定するもので，耐荷体の外周あるいは耐荷体間の注入材が圧縮状態となるので引張亀裂が発生しにくいという特徴がある．引張材はアンカー頭部から耐荷体との接合部までアンボンド加工する必要があり，この区間が引張材自由長（L_{ft}）となる．

（ⅰ）　分散耐荷体方式：定着体内に複数の耐荷体を分散配置するもので，分担荷重を適切に設定すれば，定着体全長にわたって合理的な摩擦抵抗力を発現することが可能である〔解説図 1.5(a)〕．耐荷体は，定着体の先端から第 1 耐荷体，第 2 耐荷体，…と番号をつけて呼び，各耐荷体間の距離を部分定着体長（$L_a(i)$，i は耐荷体番号）という．また，引張材自由長も同様に，第 1 耐荷体引張材自由長（$L_{ft}(1)$），第 2 耐荷体引張材自由長（$L_{ft}(2)$），…と耐荷体ごとに番号をつけて表す．分散耐荷体方式では，耐荷体の側面や内部を他の耐荷体に接続する複数の引張材が通過する

ため，それらが相互に干渉しないような形状と構造を有する耐荷体を用いる．また，アンカー頭部では個々の耐荷体ごとに緊張・定着する必要があるので，耐荷体の設置位置や引張材長さ，緊張方法（緊張順序）などを考慮して計画する．

(ⅱ) 単一耐荷体方式：定着体内部の引張材もアンボンド加工とし，引張材の先端に単一の耐荷体を接続したもので，分散耐荷体方式に比べて長尺の耐荷体を用いることが多い〔解説図 1.5(b)〕．円筒状（鋼管など）の耐荷体を使用する場合には，耐荷体が直接地盤に接することのないように，また，所定のかぶり厚を定着体全長にわたって確保できるように注意して計画を立案する．

e．分散耐荷体方式の圧縮型定着体を用いた地盤アンカーのうち，耐荷体の形状を工夫して供用期間終了後に引張材を除去することができるようにしたものを「除去式地盤アンカー」という．これは，地盤アンカーの供用期間終了後に，地中に残置された引張材が地中障害物として問題になることを防ぐために開発されたものであり，今日では，除去式地盤アンカーの使用が増えている．引張材の除去は，安全に十分留意した方法で実施する．また，供用期間終了から除去するまでの期間が長くなる場合には，その間の引張材の防食等も配慮する必要がある．

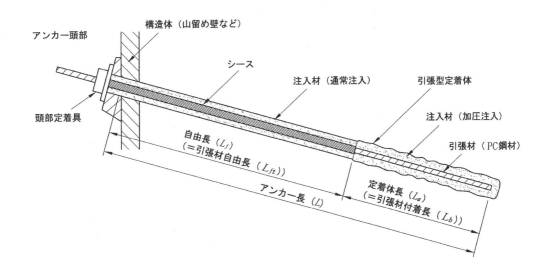

解説図 1.4　引張型定着体を用いた地盤アンカー

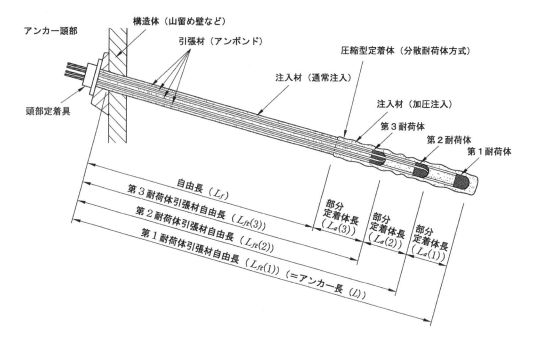

(a) 分散耐荷体方式

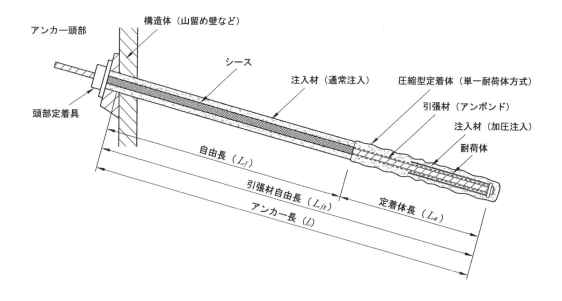

(b) 単一耐荷体方式

解説図1.5 圧縮型定着体を用いた地盤アンカー

1.4 用　語

(1) 地盤アンカー

　　仮設または本設構造物に作用する各種外力に対して，構造物の安全性を向上させるために地盤中に設ける構造体のことをいい，定着体，自由長部およびアンカー頭部で構成する．なお，本指針では，定着体と地盤との周面摩擦力によって引張抵抗を発現する摩擦抵抗型地盤アンカーをいう．

(2) 仮設地盤アンカー

　　仮設構造物に用いる地盤アンカーをいう．

(3) 本設地盤アンカー

　　本設構造物に用い，構造物の全供用期間にわたって用いる地盤アンカーをいう．

(4) 除去式地盤アンカー

　　地盤アンカー供用期間終了後，引張材を撤去することが可能な地盤アンカーをいう．

(5) 山留めアンカー

　　山留め壁の支保工として用いる地盤アンカーをいう．

(6) アンカー頭部

　　地盤アンカーの部位のうち，引張材を構造体に緊結する部分をいう．

(7) 自由長部

　　地盤アンカーの部位のうち，アンカー頭部と定着体の間の部分をいう．

(8) 定着体

　　地盤アンカーの部位のうち，注入材と地盤との摩擦抵抗力によって地盤に定着する部分をいう．

(9) 引張材

　　アンカー頭部からの引張力を定着体に伝達する部材をいう．PC鋼材およびそれに準じた強度特性を有する材料を用いる．

(10) 注入材

　　定着体を地盤に定着するために注入するセメントペースト（セメントミルク）をいう．

(11) 定着地盤

　　定着体を設置する地盤をいう．定着地盤は良質・強固で過大なクリープを生じない地盤とする．

(12) 引張型定着体

　　定着体内の引張材と注入材との付着抵抗力によって，アンカー頭部からの引張力を注入材に伝達する形式の定着体をいう．

(13) 圧縮型定着体

　　定着体内の引張材の先端に耐荷体を接続する形式の定着体をいう．単一の耐荷体を用いた単一耐荷体方式と，複数の耐荷体を分散配置した分散耐荷体方式とがある．

(14) 群アンカー

　　地盤アンカーを近接して設置すると，アンカーが相互に影響し合い個々の引抜抵抗力は独立して設置した場合よりも小さくなる．この現象を群アンカー効果といい，そのアンカーグループを群アンカーという．

(15) 再緊張型アンカー

　　地盤アンカーで支持する仮設構造物の供用期間が長い場合や，地盤アンカーを本設構造物に適用する場合に，緊張力の確認や調整ができるようにした地盤アンカーをいう．

(16) アンカー長（L）

地盤アンカーの全長（自由長と定着体長の和）をいう．

(17) 定着体長（L_a）

地盤アンカーの部位のうち，定着体の長さをいう．

(18) 部分定着体長（$L_{a(i)}$）

分散耐荷体方式の圧縮型定着体を用いた地盤アンカーにおける各耐荷体の定着体長をいう．

(19) 自由長（L_f）

地盤アンカーの部位のうち，アンカー頭部と定着体との間で，地盤との摩擦抵抗力を期待しない部分の長さをいう．

(20) 引張材付着長（L_b）

引張型定着体における引張材と注入材の付着長さをいう．

(21) 引張材自由長（L_{ft}）

引張材のアンボンド部の長さをいう．

(22) 定着体径（D_a）

定着体の直径をいう．通常，削孔径を用いる．

(23) 耐荷体

アンカー頭部から引張材に伝達する引張力を圧縮力として負担すると同時に，その力を注入材に伝達するための部材をいう．

(24) 注入材のコンシステンシー

注入材の流動の程度を表す指標をいう．コンシステンシーの測定は，ロートに入れた一定量の注入材が流下するのに要する時間（流下時間）でおこなう．

(25) 耐荷体シーブ径

分散耐荷体方式の圧縮型定着体において，引張材を設置あるいは通過させるために設ける半円形状のみぞ部分の直径のことをいう．

(26) 緊張・定着装置

アンカー頭部において，引張材を緊張・定着するために使用する機器および定着具をいう．

(27) 初期緊張力（P_i）

アンカー頭部の緊張・定着において，引張材緊張時の引張力をいう．

(28) 導入緊張力（P_t）

アンカー頭部の緊張・定着完了時に導入されている緊張力をいう．

(29) 有効緊張力（P_e）

リラクセーション，クリープなどによる緊張力の低下を予測して設定する緊張力をいう．

(30) 防せい材

アンカー頭部や引張材の腐食を防止するための材料をいう．通常，充填・塗布・被覆などの方法で使用する．

(31) リラクセーション

材料のひずみ度を一定に保ち続けたときに，応力度が徐々に減少する現象をいう．

(32) クリープ

材料の応力度を一定に保ち続けたときに，ひずみ度が徐々に増加する現象をいう．

(33) 引抜耐力（T_u）

地盤アンカーの終局時の引抜荷重のことをいう．設計では，極限引抜抵抗力，極限付着抵抗力，引

張材の JIS 規格引張荷重の最小値を引抜耐力とし，通常は引張材の規格引張荷重が最小となるように設計する．

(34) 極限引抜抵抗力（T_{ug}）

定着体と地盤との間の摩擦抵抗が極限状態に達するときの力をいう．

(35) 極限付着抵抗力（T_{ub}）

引張材と注入材の付着抵抗が極限状態に達するときの力をいう．

(36) 設計アンカー力（P_d）

地盤アンカーの設計時に用いる引張力をいう．

(37) 許容引抜抵抗力（T_{ag}）

極限引抜抵抗力を安全率で除したものをいう．

(38) 許容引張力

PC 鋼材の JIS 規格引張荷重または降伏荷重にそれぞれの低減係数を乗じたものをいう．

(39) 許容付着抵抗力（T_{ab}）

引張材と注入材との極限付着抵抗力を安全率で除したものをいう．

(40) アンカー角度

基準面に対する地盤アンカーの角度をいう．鉛直断面におけるアンカー傾角（θ_v）と水平断面におけるアンカー水平角（θ_h）とがある．

(41) 加圧注入

引張材挿入後に定着体の確実な造成を目的として，加圧しながら注入材を注入することをいう．

(42) パッカー加圧

注入材注入時の加圧力を保持するために，定着体上部を密閉しておこなう加圧のことをいう．

(43) ケーシング加圧

注入材注入時の加圧力を保持するために，削孔用ケーシング上端を密閉しておこなう加圧のことをいう．

(44) 基本試験

地盤アンカーの計画段階に実施する試験をいう．設計に必要な定数，あるいは施工性能を確認するためにおこなうもので，引抜試験，長期引張試験がある．

(45) 確認試験

地盤アンカーの施工後におこなう試験をいう．地盤アンカーの品質・性能を確認するためにおこなうもので，多サイクル試験，1サイクル試験，リフトオフ試験がある．

(46) 監理者

地盤アンカーの設計・施工の監理に関して責任を有する者をいう．通常は，施主の代理人として設計・施工の監理をおこなう開発業者などの担当者であることが多い．

(47) 管理者

地盤アンカーの施工に関して責任を有する者をいう．通常は施工現場の監督のことをさす．

参 考 文 献

1.1) 日本建築学会: 山留め設計指針，2017

1.2) 日本建築学会: 建築基礎構造設計指針，2001

1.3) 日本建築学会: 建築地盤アンカー設計施工指針・同解説（第一版），1991

1.4) 日本建築学会: 建築地盤アンカー設計施工指針・同解説（第二版），2001

1.5) 土質工学会（現地盤工学会）: アース・アンカー工法　一付・土質工学会アース・アンカー・設計・施工基準，1976

1.6) 高原伸一，森利弘，渡辺則雄: 建物の耐震改修に適用した本設地盤アンカーの設計施工事例（STKアンカー），基礎工，Vol. 29, No.7, pp. 26-28, 2001.7

1.7) 地盤工学会: グラウンドアンカー設計・施工基準，同解説（JGS4101-2012），2012

1.8) Eurocode 7 : Geotechnical design - Part 1: General rules, 2004

1.9) British Standards Instruction (BSI): Recommendations for ground anchorages, 1989

1.10) Deutsches Institut für Normung (DIN) 4125 Part 2 Soil and Rock Anchors; Permanents Soil Anchors, Analysis Structural Design and Testing, 1990

1.11) Bureau Securitas Recommendations for the Design, Calculation Construction and Monitoring of Ground Anchorages, 3rd Edition, 1989

1.12) Post-Tensioning Institute: Recommendations for Prestressed Rock and Soil Anchors, 2014

2章　地盤アンカーの計画

2.1　基 本 事 項

> a. 地盤アンカーの計画は，調査，設計，施工，試験，維持管理の各項目について対象とする建築物や構造物の種類・用途・施工条件・地盤条件に適合し，かつ総合的に判断して最も適切になるようにおこなう.
>
> b. 地盤アンカーの定着体は，良質な地盤に定着する.

a. 地盤アンカーは，仮設および本設建築物の安定を確保するための重要な構造要素の一つである．地盤アンカーに要求される性能は，地盤アンカーが支持する建築物の種類・用途および供用期間によって異なる．そのため地盤アンカーの計画にあたっては，調査，設計，施工，試験，維持管理の各項目についてアンカーに要求される性能を満足し，かつ，地盤条件や施工条件に応じた適切な方法を選択し，そのうえで，構造安全性，施工性，周辺環境，供用期間中の安定性および経済性などを総合的に判断する必要がある.

　地盤アンカーの設計・施工計画のフローを解説図 2.1 に示す.

　地盤アンカーの計画のための調査では，既往の調査結果を参照しながら，地盤アンカーの機能を十分に発揮するための地盤条件や周辺環境条件を調査する．そして，建築物の安定を確保するための工法として，地盤アンカー工法が他の工法も含めて最適な工法かどうか，地盤条件や施工条件を考慮して十分な性能が確保できるか，周辺環境の制約から判断して造成中や供用期間中に生じる問題はないか，などについて検討して地盤アンカーの採用可否を判断する．地盤条件や敷地条件によって定着地盤の評価が難しい場合には，要求性能を確認するための試験（基本試験）を実施してから地盤アンカーの採用の可否を決定する.

　設計計画では，地盤アンカーの用途に応じた荷重条件と許容応力度の設定，採用した地盤アンカー工法と定着体形式（引張型定着体，圧縮型定着体）に応じた材料を選定して自由長や定着体長，引張材の種類，定着体の詳細項目（耐荷体数，引張材の除去の有無など）を設定する．次に地盤アンカーの設置間隔や施工効率などを考慮して配置計画をおこない，それに基づいて地盤アンカーで支持する構築物に過度な応力や変形が生じないことを確認する．さらに，施工期間を含めた供用期間に対する耐久性と地盤アンカーを含めた地盤全体の安定性を検討した後に，地盤アンカーの採用可否の最終的な判断をおこなうが，情報が不足して判定ができない場合には，追加調査を実施して再検討をおこなう.

　施工計画では，地盤条件・地下水条件・敷地条件・周辺環境条件に適合した施工方法や施工機械の選定と施工手順を検討し施工管理計画を作成する．地盤アンカーの引張抵抗力は，土質や地

層の変化，地下水の状況，施工方法，施工の良否などに影響されやすいため，施工後の品質確認を目的にした確認試験の実施計画を作成する．

地盤アンカーの施工終了後は，仮設地盤アンカーでは，山留め壁などの仮設構造物の供用期間が終了するまで地盤アンカーと構造物および周辺地盤が安定であることを確認するための日常的な計測管理計画を立案する．また，本設地盤アンカーについては，地盤アンカーが緊張力を保持していること，有害な腐食が生じていないことなどを定期的に確認できるような維持管理計画を立案する．

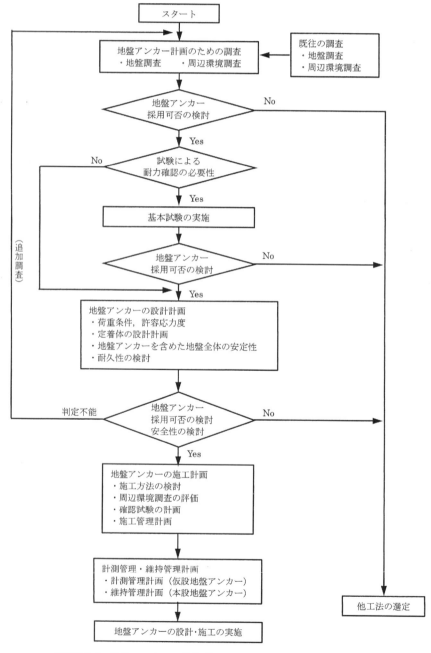

解説図 2.1 地盤アンカーの設計・施工計画のフロー

b. 本指針では，設計・施工が計画どおりに実施され，要求性能が確保されていることを確認するために，原位置での試験〔確認試験：9章参照〕を実施することを原則としている．供用期間全般にわたって地盤アンカーの性能を確保するためには，定着体を良質な地盤に定着することが肝要である．ここでいう良質な地盤とは，過去の実績データを考慮して，本設地盤アンカーの場合には，$N \geqq 50$（N：N値）の砂質土または軟岩以上の強度を有する地盤，仮設地盤アンカーの場合には $N \geqq 20$ の砂質土地盤または $N \geqq 7$（あるいは $q_u \geqq 200 \text{ kN/m}^2$，$q_u$：一軸圧縮強さ）の粘性土地盤とする．なお，上記を満たさない，あるいは満たしていても定着地盤として不安がある場合には，引抜試験や長期引張試験などを実施して定着地盤としての可否を判断する．

定着地盤を評価する際に，強度以外に留意すべき事項として地盤の化学的性質がある．特に強酸性地盤では，注入材の劣化や引張材の腐食などの問題が生じる可能性があるので，耐酸性の注入材の採用など耐久性の確保に注意が必要となる．

また，計画地の深層に，解説図 2.2 に示すような傾斜した弱層や，断層などの不連続面や流れ盤（地層の傾斜と同一方向に傾斜している岩盤層）などがある場合には，地盤アンカーの配置を含めて斜面全体の安定性を検討する必要がある．

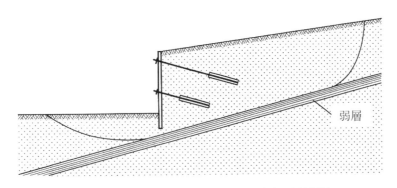

解説図 2.2 地盤アンカーを計画する場合，特に注意すべき地層例
（傾斜した弱層がある場合）

2.2 地盤調査

a. 地盤調査は，既往の資料を含め概略の情報を得るための事前調査と詳細な検討のための本調査に分けておこなうことを原則とする．
b. 事前調査では，地盤アンカーの採用可否を判断するための基礎資料を作成し，詳細検討に必要な本調査での調査項目を設定する．
c. 本調査は，地盤アンカーの設計・施工上必要な情報が得られるように，定着体ならびに自由長部の地層，層厚，力学的特性，地下水の状態，さらに必要に応じて地盤の化学的性質などを含んだ内容とする．
d. 地盤調査の位置と深さは，地盤アンカーの配置と影響範囲を考慮して決める．
e. 地盤調査および土質試験の方法は，本会「建築基礎設計のための地盤調査計画指針」，JIS 規格および地盤工学会「地盤調査の方法と解説」等に準拠する．

a. 地盤アンカーの計画に必要な地盤調査は，地盤アンカーが支持する構造物の種類と地盤アンカーの用途に応じて構造物全体の設計・施工・維持管理に関する計画が適切におこなえる内容とするとともに，計画段階から維持管理段階までの工事全体の進行の中で適切に実施することが必要となる．一般的には，地盤の概要把握や地盤アンカーの採用可否の判断をすることを目的とした基本設計のために実施する事前調査と，その結果を基にしておこなう詳細設計のための本調査に分けておこなう．

　本設地盤アンカーを採用する場合の地盤調査は，地盤アンカーを含めた建築物全体の設計・施工に必要な地盤調査の一環として実施することが原則であるが，通常おこなわれる地盤調査の多くは基礎形式や支持力の検討を目的にしたものであり，調査項目や調査範囲，調査深度などが地盤アンカーの設計・施工に対して不十分な場合もある．特に地下水の状況は重要な調査項目であり，注意が必要である．

　山留め壁等に用いる仮設地盤アンカーでは，建築物の設計・施工のための地盤調査がすでに実施されており，地盤アンカーのための地盤調査はそれに追加しておこなわれることもある．なお，仮設地盤アンカーと本設地盤アンカーの地盤調査は基本的には同じと考えてよい．

b. 事前調査では，一般に資料調査や現地調査に基づいて，地盤アンカーを計画している敷地およびその周辺の地盤状況を推定し，地盤アンカー採用の可否を判断する．そして，不足している調査項目や内容を明確にして，詳細設計や施工計画に必要な本調査の計画を立案する．

　事前調査の概要を解説表 2.1 に示す．

　事前調査では，まず既往の資料，地形・地質の状況，および付近の施工例も参考にして概略の地層構成図を作成する．既往の資料としては，地盤図，地形図，空中写真（航空写真），周辺の既存地盤調査資料などが挙げられる．また，地盤情報データベースや各種ハザードマップも近年整備が進んでいるので積極的に利用するとよい．近隣での地盤調査結果や施工記録，特に掘削工事で得られている各種実測値は，地盤アンカーの施工性を検討する際に有用な資料となる．

　次に，現地踏査をおこない，地表の状態や周辺の状況，井戸などの地下水利用に関する情報を

解説表 2.1　地盤アンカーに関する事前調査の概要[2.1] を一部修正

調査方法	調査項目	調査目的
a. 資料調査（資料収集と分析） ・地盤図，地形図，空中写真（航空写真），地盤調査報告書，周囲の地盤柱状図 ・地盤情報データベース，ハザードマップ ・近隣構造物，地中埋設物の設計図書，施工記録 ・学会誌等の関連記事 b. 現地踏査（現地での情報収集） ・地表，地質踏査 ・周辺井戸（地下水）の状況調査	a. 以下の状況を推定 ・概略の地層構成と各層概況および地下水位の概況 ・周辺の自然および社会環境の概況 b. 以下の状況を確認 ・地形，地質の状況 ・地表の状況 ・周辺の環境条件 ・地盤構成と各地層の性状 ・地下水位および地下水の利用状況	・地層構成図の作成 　（各層の土質性状の推定） ・アンカー採用可否を判断するための基礎資料の作成 ・地盤に関して必要な調査項目の決定 ・本調査の計画立案

収集して地盤アンカーの採用可否を判断するための基礎資料を作成するとともに本調査の計画を立案する．なお，これらの事前調査の結果，地層構成や地下水の状態など本調査計画立案のための情報が不足する場合には，本調査に先立って，比較的軽微な物理探査やパイロットボーリングなどの予備調査をおこなって不足する情報を補完する．

c．本調査では，事前調査の結果に基づき，下記に示す検討項目に対して必要十分な情報が得られるように調査を実施する．

（ⅰ）　地盤アンカーに作用する荷重の算定

（ⅱ）　地盤アンカーの採用の可否と定着地盤の検討

（ⅲ）　定着体（定着体の形式，定着位置）と引張材の選定および除去方法の検討

（ⅳ）　地盤アンカーを含む地盤全体の安定性の検討

（ⅴ）　地盤アンカーの緊張力や防食などの長期安定性の検討

（ⅵ）　地盤アンカーの施工法の検討

これらの検討項目・検討内容と一般的な地盤調査との関連を解説表 2.2 に示す．

1) 地盤アンカーに作用する荷重の算定

水圧・地震力などによる建物の浮き上がり防止を目的とした地盤アンカーでは，建築物に作用する水圧（浮力）と地下水位の長期的な変動，および基礎の変位量に影響を与える地盤の変形特性に関する調査が必要になる．地下外壁や山留め壁に用いる地盤アンカーでは，地下外壁や山留め壁に作用する土圧・水圧を算定するために，地盤の物理的性質（単位体積重量，コンシステンシー，含水比，粒度分布など）や力学的性質（粘着力，内部摩擦角など）を決定するための室

解説表 2.2　地盤アンカーの設計施工上の検討項目と地盤調査

地盤調査 アンカーの設計施工上の検討項目・内容			原位置試験								室内土質試験		
			標準貫入試験	地下水位測定・水圧	流向・流速	現場透水試験	孔内載荷試験	弾性波探査	引抜試験	長期引張試験	物理試験	力学試験（粘性土）	化学試験
設計計画	アンカーに作用する荷重	土圧・水圧 地盤の変形性状	◎	◎			○	○			◎	◎	
	アンカー採用の可否と定着地盤の選定	地層構成，深度，層厚，地層の傾斜・走向，地下水位，強度，周面摩擦力	◎	◎	○	○			◎	◎	◎	○	
	定着体の設計	地盤の強度，周面摩擦力	◎						◎	○	○	◎	
	全体の安定	地盤の強度，地下水位	◎	◎									
	長期安定 緊張力	地盤の変形特性	◎				○	○			◎	◎	
	防せい・防食	地盤と地下水の化学的性質，地下水位		◎									◎
施工計画	削孔方法	土質，地下水位，透水性	◎	◎		○					◎		
	止水方法	地下水位，透水性，流速		◎	○	○					◎		

◎：関連が大きい，○：参考になる

内試験および地層構成と地下水位に関する調査が必要になる．また，山留め壁の変形特性を求めるための情報（山留め壁の形式，寸法，形状，構成部材およびその材料特性など）が必要になる．

2）地盤アンカーの採用可否と定着地盤の検討

　地盤アンカーを採用するかどうかの判断や定着地盤の検討には，ボーリングや標準貫入試験によって，定着地盤となりうる地層の土質，強度，深さ，不陸，層厚等を調査する．それによって定着地盤となりうる良質な地層が存在するか，敷地内に定着体を設置することが可能か，層厚は十分か，地盤アンカーの全長は過大にならないか，アンカー角度は過大にならないか，他工法と比較して安全性・経済性はどうか，などの検討をおこなう．また，地層の傾斜や節理，すべり層（層理・断層などがあり，地すべりが発生する可能性のある地層）がある場合には，それらの位置と走向を把握して，地盤アンカーの配置と定着体長の検討および地盤アンカーを含めた地盤全体の安定性の検討をおこなう．

　定着地盤として適切かどうかは，N値や一軸圧縮強さ q_u のほか，内部摩擦角 ϕ，粘着力 c，単位体積重量 γ，粒度分布，コンシステンシー（液性限界と塑性限界），含水比を考慮して判断する．良質でない地盤に定着せざるを得ない場合など，定着地盤としての所要の引抜抵抗力の確認が必要な場合には，定着体周辺地盤の詳細な調査や室内土質試験，極限引抜抵抗力を決定するための引抜試験やクリープ性状を把握するための長期引張試験〔両者ともに基本試験：9章参照〕を実施する．

　地盤アンカーの施工性や施工の難易度を判断するためには，地下水位と被圧帯水層の状況を把握することが重要である．逸水の懸念がある場合には，透水係数を把握しておく必要がある．また，詳細な検討をおこなう場合には流向や流速の調査も必要となる．

3）定着体の設計および地盤アンカーを含む地盤全体の安定性の検討

　定着体の設計や地盤アンカーを含む地盤全体の安定性の検討に用いる地盤定数は，通常は標準貫入試験のN値や一軸圧縮強さ，粘着力，内部摩擦角などに基づいて評価されることが多い．地盤アンカーの極限引抜抵抗は原位置における引抜試験を実施して決定することを原則としているが，同一の地層における引抜試験の結果があればその値を参考にしてもよい．また，本指針では，仮設地盤アンカーで，定着地盤のN値や一軸圧縮強さ（q_u）が十分に大きい場合には，基本試験を省略して，N値あるいは q_u 値から定着体の周面摩擦抵抗を算定してもよいものとした．

4）地盤アンカーの長期安定性の検討

　地盤アンカーを建築物の浮き上がりや転倒防止に用いる場合には，地盤アンカーの緊張・定着の際に生じる地盤の弾性沈下やクリープ沈下，あるいは定着地盤のクリープ変位による緊張力の低下を考慮して導入緊張力を決定する必要がある．そのためには地盤の変形特性を求めるための試験が必要であり，定着地盤のクリープが問題になりそうな場合には，長期引張試験を実施する．

　地盤アンカーの引張材に用いられるPC鋼材は化学的な腐食に弱いため，必要に応じて防せい処置を施す必要がある．地盤の化学的性質によって注入材が劣化し，PC鋼材の腐食が生じる可能性がある場合には耐食性の注入材を使用するとよい〔4.5節参照〕．地盤の化学的性質については不明な点も多いが，一般に，pHが高い地盤中（アルカリ性）では鋼材は腐食しにくく，また，引

張材は注入材に覆われているため，注入材のアルカリ性が保持されていれば，引張材の腐食が問題となることは少ない．

5) 地盤アンカーの施工法の検討

地盤アンカーの施工は対象とする土質や地層構成によって大きく変化するので，ボーリングや物理試験結果を有効に利用して削孔方法や施工機器を検討する．

地下水位が高い場合や被圧帯水層がある場合には，地盤アンカーの施工に悪影響をおよぼし，定着体の摩擦抵抗力の低下によって緊張力が減少することがある．このような場合には，削孔口の止水対策や削孔方法などの検討が必要になる．地下水位や水圧，透水係数などの水理定数は，複数の観測井を用いた揚水試験によって求めることが望ましい．透水係数は単独の観測井を使用した現場透水試験や簡易透水試験によっても求めることができるが，透水性が高い地盤では信頼性が低下する場合がある．また，粒度分布から透水係数を推定する方法もあるが，大きな誤差が生じる可能性もあるので注意が必要である．

扇状地などで伏流水が存在する場合には，逸水によって削孔時や注入材注入時に支障をきたす場合がある．この場合には伏流水層の透水係数や流向・流速を調査し，必要に応じて施工機械や施工方法を検討する．

d．地盤調査の位置と深さは，荷重の算定，定着地盤の選定，地盤アンカーの配置と影響範囲，定着体の設計および地盤アンカーを含む地盤全体の安定性を考慮して決定する．敷地内での地層の変化が大きい場合やすべり面が想定される場合には地層の傾斜と層厚，すべり面の傾斜・走向が判断できるようにボーリング調査の位置や深さ，本数を計画する．敷地内の地層の変化が大きい場合には，必要に応じてさらに追加調査も必要となることもある．地盤アンカーを含む地盤全体の安定性の検討のためには，地盤アンカーの影響範囲を超えた範囲までの調査が必要となるので注意する．

地下水位の調査は，荷重の算定に必要となる地層およびアンカーの施工対象範囲の透水層について実施する．敷地内で地下水位の変化が考えられる場合には，流向や水位変化の状況が判断できる位置と本数とする．

2.3 周辺環境調査

地盤アンカーの計画に際しては，周辺環境の保全に留意し，既設の構造物や設備に悪影響をおよぼさないように以下の項目について調査・検討する．
1) 地盤アンカーの全長が敷地内に収まることを確認する．また，必要に応じて隣地借用の可否についても検討する．
2) 既設の近隣構造物，周辺地中埋設物，周辺道路の状況について調査し，地盤アンカーの施工によって悪影響をおよぼさないことを確認する．

3) 地盤アンカー施工時に発生する騒音や振動などが近隣に与える影響について検討する.
4) 敷地周辺における地下水の利用状況を調査し，地盤アンカーの施工による影響を検討する.

　地盤アンカーの採用にあたっては，その施工によって敷地周辺の環境に悪影響を及ぼさないように計画する. 解説表 2.3 は考慮すべき周辺環境の調査項目をまとめたものである. 調査する主な対象物には敷地周辺の地中埋設物，既存構造物，道路状況などが挙げられる.
1) 地盤アンカーは，その全長を敷地内に収めることが原則である. しかし，市街地の掘削工事における山留めアンカーの場合など，定着体の一部を敷地外へ計画せざるを得ないことがある. このような場合には，隣接する敷地の所有者または管理者に使用の可否を確認して承認を得ておく必要がある.
2) 地盤アンカーの施工によって，近隣の構造物（建築物）や地中埋設物等に悪影響が生じないように留意する必要がある. 特に，道路の下に地盤アンカーを打設する必要が生じた場合，ガス，上下水道，電力・通信ケーブルなどの埋設物の位置を調査し，それらと干渉しないように施工計画を立案する. 干渉が避けられない場合には，埋設物の養生や移設などの対策を検討する.
3) 地盤アンカーの施工時に発生する騒音・振動は，主に地盤を削孔する時に生じる. 特にロータリーパーカッション式の削孔機を用いる場合には，削孔機器から騒音と振動が発生することがあるので注意する. 騒音・振動は，市街地では有害となることもあるので，必要に応じて，施工時間制限や防音壁の設置などの防音防振対策を講じる. また，精密機械工場など，騒音・振動に対して特に厳しい規制値を要求される建物が近隣に存在する場合には，これらの管理者や使用者との事前協議により許容値を設定しておくことも重要である. この場合には，敷地境界での管理値

解説表 2.3　周辺環境の調査項目

調査対象項目	調査の目的	調査結果の記録点表示
周辺埋設物	●上下水道管，ガス管，電力・通信ケーブルなど，アンカーの施工によって影響を受けると予想される埋設物の調査	●埋設物調査図 ●埋設物の移設養生設計図 ○緊急対策処置対応図
周辺構造物の位置，基礎形式	●地盤アンカーの施工時・供用期間中に与える影響の検討	●周辺構造物調査図 ○既往工事施工図書
道路状況	●道路下埋設物の調査 ○工事場内への資材搬入計画	○埋設物調査図 ○運搬経路図（占用許可を含む）
周辺建物の使用状況（環境評価）	●周辺住民の生活環境への影響検討 [建設公害(振動・騒音)発生状況の予測] ○作業条件，作業時間の調査	
周辺井戸・河川	●周辺井戸地下水への影響調査	

　　　ただし，●印：地盤アンカーの施工と密接な関係にある調査項目
　　　　　　　○印：山留め工事など他の工事との組合せにおいて関係のある一般的な調査項目

を設定して管理するとよい.

4) 敷地周辺における地下水の利用状況調査は，地盤アンカーの施工によって周辺井戸などへ与える影響を把握するためにおこなう．地盤アンカーの施工では，削孔水を循環させて地盤を削孔し，セメント系注入材を加圧注入する．このため，削孔水を地中からくみ上げる場合やセメント系注入材が地中に逸散した場合などは，敷地周辺の地下水に水位低下や水質変化などが生じる可能性がある．特に飲用水または営業用水として使用している井戸が近接している場合には，地盤アンカーの施工期間中，定期的に地下水位とその水質を確認する必要がある.

2.4 地盤アンカーの設計計画

> a. 地盤アンカーの設計計画は，地盤アンカーの要求性能が供用期間をとおして満足し，かつ安全で確実な施工ができるようにおこなう.
> b. 地盤アンカーの各部位の長さは，以下を満足するように設計する.
> 　1) 自由長は 4 m 以上とする.
> 　2) 定着体長は 3 m 以上，定着体の土被り厚は 5 m 以上とする．ただし，分散耐荷体方式の圧縮型定着体における部分定着体長は（(3+l) m : l は耐荷体長）以下とする.
> 　3) 隣接する定着体の設置間隔は 1 m 以上とする．また，斜め地盤アンカーの鉛直傾角は，水平面より下向きに 15° 以上とする.
> c. 地盤アンカーは，供用期間中に機能低下が生じないように必要に応じた防せい処置を施す．供用期間が 2 年以上となる仮設地盤アンカーおよび本設地盤アンカーに関しては，特に十分な防せい処置が必要である.

a. 地盤アンカーは，所定の地盤に定着体を確実に定着させ，供用期間中をとおして安定した引張性能を発現できるように計画することが重要である．また，設計段階から安全で確実な施工が可能となるように計画を立案する必要がある．地盤アンカーの一般的な設計計画のフローを解説図 2.3 に示す．設計計画の策定にあたっては，まず，地盤アンカーが支持する建築物の設計図書や地盤調査結果などから工事条件，地盤条件，周辺環境条件，関連工事計画書などを検討して地盤アンカーの設計条件を設定する．次に以下の 1)～4)の項目について検討するが，それぞれの詳細については，本指針 6 章および 7 章を参照されたい.

1) 定着体の計画

　定着体の形式〔引張型定着体，圧縮型定着体；解説図 1.4, 1.5 参照〕や圧縮型定着体における耐荷体の方式〔分散耐荷体方式，単一耐荷体方式〕にはいくつかの方法があるが，いずれにしても地盤アンカー1 本あたりの設計荷重が過大とならないように注意する．たとえば，これまでの実績によると，山留め壁に用いる仮設地盤アンカーでは，1 本あたりの設計アンカー力を概ね 1000 kN 以下となるように設定しているケースが多い．定着体の計画に際しては，まず地盤調査結果から定着地盤を設定し，その層厚や摩擦抵抗力などから定着体形式を決定する．次に，定着体長と自由長，地盤アンカーの配置，定着体間隔などを設定する．そして，地盤アンカーの引抜耐力を算定してそれらが適切かどうかを判断する.

2) 地盤アンカーを含む地盤全体の安定性の検討

　地盤アンカーを設計する際には，定着体を支持地盤に確実に定着することのほかに地盤アンカーを含む地盤全体の安定性についても検討する必要がある．地盤全体の安定性とは，定着体を含む土塊全体のすべりに対する安定性である．一般に，山留め壁などに用いる斜め地盤アンカーでは，解説図 2.4 (a) に示すように，定着体を山留め壁根入れ部の仮想支点あるいは不動点から発生する仮想主働すべり面の外側に配置し，かつ，定着体先端が，円弧すべり法による斜面安定計算法における安全率 1.2 のすべり線の外側に位置するように計画する〔6.2.1 項参照〕．また，鉛直地盤アンカーでは，解説図 2.4 (b) に示すような地盤内せん断すべり（ブロック破壊）に対する安定性と安全性を検討してアンカーの位置や本数を計画する〔7.2.7 項参照〕．

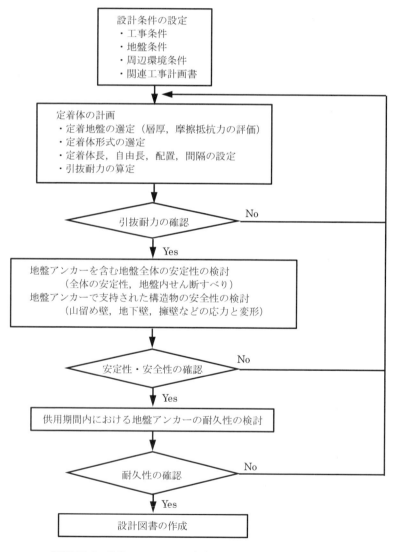

解説図 2.3　地盤アンカーの設計計画フロー

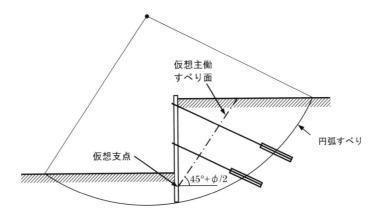

(a) 斜め地盤アンカーの地盤内すべりによる破壊

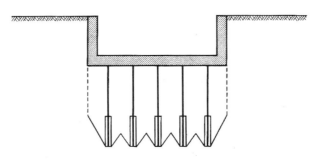

(b) 鉛直地盤アンカーの地盤内すべりを伴うブロック破壊

解説図 2.4 地盤アンカーを含む地盤全体の安定

3) 地盤アンカーで支持された構造物の安定性の検討

　地盤アンカーは，通常，緊張力を導入した状態で使用されるが，アンカー頭部を定着している構造体には以下のような付加応力が発生するため，これらによる構造体や構造物の基礎構造・支持地盤などの安定性と安全性を検討する．

（ⅰ）地盤アンカーの緊張力導入によって構造体（山留め壁，基礎構造，杭など）に生ずる軸力，曲げモーメントおよびせん断力

（ⅱ）地盤アンカーが角度（傾角・水平角）を有する場合，緊張力導入によって構造体に発生する鉛直および水平分力

4) 供用期間内における耐久性の検討

　地盤アンカーは，それによって支持される構造物の使用期間をとおして安定した性能を発揮しなければならない．特に供用期間が長い仮設地盤アンカーや本設地盤アンカーでは，近隣に新規構造物が施工される可能性を調査し，必要に応じて，定着体の摩擦抵抗力の変化や定着体近傍の掘削などによる影響を考慮した計画・設計をおこなう．

b．地盤アンカーの自由長部の長さは，安定した緊張力が保持できるように設定する必要がある．本指針では，地盤アンカーの自由長は 4 m 以上，定着体の土被り厚さは 5 m 以上とした．

　定着体は，良質な地盤に確実に定着する必要があるが，定着体長が短い場合には十分な摩擦抵

抗力が得られない場合がある．本指針では，定着体長の最小長さを 3 m と設定した．また，定着体長が長くなると，定着体近傍地盤の進行性破壊のために，定着体の部位によって地盤との摩擦抵抗力に差異が生じ，定着体全長で平均した摩擦応力度が低下する．そこで，引張型定着体の場合には，3 m を超える部分について，また，単一耐荷体方式の圧縮型定着体の場合には（3+l m）（l は耐荷体長）を超える部分について，それぞれ許容摩擦応力度を低減するものとした〔6.2.4 項および 6.2.5 項参照〕．なお，引張型定着体および単一耐荷体方式の圧縮型定着体の場合には，定着体の全長を 10 m 以下とすることが望ましい．分散耐荷体方式の圧縮型定着体の場合には，部分定着体長（耐荷体 1 個あたりが分担する定着体長）の最大長さを（3+l m）（l は耐荷体長）とした〔6.2.5 項参照〕．

隣接する地盤アンカーとの定着体間隔が小さいと，定着体周辺地盤が相互に影響し合い，地盤アンカー 1 本あたりの引抜抵抗力が独立した地盤アンカーのものよりも小さくなる群効果が生じる．定着体の間隔は，群効果を生じない間隔を保持することが必要であり，本指針では，定着体の最小設置間隔を 1 m と設定した．

斜め地盤アンカーの鉛直傾角は，削孔時の孔壁の乱れ，スライムの処理，注入材のブリーディング等を考慮し，水平面より下向きに 15°以上の角度を有して設計することとした．

c．地盤アンカーは，引張材として高張力を有する PC 鋼材を用いており，その性能保持のために腐食に対する検討をおこなう．地盤アンカーの防せい処置は，供用期間，再緊張の有無，自由長部の機能維持および施工性を考慮して計画する．ただし，一般の山留め壁に用いられるような，供用期間が 2 年未満の仮設地盤アンカーでは，腐食性の高い地盤に施工する場合を除けば，通常は，腐食によって地盤アンカーの機能が低下する例は少ないようである．しかし，供用期間が 2 年以上となる地盤アンカーでは，腐食に対して十分な対応が必要である〔8.7.3 項照〕．特に，本設地盤アンカーの場合には，建築物の供用期間全般にわたって，所定の緊張力を保持する必要があるため，アンカー頭部などで二重防せいなどの確実な対策を講じる必要がある〔解説図 2.5 参照〕．ただし，一般には，設計計画段階で設計者が個々の防せい方法を検討するのではなく，防せいが考慮された地盤アンカー工法を選択する場合が多い．

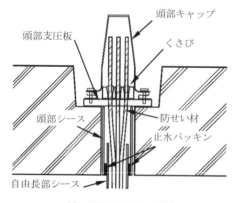 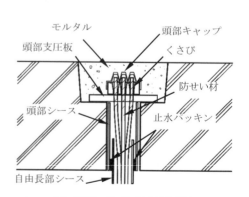

(a) 再緊張を要する場合　　　　(b) 基礎スラブに埋め込む場合

解説図 2.5　本設地盤アンカーのアンカー頭部の防せい処置の例

2.5 地盤アンカーの施工計画

a. 地盤アンカーの施工計画は，地盤アンカーが要求性能を満足し，かつ安全性を十分に確保したものとなるように立案する．

b. 地盤アンカーの施工機器は，地層構成と削孔深さ，施工空間などを考慮して選定する．

c. 地盤アンカーの施工方法は，施工条件，周辺環境条件，施工機器，作業効率などを検討し，適切な施工がおこなえるように施工管理計画を立案する．

d. 地盤アンカーの施工終了後の性能を確認する確認試験計画を立案する．

e. 地盤アンカーの供用期間中の挙動を把握するための計測および維持管理計画を立案する．

a. 地盤アンカーの施工計画は，地盤アンカーが供用期間中をとおして安定した性能を発揮できるように留意して立案する必要がある．さらに，すべての施工段階において，安全性を十分に確保した施工を実現できるように計画しなければならない．解説図 2.6 に，地盤アンカーの一般的な施工計画フローを示す．地盤アンカーの施工計画の立案にあたっては，まず，設計図書をはじめ，地盤条件，周辺環境条件，地盤アンカーが支持する建築物の工事計画書などを精査し，地盤アンカーの施工にかかわる種々の情報を整理・検討する．また，地盤アンカーの施工に支障をきたす可能性のある地中障害物や埋設物等は，それらの種類や正確な位置をあらかじめ調査し，除去あるいは移設が可能なものは可能な限り取り除く．ただし，公共事業者などの埋設物に関しては干渉しないように施工計画を立案するが，干渉が避けられない場合には十分に協議したうえで，移設等の措置を講じる．

b. 地盤アンカーの性能（引抜抵抗）は施工の良否に大きく影響される．特に，正確で安定した削孔は施工の良否を左右することになるため，削孔長が長い場合や，岩盤などを削孔する必要のある場合には，削孔不能や孔曲がりが生じないように削孔能力の大きな機械と適切な削孔ビットを選定する．また，施工機械や機材の選定時には，十分な施工空間（施工材料の仮置き場や引張材挿入時に必要となる空間）の確保や機器の搬入・搬出・移動の手順や作業効率も考慮する．

c. 前項で述べたように，地盤アンカーの施工計画を立案するうえで注意すべきことは，アンカーの性能が施工の良否に大きく影響されることである．したがって，施工条件，周辺環境条件，施工機械，作業効率などを検討し，適切な施工がおこなえるように留意する．以下に施工方法を検討する際の主な項目を示す．具体的な内容については 8 章 施工を参照されたい．

1) 地盤および地下水条件による削孔方法

　削孔方法は，周辺地盤の緩みが生じにくいケーシング削孔を採用する．また，削孔水には清水を使用することが原則である．削孔水を循環して使用する場合は，定着体と地盤との摩擦抵抗不足や，注入材の強度低下などを防ぐため，削孔水中の土砂を取り除いて循環させるようにする．

　削孔の最終工程で実施する孔内洗浄では，スライムの再堆積を避けるために清水を用いるのが望ましい．

　削孔口が地下水位より低い位置となる場合（被圧削孔という），削孔口から，地下水とともに

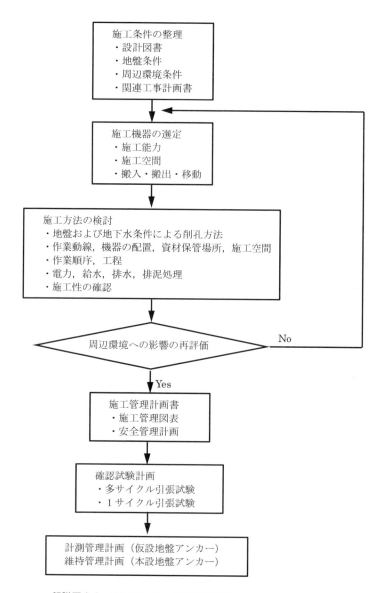

解説図 2.6 地盤アンカーの施工計画フロー

土砂や注入材が流出する危険性がある．土砂や注入材の流出は，地盤アンカーの引抜耐力を低下させるほか，周辺地盤の沈下を引き起こす原因ともなる．このような場合に地盤アンカーの確実な施工をおこなうためには，状況に応じた地下水対策（止水対策）が必要となる．

削孔長が長い場合や，岩盤，礫層などの逸水する可能性のある地盤を削孔する場合には，削孔不良や定着体の性能低下が生じる可能性がある．このような場合には，事前に施工性を確認して施工機器や削孔方法の可否を判断するとよい．以下の（ⅰ）～（ⅴ）に問題が発生しやすい事例と確認項目を示す．

（ⅰ）　長尺アンカー（削孔長が長い地盤アンカー）を施工する場合

　　（イ）　削孔時の孔曲がりの影響

　　・定着層の削孔状態

　　・隣接アンカーへの干渉や影響

　　（ロ）　削孔の可否

（ⅱ）　巨礫や岩盤，層厚が大きな礫層，玉石層を貫通する削孔を実施する場合

　　（イ）　削孔の可否

　　（ロ）　削孔ビットの選定

（ⅲ）　亀裂が多い岩盤，逸水する可能性のある地盤に定着体を設置する場合

　　（イ）　削孔方法の選定（水，エアー，水エアー併用など）

　　（ロ）　パッカー〔8.5.2 項参照〕の必要性と適用性

（ⅳ）　風化の激しい岩盤や粘土地盤に定着体を設置する場合

　　（イ）　削孔方法の選定（水，エアー，水エアー併用など）

　　（ロ）　地盤の膨張性とジャミング（周辺地盤の崩壊などによってケーシングパイプなどが動かなくなること）

（ⅴ）　削孔上端が地下水位以下となる場合や被圧帯水層を削孔する場合

　　（イ）　削孔ビット，削孔方法の選定

　　（ロ）　地下水による注入材の逆流についての対策の選定

　　（ハ）　注入材に配合する混和材料の選定

2）作業動線・機器の配置・資材保管場所・施工空間

　引張材の組立と保管に要する現場でのスペースは，使用する引張材によって異なる．例えば，PC 鋼より線の組立を現場でおこなう場合には，アンカーを直線状に配置して組立・加工をおこなうため，アンカー長とほぼ等しい長さと作業に要するスペースが必要になる．

　注入材混練のための資機材の保管場所としては，プラントのスペースとセメントなどの資材を保管できる空間が必要になる．ただし，セメントは現場保管中に材質が変化しないように，混練頻度に応じた量を搬入するようにし，保管にあたっては適切な養生をおこなう．注入プラントの位置は，材料の搬入，電力・水の供給，排水・排泥などに支障のない場所とし，アンカー施工位置までの配管距離や高低差などによって，注入材の流動性が変化しないような位置に設置する．

　削孔作業に必要な空間は，地盤アンカーの種類や定着体深さ，使用する削孔機械によって異なるが，必要十分な面積と高さを確保する〔付録 4，付録 5 参照〕．また，山留めアンカーでは，施工が根切り底でおこなわれるので，根切り底への資材の搬入方法を確認しておくことと，構台杭や切梁，切梁支柱などの位置を考慮した作業スペースを確保する必要がある．

3）作業順序，工程

　地盤アンカーの施工順序を計画する際には，注入材の硬化時間を考慮する必要がある．隣接するアンカーを連続して施工すると，アンカー間隔が小さい場合には，施工直後の未固化の注入材に削孔水が接触するなどの悪影響が生じる場合がある．一般に隣接したアンカーを施工するまで

に 12 時間程度の養生時間を確保することが望ましく, そのためには 1 本あるいは数本おきに施工するなどの対策が必要となる.

4) 電力, 給水, 排水, 排泥処理

施工機器が十分な能力を発揮して精度の良い削孔を実現するためには, 安定した電力と水 (清水) の供給が不可欠である. 併せて, 供給水量に見合った適切な排水設備の準備も必要となる. また, 施工に伴って発生する泥土はセメントや粘土分を含むため, 産業廃棄物として適正に処理するように計画する.

5) 施工性の確認

本設地盤アンカーでは, 基本試験である引抜試験の実施時に, 施工性も併せて確認する. 仮設地盤アンカーでも同様に, 基本試験の実施時に施工性を確認するが, 基本試験を省略する場合には, 1 本目のアンカー施工時に施工性の確認も併せておこなう.

6) 周辺環境条件への影響

周辺への影響評価は設計計画の段階でも検討されるが, 施工計画の段階で再度見直しておくことが必要である. 初期の計画段階では問題がないと判断された事項でも, 実際に詳細な施工計画を作成すると, 部分的には対策が必要とされる場合もあるので再度の確認が望ましい.

7) 施工管理計画

施工管理計画では, 上記の項目がなるべく明快に管理できるような項目を設定するとともに, 施工工程を連続的に示した施工管理図表を作成する. 施工管理図表には, 地盤アンカーが確実に施工され, 所定の性能が確保されていることが確認できるような項目を設定する. 主な管理項目については付録 3 を参照されたい. また, 地盤アンカーの施工を十分安全におこなえるように, 安全管理計画を検討しておく必要がある. 安全管理計画は, 各施工段階における作業の安全性を検討し作成する. アンカー施工時の安全管理計画上考慮すべき注意事項については, 8.9 節を参照されたい. 特に注意すべき点として, 緊張・定着時の引張材の破断や, 頭部定着具の破損, 試験装置の不具合による定着不良などがある. 緊張・定着時には作業範囲を指定し, 立入禁止の表示を設けるとともに, 試験装置の十分な点検・確認が必要である.

d. 施工された地盤アンカーは, 多サイクルおよび 1 サイクル引張試験 (確認試験) により所定の性能を有することを確認する. 多サイクル引張試験は, 1 サイクル引張試験に先立ち, 地盤アンカーの力学的性質によって分類されたグループごとにそれぞれ 1 本以上実施する. 1 サイクル引張試験は残りの全数の地盤アンカーで実施する. もし, 所定の性能を満足しないアンカーがある場合には, 再施工または追加施工を検討する.

e. 山留め壁に用いる地盤アンカーは根切り工事の進捗に伴い, アンカーの緊張力や山留め壁の変形を計測し, 山留め架構の安全性を確認しながら工事を進める. 地盤アンカーを用いた山留め壁の崩壊原因としては, アンカーの耐力不足, ブラケットの脱落, 山留め壁とアンカーを含む全体的な地盤崩壊, 山留め壁の支持力不足などが考えられるが, 崩壊の兆候は山留め壁の変形やアンカー緊張力の変動に現れることが多い. 例えば, 定着体の摩擦抵抗が不足した場合, すべり変位が生じ, 緊張力の変動がなくても山留め壁に変位が生じる. 山留め壁の側圧が増加した場合は,

定着体が山留め壁から十分に離れていれば，山留め壁の変形とともにアンカーの緊張力が増大する．適切な地盤アンカーの維持管理をおこなうためには，アンカーの緊張力だけではなく，周囲地盤を含めた山留め架構全体の変状を観測して総合的に判断することが重要となる．

参 考 文 献

2.1) 日本建築学会：建築基礎設計のための地盤調査計画指針，2009
2.2) 地盤工学会：地盤調査の方法と解説，2013

3章 荷　重

3.1　荷重一般

---

a. 地盤アンカーを用いる構造物に作用する荷重とその組合せは，原則として建築基準法施行令に従い，定めのない場合には，本会「建築物荷重指針・同解説」（2015）による．

b. 山留め壁および地下外壁・擁壁に作用する荷重は，土圧および水圧ならびに想定される付加荷重を考慮して設定し，それぞれ本会「山留め設計指針」（2017）および「建築基礎構造設計指針」（2001）による．

c. 反力用仮設地盤アンカーに作用する荷重は，計画最大荷重に対して十分安全となるように設定する．

d. 基礎に生じる荷重は，浮力・偏土圧および地震時や強風時に構造物に作用する転倒力を考慮して設定する．また，基礎に生じる荷重を杭と地盤アンカーで分担する場合は，杭の引抜抵抗力，杭と地盤の剛性などを適切に評価して分担荷重を設定する．

e. 振動および繰返し荷重を受ける場合は，設計上十分安全となるよう設計荷重を定める．

f. 限界状態設計法による場合は，各荷重に対する限界状態および荷重係数を適切に考慮する．

---

a. 地盤アンカーの設計では使用目的に応じて荷重とその組合せを検討する．設計上考慮すべき荷重としては，固定荷重（G），積載荷重（Q），雪荷重（S），風荷重（W），地震荷重（E），温度荷重（T），土圧（HE），水圧（HW）があり，その他の荷重として載荷試験反力用仮設地盤アンカーにおける反力（R）などがある．なお，必要に応じて衝撃力などを考慮する．

　設計に用いる荷重の主な組合せを解説表 3.1 に示す．地盤アンカーの設計荷重は，作用する各荷重について供用期間を通じて十分安全となるような総合的な評価をおこない設定する．

b. 山留め壁および地下外壁・擁壁に作用する荷重は，それぞれ本会「山留め設計指針」（2017）および「建築基礎構造設計指針」（2001）によるものとし，本章 3.2 節および 3.3 節に定める．

c. 地盤アンカーは杭の鉛直載荷試験やケーソンの沈設の反力として用いられる場合がある．仮設用反力はその最大荷重，供用期間，繰返し回数などの条件によって大きく異なるため，一般的な荷重条件を示すことは難しい．基本的な考えとしては，想定される最大荷重に対して供用期間や繰返しの影響を考慮し，十分安全となるように荷重を設定する．

d. 地盤アンカーは構造物に作用する荷重に抵抗する構造要素としても用いられる．対象となる荷重としては，地下水位面下の部分が大きい場合に生ずる浮力，斜面地などの構造物に作用する偏土圧，塔状構造物などの強風時・地震時の転倒力などにより，基礎に作用する浮き上がり力である．

　浮力に対する浮き上がり防止に用いる地盤アンカーに作用する荷重は，浮力から建物重量を除いた荷重である．浮力の算定では，基礎底面に対して長期的な水位変動などを考慮し，供用期間を通じて設計上安全となる水圧を設定する．偏土圧による浮き上がり・転倒防止に用いる場合に

3 章　荷　　重　― 55 ―

解説表 3.1　荷重の組合せ

地盤アンカーの用途		荷重の想定状態		荷重の組合せ
仮設地盤アンカー	山留め用	常時（土圧・水圧）		HE＋HW
	反力用	載荷試験時（反力）		R
本設地盤アンカー		常時	鉛直方向（浮力）	G＋Q＋S＋HW
			水平方向（土圧・水圧）	HE＋HW
		異常水位時		G＋Q＋S＋HE＋HW
		強風時		G＋Q＋S＋W＋HE＋HW
		地震時		G＋Q＋S＋E＋HE＋HW

［注］異常水位時および地震時の HE および HW は常時の値とは異なる

は，基礎に作用する転倒モーメントの釣合いより設定する．強風時・地震時の転倒防止に用いる地盤アンカーの引張力は，構造物と地盤を一体とした応答解析の結果により決まるものであるが，上部構造の設計で基礎部分を固定としたときに生ずる反力を用いてもよい．なお，基礎部分の重量が大きい場合は，この重量に相当する力を地盤アンカーの引張力から減じてもよい．構造物重量の算定にあたっては，荷重が実状より過大とならないように積載荷重の設定などに配慮が必要である．

　基礎に作用する荷重に対して杭と地盤アンカーにより抵抗させる場合は，地盤アンカーを含む全体系の安定〔7.2.7 項および 7.3.7 項参照〕も考慮して杭の引抜抵抗力を評価し分担荷重を決定する．ドーム・アーチ構造のスラスト力や偏土圧に対して，杭と斜め地盤アンカーにより抵抗させる場合も考えられる．この場合，地盤アンカー，杭および地盤の剛性を適切に評価して分担荷重を決定する必要がある．

e. 走行クレーンの基礎や鉄塔の転倒防止基礎として地盤アンカーを用いた場合，アンカーの引張力として衝撃荷重や繰返し荷重が作用する．想定される引張力より大きな緊張力を地盤アンカーに与えておけば構造物の安全性はかなり高いといわれているが，これらの荷重については一般的な検討方法を示すことが難しいため，個々の事例について設計上安全となるように適宜安全率を見込んで荷重の割増しなどを考慮しておくのが原則である．

f. 本設地盤アンカーを使用する構造物を限界状態設計法により設計する場合には，地盤アンカーの設計荷重は本会「建築物荷重指針・同解説」（2015）[3.1]に従い，各荷重状態に対して安全限界状態，使用限界状態を適切に考慮して設定する．要求性能水準は定められた基準期間中の目標信頼性指標により定義する．

　荷重の組合せは，各荷重の基本値によって生じる荷重効果と各荷重に対する荷重係数との積の和として，次式によって考慮する．

$$\gamma_p S_{pn} + \sum_k \gamma_k S_{kn} \tag{3.1.1}$$

ここで，S_{pn}, S_{kn} は主の荷重と従の荷重の基本値によって生じる荷重効果であり，γ_p, γ_k はそれ

— 56 — 建築地盤アンカー設計施工指針　解説

それに対する荷重係数である．なお，荷重係数は考慮した限界状態に対する目標信頼性指標，各荷重から算定される荷重効果と耐力の変動性，異種荷重との同時発生確率などを適切に考慮して定める．

3.2　山留め壁に作用する側圧

a. 山留め架構の設計に用いる側圧荷重は，山留め壁の背面側および掘削側に作用する側圧について，その大きさ・形状を，地層の構成，土質の性状，地下水の状況，周囲の構造物の影響等を適切に考慮した計算モデルに対応して定める．

1)　背面側側圧

山留め壁の背面側に作用する側圧は，（3.2.1）式あるいは（3.2.2）式で算定する．ただし，背面側に作用する側圧は水圧を下回らないものとする．

$$p_a = K\gamma_t z \tag{3.2.1}$$

$$p_a = (\gamma_t z - p_{wa})\tan^2\left(45° - \frac{\phi}{2}\right) - 2c\tan\left(45° - \frac{\phi}{2}\right) + p_{wa} \tag{3.2.2}$$

記号　　p_a：地表面からの深さ z (m)における背面側側圧 (kN/m²)

　　　　γ_t：土の湿潤単位体積重量 (kN/m³)

　　　　z：地表面からの深さ (m)

　　　　K：側圧係数（表3.1に示す値）

　　　　p_{wa}：地表面からの深さ z (m)における背面側水圧 (kN/m²)

　　　　c：土の粘着力 (kN/m²)

　　　　ϕ：土の内部摩擦角 (度)

表3.1　側圧係数

地盤		側圧係数
砂地盤	地下水位が浅い場合	0.3～0.7
	地下水位が深い場合	0.2～0.4
粘土地盤	沖積粘土	0.5～0.8
	洪積粘土	0.2～0.5

2)　掘削側側圧

山留め壁の掘削側に作用する側圧の上限値は，（3.2.3）式あるいは（3.2.4）式で算定する．

$$p_p = (\gamma_t z_p - p_{wp})\tan^2\left(45° + \frac{\phi}{2}\right) + 2c\tan\left(45° + \frac{\phi}{2}\right) + p_{wp} \tag{3.2.3}$$

$$p_p = (\gamma_t z_p - p_{wp})\frac{\cos^2\phi}{\left\{1 - \sqrt{\frac{\sin(\phi+\delta)\sin\phi}{\cos\delta}}\right\}^2} + 2c\frac{\cos\phi}{1 - \sqrt{\frac{\sin(\phi+\delta)\sin\phi}{\cos\delta}}} + p_{wp} \tag{3.2.4}$$

記号　　p_p：掘削底面からの深さ z_p (m)における掘削側側圧の上限値 (kN/m²)

　　　　γ_t：土の湿潤単位体積重量 (kN/m³)

　　　　z_p：掘削底面からの深さ(m)

　　　　p_{wp}：掘削底面からの深さ z_p (m)における掘削側水圧 (kN/m²)

　　　　c：土の粘着力 (kN/m²)

　　　　ϕ：土の内部摩擦角 (度)

δ ：壁背面と土との間の摩擦角（度）

3) 平衡側圧

山留め壁が変位しないと仮定した場合の山留め壁掘削側根入れ部に作用する側圧を平衡側圧とし，(3.2.5) 式で算定する．

$$p_{eq} = K_{eq}(\gamma_t z_p - p_{wp}) + p_{wp} \tag{3.2.5}$$

記号　p_{eq} ：掘削底面からの深さ z_p(m)における平衡側圧（kN/m²）

　　　K_{eq} ：掘削底面からの深さ z_p(m)における平衡土圧係数

　　　γ_t ：土の湿潤単位体積重量（kN/m³）

　　　z_p ：掘削底面からの深さ（m）

　　　p_{wp} ：掘削底面からの深さ z_p(m)における掘削側水圧（kN/m²）

b. 構造物などに近接して掘削工事をおこなう場合や背面地盤が傾斜している場合は，近接構造物や傾斜地盤の荷重によって増加する背面側の側圧を考慮する．

a. 掘削に伴う土圧の変化を山留め壁との関係について模式的に解説図 3.1 に示す．掘削前の土圧は一般に静止土圧と呼ばれるものである（a 点）．掘削に伴い山留め壁が掘削側に変位すると，土圧は静止土圧から主働側へ減少する（a 点から b 点に移行）．支保工となる地盤アンカーが緊張されると山留め壁が背面側へ押しつけられ，土圧も少し増加する（c 点）．

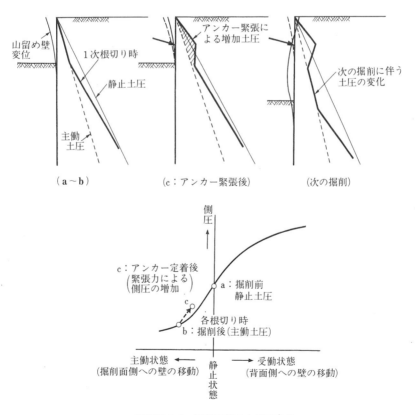

解説図 3.1 掘削に伴う土圧の変化

解説図 3.2 および 3.3 に，地盤アンカーを用いた山留め工事における側圧の実測例を示す．全体的には三角形分布に近い値を示しているが，アンカー緊張に伴い側圧の増加が見られる．本会「山留め設計指針」(2017)では，山留め壁背面側側圧として，壁面土圧計の実測結果から (3.2.1) 式に示す側圧係数法による三角形分布の側圧と，多層地盤に適用しやすくかつ対応も比較的よいことから，(3.2.2) 式に示すランキン・レザール（Rankine-Resal）式による方法が挙げられている．これら算定式中の側圧係数や土質定数については「山留め設計指針」(2017)により定める．(3.2.1) 式を用いて側圧を算定する場合の側圧係数は基本的に表 3.1 に示す範囲とするが，工事場の周辺あるいは類似地盤における実測値を参考に設計者が判断して設定すべき値である．

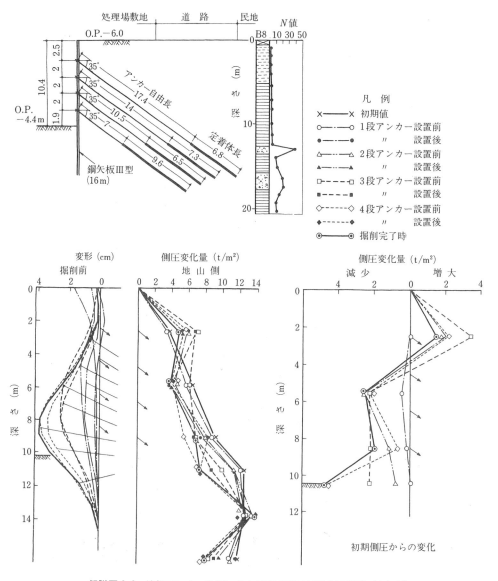

解説図 3.2 地盤アンカーを用いた山留め工事における実測値（1）[3.2)]

表 3.1 の側圧係数はある程度の上載荷重を考慮した値であるが，(3.2.2) 式を用いる場合は $\gamma_t z$ の代わりに $\gamma_t z + q$ とおいて，上載荷重 q を考慮する必要がない場合でも通常の市街地で $q = 10$ kN/m² 程度を考慮することが多い．地盤アンカー緊張に伴う側圧の増加分は，支保工としてのアンカーを設置した結果生ずる地盤反力であり，通常設計用側圧としては考慮しない．しかし，極端に大きな緊張力を導入する場合の検討を背面側の地盤ばねを考慮しないモデルを用いておこなう際には，緊張に伴う側圧増分の影響を考慮する必要がある．

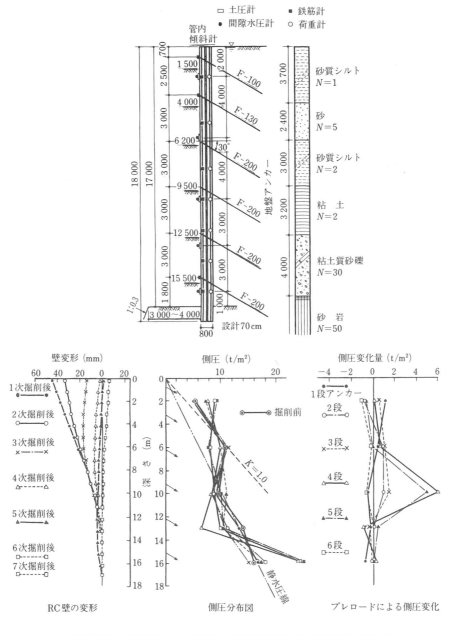

解説図 3.3　地盤アンカーを用いた山留め工事における実測値（2）[3.3]

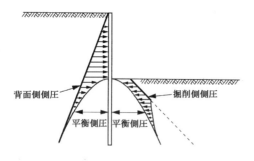
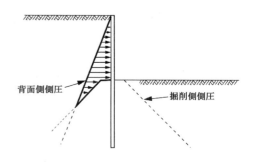

解説図 3.4　梁・ばねモデルに用いる設計側圧　　　解説図 3.5　単純梁モデルに用いる設計側圧

　掘削底以深の側圧については，山留め壁を梁，地盤アンカー等の支保工を集中ばね，地盤を分布ばねとする梁・ばねモデル，あるいは支保工を支点とする単純梁モデルなどの計算モデルに対応して (3.2.3) 式あるいは (3.2.4) 式により設定する．梁・ばねモデルにおいては，山留め壁の変位によらない側圧と定義される平衡側圧を考える．すなわち，山留め壁が変位しないと仮定した場合の山留め壁掘削側根入れ部に作用する側圧，およびこれに等しい背面側根入れ部の側圧を平衡側圧として，(3.2.5) 式で算定する．

　梁・ばねモデルにより設計する場合は，山留め壁の背面側には 1)に定める背面側側圧から 3)に定める平衡側圧を差し引いた側圧が設計外力として作用し，山留め壁の掘削側には 2)に定める掘削側側圧から 3)に定める平衡側圧を差し引いた値が作用するものとする〔解説図 3.4 参照〕．

　単純梁モデルにより設計する場合も，基本的には梁・ばねモデルの設計側圧と同様とすべきである．しかしながら，掘削底面以深においては 1)に定める背面側側圧から，2)に定める掘削側側圧を差し引いた側圧が，山留め壁背面に作用するとした慣用的な側圧設定法〔解説図 3.5 参照〕によってもよいものとする．なお，「山留め設計指針」（2017）では，壁背面と土との間の摩擦角 δ は，特別な検討がない場合には $\delta \leqq \varphi/3$ とし，また親杭横矢板壁では $\delta=0$ とするものとしている．梁・ばねモデル，単純梁モデルによる設計法の詳細は，「山留め設計指針」（2017）を参照されたい．

b．構造物や盛土などに近接して掘削をおこなう場合は，前記側圧のほかにこれらの荷重に伴う増加側圧を考慮する．増加側圧の算定は弾性論に基づいて算定される地中応力の水平成分を側圧に加算する方法が用いられる場合が多い．上載荷重が軽微な場合は，(3.2.2) 式の $\gamma_t z$ の代わりに一様な上載荷重 q を加えた $\gamma_t z + q$ とおいて設定するが，上載荷重による側圧の加算分は深さ方向に対して一定値となるため，過大な評価となる．

　地盤アンカーが斜面地での山留め工事に用いられる場合には，背面地盤の傾斜を考慮して側圧を算定する必要がある．比較的傾斜が緩い場合には，上記上載荷重 q の割増しをおこなうことで側圧を算定してもよいが，斜面の影響が大きいと判断された場合には，弾性論に基づき地盤内応力を求めて増加側圧を考慮する必要がある．

　斜面を地表面台形荷重と仮定できる背面地盤の場合の山留め壁側圧は，解説図 3.6 を用いて深さ z での鉛直応力（$\gamma_t z + 2K_s p_0$）に主働土圧係数（K_a）を乗じて求めることができる．ここで，

図中の影響値（K_s）は弾性論により片側地表面荷重に対する地中鉛直応力の増分比として求められているため，$\gamma_t z$ と同等に扱うためには2倍する必要がある．例えば台形荷重を三角形荷重（上向き，幅 a）および等分布荷重（幅 $b=\infty$）の和と考える場合，台形荷重に対する増加荷重は，深さ z に対するそれぞれの影響値の和を2倍し，主働土圧係数を乗じて得られる．なお，解説図3.6は，階段状に掘削する場合などの側圧の算定にも用いることができる．

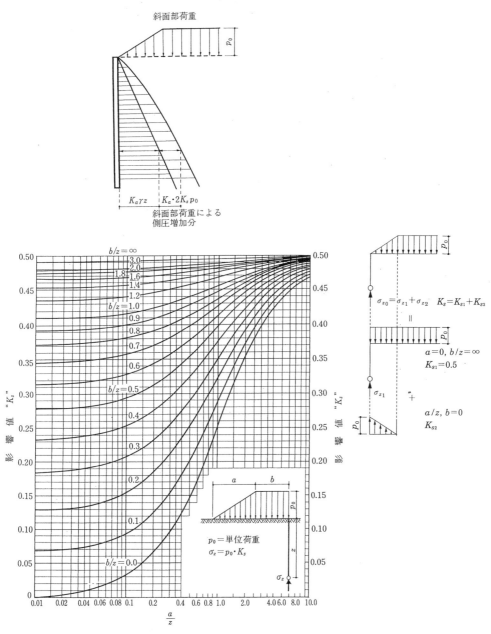

解説図3.6 台形分布荷重による半無限弾性体内での鉛直応力の影響値と傾斜地荷重の求め方

3.3 地下外壁・擁壁に作用する側圧

a. 地下外壁に作用する土圧および水圧は，地下水位以浅においては（3.3.1）式，地下水位以深においては（3.3.2）式による．

1）常時に作用する土圧

$$p = K_0 \gamma_t h + K_0 q \tag{3.3.1}$$

$$p = K_0 \gamma_t h + K_0 \gamma'(z-h) + \gamma_w(z-h) + K_0 q \tag{3.3.2}$$

記号　p　：深さ z における単位面積あたりの土圧および水圧（kN/m²）

　　　γ_t　：土の湿潤単位体積重量（kN/m³）

　　　γ'　：土の水中単位体積重量（kN/m³）

　　　γ_w：水の単位体積重量（kN/m³）

　　　K_0　：静止土圧係数

　　　h　：地下水位高さ（m）

　　　z　：荷重作用点から土圧を求めようとする位置までの鉛直距離（m）

　　　q　：地表面上載荷重（kN/m²）

2）地震時に作用する土圧

地震動により土圧が著しく増大する場合は，地震時土圧を考慮する．

b. 擁壁に作用する土圧は，常時または地震時の主働土圧とする．

1）常時に作用する土圧

地表面載荷がない場合の主働土圧は，（3.3.3）式により算出する．

$$p_A = K_A \gamma_t z - 2c\sqrt{K_A} \tag{3.3.3}$$

記号　p_A　：深さ z における単位面積あたりの主働土圧（kN/m²）

　　　K_A　：主働土圧係数

　　　γ_t　：土の湿潤単位体積重量（kN/m³）

　　　c　：土の粘着力（kN/m²）

ただし，p_A が負になる場合は 0 とし，主働土圧係数 K_A には，（3.3.4）式を用いることができる．

$$K_A = \frac{\cos^2(\phi-\theta)}{\cos^2\theta \cos(\theta+\delta)\left[1+\sqrt{\dfrac{\sin(\phi+\delta)\sin(\phi-\alpha)}{\cos(\theta+\delta)\cos(\theta-\alpha)}}\right]^2} \tag{3.3.4}$$

記号　ϕ：背面土の内部摩擦角（度）

　　　θ：擁壁背面と鉛直面がなす角（度）

　　　δ：壁面摩擦角（度）

　　　α：地表面と水平面のなす角（度）

ただし，$\phi-\alpha<0$ のとき，$\sin(\phi-\alpha)=0$ とする．

2) 地震時に作用する土圧

　　地震動により土圧が著しく増大する場合は，地震時土圧を考慮する．

　地下外壁・擁壁の設計に用いる土圧および水圧は，本会「建築基礎構造設計指針」（2001）および「建築物荷重指針・同解説」（2015）[3.1]に従う．
a．地下外壁に地盤アンカーを用いる場合，アンカー緊張により地下外壁の変位は少なくなり，供用期間における地盤アンカーは通常の地下躯体に支持される場合と同様の支点の役割を持つものと考えられる．地盤アンカーを用いる場合の地下外壁に作用する設計土圧および水圧は，本会「建築基礎構造設計指針」（2001）によるものとした．

　解説図3.7, 3.8に示すように，常時地下外壁に作用する土圧は静止土圧とし，地下水位以深では水圧を考慮する．さらに地表面載荷があるときにはその影響を考慮する．地表面載荷には，等分布荷重と集中荷重が加わる場合の算定式を以下に示す．
（ⅰ）　地表面に等分布荷重 q　（kN/m²）が加わる場合は，土圧増分として下式を加える．

　　　　単位面積あたり，$\Delta p_0 = K_0 q$

（ⅱ）　地表面に集中荷重 P　（kN）が加わる場合は，土圧増分として下式を加える．

　　　　単位面積あたり，$\Delta p_0 = \dfrac{3Px^2 z}{\pi \left(r^2 + z^2\right)^{5/2}}$

　　　記号　r：荷重作用点から土圧を求めようとする位置までの水平距離　（m）
　　　　　　z：荷重作用点から土圧を求めようとする位置までの鉛直距離　（m）
　　　　　　x：荷重作用点から地下外壁までの最短距離　（m）

　地下外壁の設計においては，常時作用する土圧および水圧に対して検討（使用限界状態）をおこなうこととしている．地震時においては，地盤と外壁との動的相互作用の影響により土圧が増加することも考えられるが，本会「建築物荷重指針・同解説」[3.1]に示されているように，今まで地震時に大きな被害が生じなかったことを考慮して，常時の土圧および水圧に対して設計（使用限界状態）をしておけば，地震時の検討は省略してよい．ただし，地下階の根入れ効果として杭に作用する水平力を低減した場合，液状化の生じるおそれのある場合には土圧の増加を考慮する．

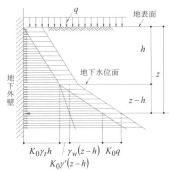

解説図3.7　地下外壁に作用する土圧および水圧

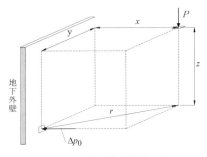

解説図3.8　地表面集中荷重による地下外壁面における水平応力成分

b. 解説図 3.9 に示すように，擁壁に作用する土圧は主働土圧とする．

（ⅰ） 通常の擁壁では裏込め土の性質にもよるがその上端が前面に向かって水平移動を起こしやすく，移動が微小なものであっても静止土圧から主働土圧に移行するものと考えることができる．アンカー緊張時の擁壁が背面側へ移動し発生する土圧増加が，緊張力と緊張前の土圧との差分に対して生ずると考えると，擁壁の設計用土圧として主働土圧を用いれば問題はないとした．以上を考慮し，地盤アンカーが用いられている擁壁の設計土圧は，本会「建築基礎構造設計指針」（2001）に示されている土圧を用いることとした．擁壁の設計では，十分な排水設備をするのが前提となっており，水圧を考慮しないのが一般的である．しかし，十分な排水ができず，擁壁背面に水圧を考慮する必要がある場合には，a 項に準ずる．さらに地表面載荷があるときにはその影響を a 項に準じて算出する．

（ⅱ） 擁壁に作用する地震時の主働土圧は，本会「建築基礎構造設計指針」（2001）および「建築物荷重指針・同解説」（2015）[3.1] に示されているように，信頼できる調査および解析によるほか，物部・岡部式[3.4], [3.5] や試行くさび法[3.6] の算定式のいずれかの方法によって算定する．

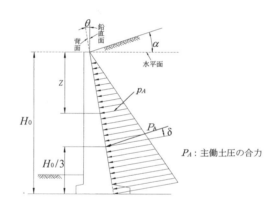

解説図 3.9 擁壁に常時作用する土圧

参 考 文 献

3.1) 日本建築学会：建築物荷重指針・同解説，2015
3.2) 玉野富雄：現場計測に基づくアースアンカーを用いた鋼矢板土留めの事例研究，土木学会論文報告集，第 332 号，pp.123-136，1983.4
3.3) 米田靖，津田政憲，小林延房，森伸一郎，村上清基：連続地中壁とアンカーによる大規模山留め壁の挙動，第 17 回土質工学研究発表会講演集，pp.785-788，1982.4
3.4) 物部長穂：地震上下動に関する考察並びに振動雑論，土木学会誌，Vol.10-5，pp.1063-1094，1924
3.5) Okabe, S：General theory on earth pressure and seismic stability of retaining wall and dam, Journal of Japan Society of Civil Engineers, Vol.10, No.6, pp.1277-1323, 1924
3.6) 監修 建設省建設経済局民間宅地指導室，編集 宅地防災研究会：宅地防災マニュアルの解説「第二次改訂版」［Ⅰ］，pp.338-339，2007

4章 材　　料

4.1 基本事項

> a. 地盤アンカーの定着体，自由長部およびアンカー頭部は，所要の品質ならびに性能が十分満足できる材料および部材によって構成する．
>
> b. 材料および部材は，運搬・取扱いに十分注意を払い品質・性能の低下を防止する措置を講じる．

a. 地盤アンカーを構成する主な材料および部材は，引張材，注入材，頭部定着具，定着体の定着部材などである．これらの材料および部材は，JIS 規格に定められたものあるいは所定の試験によって JIS 規格品と同等の品質および性能が確認されたものを使用する．

b. 地盤アンカーに使用する主な材料および部材は，保管，運搬，加工および取扱い時において適切な方法によって損傷や腐食から防護し，品質や性能を損なわないように注意する．

4.2 引 張 材

> a. 地盤アンカーの引張材は原則として PC 鋼材を使用するものとし，以下に定める品質および性能を有するものとする．
>
> 　1) PC 鋼より線は，原則として JIS G 3536（PC 鋼線および PC 鋼より線）の規格品とする．
>
> 　2) 多重より PC 鋼より線を構成する線材は，原則として JIS G 3536（PC 鋼線および PC 鋼より線）の規格品とする．
>
> 　3) 異形 PC 鋼棒は，原則として JIS G 3109（PC 鋼棒）の規格相当品とする．
>
> 　4) JIS 規格外の PC 鋼材を使用する場合は，JIS 規格相当品とする．
>
> b. PC 鋼材以外の引張材を使用する場合は，PC 鋼材と同等の品質および性能が保証されたものを使用する．
>
> c. 引張材は，有害な損傷やさびがないものとする．
>
> d. 引張材の接続具を使用する場合は，使用する引張材の規格引張荷重以下で破壊することなくその品質および性能が確認されたものとする．

a. 地盤アンカーで使用する引張材は，原則として PC 鋼材から選定し JIS G 3536 または JIS G 3109 の規格品とする．解説図 4.1 に示すように，PC 鋼より線は高炭素鋼線材（ピアノ線材）から伸線加工によって製造され，異形 PC 鋼棒は熱間圧延鋼棒材を素材として製造される．

1) PC 鋼線の加工前の素材は，JIS G 3502（ピアノ線材）に適合する高炭素鋼線材である．これに 900〜950℃でパテンチングと呼ばれる熱処理を施し，その後，冷間によって数個のダイスを通して伸線加工をおこないながら，より線加工を実施する．最終工程で 300〜400℃の浴槽内に浸す

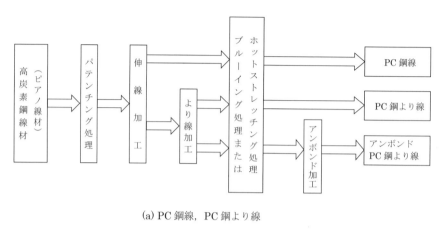

(a) PC鋼線，PC鋼より線

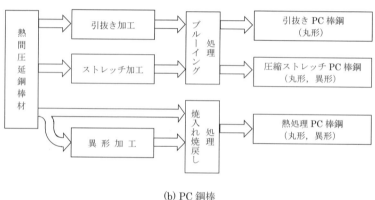

(b) PC鋼棒

解説図 4.1 PC鋼材の種類と製造工程

ブルーイング処理あるいはホットストレッチング処理をおこなって製品となる．なお，パテンチング処理はピアノ線の靭性を向上させて引張強度を高めるためにおこなわれる．また，ブルーイング処理ならびにホットストレッチング処理は伸線およびより線加工時の残留ひずみを除去し低リラクセーション化のためにおこなわれる．

 PC鋼より線の種類，記号および断面を解説表4.1に示す．PC鋼より線は，2本より線（SWPR2），異形3本より線（SWPD3），7本より線（SWPR7）および19本より線（SWPR19）に分類される．7本より線は，引張強さの違いによってA種とB種に区分され，引張強さ1720N/mm^{2}級をA種，1860N/mm^{2}級をB種という．また，リラクセーション規格値によって，通常品は「N」，低リラクセーション品は「L」が記号の末尾に付いている．PC鋼より線の機械的性質を解説表4.2に示す．同表中の降伏荷重は，PC鋼より線の降伏点が明瞭に現れないため，0.2%永久伸びに対する荷重（試験力）として定義されている．なお，地盤アンカーの引張材には，7本より線B種が採用されることが多い．

2) 多重よりPC鋼より線（解説図4.2，解説表4.3）は，JIS G 3536の規格に適合もしくはそれに準ずるPC鋼より線をさらに複数本より合わせて製作したものである．最終工程でより合わせ

た後にはブルーイング処理あるいはホットストレッチング処理をおこなっていないが，機械的性質の低下がほとんどなく，JIS規格と同等と認められている．

解説表 4.1 PC鋼より線の種類，記号および断面

種類			記号	断面
PC鋼より線	2本より線		SWPR2N, SWPR2L	8
	異形3本より線		SWPD3N, SWPD3L	⚬⚬⚬
	7本より線(注)	A種	SWPR7AN, SWPR7AL	⊛
		B種	SWPR7BN, SWPR7BL	⊛
	19本より線		SWPR19N, SWPR19L	⊛

注： 7本より線A種は，引張強さ$1720N/mm^2$級を，B種は$1860N/mm^2$級を示す．

解説表 4.2 PC鋼より線の機械的性質

種類	記号	呼び名	標準径 mm	公称断面積 mm^2	単位質量 kg/m	0.2%永久伸びに対する試験力 kN	最大試験力 kN	伸び %	リラクセーション値 %	
									N	L
PC鋼より線 7本より線 A種	SWPR7AN SWPR7AL	7本より 12.4mm	12.4	92.90	0.729	136以上	160以上	3.5以上	8.0以下	2.5以下
		7本より 15.2mm	15.2	138.7	1.101	204以上	240以上			
PC鋼より線 7本より線 B種	SWPR7BN SWPR7BL	7本より 12.7mm	12.7	98.71	0.774	156以上	183以上			
		7本より 15.2mm	15.2	138.7	1.101	222以上	261以上			
PC鋼より線 19本より線	SWPR19N SWPR19L	19本より 17.8mm	17.8	208.4	1.652	330以上	387以上			
		19本より 19.3mm	19.3	243.7	1.931	387以上	451以上			
		19本より 20.3mm	20.3	270.9	2.149	422以上	495以上			
		19本より 21.8mm	21.8	312.9	2.482	495以上	573以上			
		19本より 28.6mm	28.6	532.4	4.229	807以上	949以上			

備考 JIS G 3536：2014 PC鋼線及びPC鋼より線に準拠

多重7本より，SWPR7B-7

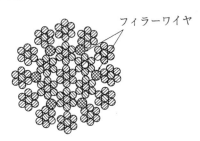

多重19本より，SWPR7B-19

フィラーワイヤ

解説図 4.2 多重よりPC鋼より線の断面

— 68 —　建築地盤アンカー設計施工指針　解説

解説表 4.3　多重より PC 鋼より線の種類，記号，寸法諸元および機械的性質 [4.1]

種類	記号	呼び名	構成	標準径 mm	公称断面積 mm²	単位質量 kg/m	標準より合わせピッチ mm	0.2%永久伸びに対する試験力 kN	引張荷重 kN	伸び %
PC鋼より線多重7本より	SWPR7B-7	多重より 28.5mm	（7本より 9.5mm7本）	28.5	383.9	3.04	530	608 以上	714 以上	
		多重より 33.3mm	（7本より 11.1mm7本）	33.3	519.3	4.09	620	826 以上	966 以上	
		多重より 38.1mm	（7本より 12.7mm7本）	38.1	691.0	5.45	720	1092 以上	1281 以上	3.5 以上
PC鋼より線多重19本より	SWPR7B-19	多重より 47.5mm	（7本より 9.5mm19本） +(3.45mm6本)	47.5	1042.0	8.77	710	1649 以上	1938 以上	
		多重より 55.5mm	（7本より 11.1mm19本） +(4.00mm6本)	55.5	1409.6	11.78	820	2242 以上	2622 以上	
		多重より 63.5mm	（7本より 12.7mm19本） +(4.53mm6本)	63.5	1875.5	15.70	950	2964 以上	3477 以上	

3) PC 鋼棒の素材には，JIS G 3109（PC 鋼棒）に適合する高炭素鋼材が使用される．解説図 4.1 に示すように，この鋼材を 1250℃以上で圧延しその後ストレッチング，引抜き加工，熱処理などの加工工程を経て，圧延鋼棒，引抜き鋼棒，熱処理鋼棒などの PC 鋼棒に製造される．なお，ストレッチング処理によって，降伏荷重や弾性限荷重は向上し，同時に，リラクセーションについても改善されている．

　地盤アンカーの引張材に使用する PC 鋼棒は，その表面に全ねじ状の節が施された異形 PC 鋼棒が大半を占める．解説表 4.4 に異形 PC 鋼棒の種類，呼び名および品質を示す．また，解説図 4.3 にねじ節の標準形状および標準寸法を示す．

　解説表 4.4 および解説図 4.3 は，引張材に使用されることの多い直径 22mm 以上の異形 PC 鋼棒の形状と降伏荷重，引張荷重等をまとめたものである．ここに示した異形 PC 鋼棒は，JIS G 3109 に規定されているものとは異なり，熱間圧延時に鋼棒の全長にわたってねじ状の節を形成したものである．しかし，ストレッチング，ブルーイングなどの処理によって，JIS 規格品と同等の性能を有するものとなっている．

4) JIS 規格に含まれない品質および寸法の PC 鋼材を使用する場合は，製造メーカーの検査証明書などによって，その品質を確認しておく．また，必要に応じて，JIS に準拠した引張試験，リラクセーション試験などをおこない，その性能が JIS 規格品と同等以上であることを確認する．

　国外で製造，市販されている PC 鋼材の選定時には，その性能が JIS 規格値を満足していることを確認しておくことが肝要である．

　PC 鋼材の弾性係数（E_s）は，JIS では規定されていないため，製造メーカーが用意する検査証明書に記載されている値を採用する．以下に目安値を示す．

4章 材　　料

解説表4.4　異形PC鋼棒の種類，呼び名および品質

種類	呼び名	公称径 mm	母材部断面積 mm²	単位質量 kg/m	種別 鋼種	号	耐力 N/mm²	降伏荷重 kN	引張強さ N/mm²	引張荷重 kN	伸び %	リラクセーション値 %
異形PC鋼棒Aタイプ	23mm	23.0	415.5	3.42	B種	1	930以上	387以上	1080以上	448以上	6以上	4.0以下
	26mm	26.0	530.9	4.38	B種	1	930以上	495以上	1080以上	573以上		
	32mm	32.0	804.2	6.63	B種	1	930以上	749以上	1080以上	867以上		
	36mm	36.0	1018.0	8.27	B種	1	930以上	948以上	1080以上	1098以上		
異形PC鋼棒Bタイプ	26mm	26.0	548.0	4.48	B種	1	930以上	510以上	1080以上	592以上	5以上	1.5以下
	32mm	32.0	806.0	6.54	B種	1	930以上	750以上	1080以上	870以上		
異形PC鋼棒Cタイプ	22mm	22.0	380.1	3.04	B種	1	930以上	345以上	1080以上	412以上	5以上	4.0以下
	22mm	22.0	380.1	3.04	C種	1	1080以上	411以上	1230以上	468以上		
	25mm	25.0	490.9	3.98	B種	1	930以上	457以上	1080以上	531以上		
	25mm	25.0	490.9	3.98	C種	1	1080以上	531以上	1230以上	604以上		
	32mm	32.0	804.2	6.23	B種	1	930以上	748以上	1080以上	869以上		
	32mm	32.0	804.2	6.23	C種	1	1080以上	869以上	1230以上	990以上		
	36mm	36.0	1018.0	8.27	B種	1	930以上	947以上	1080以上	1100以上		
	36mm	36.0	1018.0	8.27	C種	1	1080以上	1100以上	1230以上	1253以上		

備考　JIS G 3109：2008　PC鋼棒に準拠

呼び名	母材部基本径 d_h mm	d_v mm	ねじ状節寸法 高さ h mm	幅 b mm	ピッチ p mm	リード角 α 度
23mm	23.0	23.0	1.40	5.5	12.0	81
26mm	26.0	26.0	1.70	6.5	12.7	81
32mm	32.0	32.0	2.00	7.0	17.0	81
36mm	36.0	36.0	2.18	8.6	18.0	81

Aタイプ

呼び名	母材基本径 d_h mm	d_v mm	ねじ状リブ標準寸法 高さ h mm	幅 b mm	ピッチ p mm	リード角 α 度
26mm	26.0	26.0	1.90	6.4	13.0	82
32mm	32.2	32.2	2.20	6.9	16.0	82

Bタイプ

呼び名	公称径 d mm	節の高さ h 最小値 mm	h 最大値 mm	節の間隔 p 最大値 mm
22mm	22.0	1.1	2.20	15.4
25mm	25.0	1.2	2.50	17.5
32mm	32.0	1.6	3.20	22.4
36mm	36.0	1.8	3.60	25.2

Cタイプ

解説図4.3　異形PC鋼棒の標準形状・寸法

・PC鋼材の弾性係数の目安

PC鋼より線　　　　 : E_s ＝190〜200 kN/mm²

多重よりPC鋼より線　: E_s ＝190〜200 kN/mm²

異形PC鋼棒　　　　 : E_s ＝200〜220 kN/mm²

b. 引張材としてPC鋼材以外の炭素繊維強化プラスチックあるいはアラミド繊維強化プラスチックなどの複合材を使用する場合，その品質や性能は特別な調査研究に基づき確認されていなければならない．これらの複合材の機械的性質は現在のところJISに規格化されていないため，製造メーカーが保証する引張荷重を目安にして安全側に設計アンカー力を設定することが必要である．参考として炭素繊維強化プラスチックの形状および品質を解説表4.5に示す．

解説表 4.5　炭素繊維強化プラスチックの形状および品質の例

形状	より線
呼び径（mm）	12.5
有効断面積（mm²）	76.0
単位質量（g/m）	148
規格引張荷重（kN）	175
引張弾性係数（kN/mm²）	154

c. 引張材は，定着体からの引張力を伝達する重要な部位の一つであるので，有害な損傷やさびのないものを使用する．特に，引張材の加工・組立て時には，PC鋼材を損傷しないように，かつ，過度な残留ひずみが生じないように注意する．また，保管時にもコイリング（コイルのように丸めて束ねること）は避け，シートなどで覆って養生するなど，慎重かつ適切な取り扱いが必要である．

d. PC鋼材同士の接続は，所定の品質を確保することに留意しておこなう必要がある．通常，引張材にPC鋼より線あるいは多重PC鋼より線を使用する場合は，組立加工場で所定の長さに切断され，成型・加工して搬入されるので，現場での接続作業を実施することはない．したがって，PC鋼材同士の接続作業が必要となるのは異形PC鋼棒に限られるが，この場合には，所定の品質，形状寸法を有する接続具を用いる必要がある〔解説表4.6参照〕．

　異形PC鋼棒の接続部分は，断面積が大きくなり，また，接続箇所が多いと注入材の充填性が低下する可能性がある．したがって，異形PC鋼棒の接続は以下に注意しておこなう．

（i）　接続箇所は，自由長部とすることを原則とし，定着体部での接続はおこなわない．

（ii）　複数の鋼棒を接続する場合には，接合具を一箇所に集中させないようにする．

解説表 4.6 異形 PC 鋼棒接続具の種類，呼び名および寸法

種　類	呼び名 mm	外径 A mm	外径 B mm	長さ L mm	長さ E mm	長さ F mm	質量 kg	形　　状
Aタイプ	23	46		120	40	40	1.00	
	26	50		140	42	50	1.10	
	32	60		170	46	62.5	1.90	
	36	67		220	55	70	2.60	
Bタイプ	26	50	57.7	140			1.00	
	32	58	67.0	170			1.63	
Cタイプ	22	46	53.1	120			1.30	
	25	50	57.7	140			1.70	
	32	58	67.0	170			2.60	
	36	67	77.4	210			4.30	

4.3　注入材への荷重伝達部材

> a. 引張型定着体の荷重伝達部材である引張材には，注入材との付着が十分期待される PC 鋼より線，多重より PC 鋼より線あるいは異形 PC 鋼棒を用いることを原則とする．
>
> b. 圧縮型定着体の荷重伝達部材には，引張材と耐荷体がある．
>
> 　1）圧縮型定着体の引張材は，PC 鋼より線，多重より PC 鋼より線あるいは異形 PC 鋼棒を用いることを原則とし，注入材との接触を避けるようにアンボンド構造とする．
>
> 　2）圧縮型定着体の耐荷体は，十分な軸剛性と付着性能を有し，その品質および性能が保証されたものを用いる．

　引張材に導入された緊張力を注入材への伝達するための荷重伝達部材には，引張材と耐荷体がある．引張型定着体を用いた地盤アンカーと圧縮型定着体を用いた地盤アンカーでは，注入材への荷重伝達の構造が異なるので注意する．

a. 引張型定着体では，引張材が荷重伝達部材となる．引張型定着体の引張材は，注入材との付着応力によって荷重を伝達する必要があるため，引張材には付着強度が大きい PC 鋼より線，多重より PC 鋼より線あるいは異形 PC 鋼棒を用いることを原則とした．ただし，地盤アンカーを腐食性の大きな地盤に適用する場合など，PC 鋼材以外を引張材として使用する場合には，注入材との間の付着性能が供用期間中に十分に担保されることを確認してから用いる．

b. 圧縮型定着体では，引張材と耐荷体が荷重伝達部材となる．

1）圧縮型定着体の引張材は，定着体部でもアンボンド構造となるが，引張荷重時のクリープ性能，リラクセーション性能を考慮し，PC 鋼より線，多重 PC 鋼より線または異形 PC 鋼棒を用いることを原則とした．なお，分散耐荷体方式の圧縮型定着体の引張材としては，U 字形に曲げ加工す

る必要があることから，PC鋼より線を用いる．

2) 圧縮型定着体の耐荷体は，充分な軸剛性を有し，さらに注入材との付着性能も優れた形状を有するものを使用する〔解説図 4.4 参照〕．また，単一耐荷体方式の圧縮型定着体の場合には，分散耐荷体方式の場合よりも長い耐荷体を使用することが多いが，この場合には，軸剛性と付着性能以外に，曲げ応力や座屈応力に対しても十分に安全であることを確認する必要がある．また，除去式地盤アンカーでは，引張材除去時の作業性も考慮して耐荷体を選定する必要がある．いずれの形式の耐荷体であっても，供用期間中の品質および性能が保証されたものを使用する．

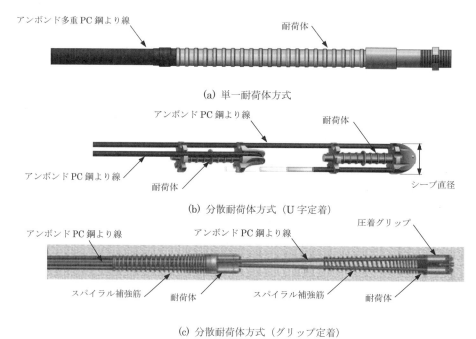

解説図 4.4　圧縮型定着体に用いる耐荷体の例 4.1)

4.4　アンカー頭部の定着部材

a. アンカー頭部の定着部材は，頭部定着具，支圧板および台座からなり，引張材の緊張・定着方式，地盤アンカーの用途・目的，アンカーによって支持される構造物の種類や状態などによって選定され，引張材の種類，再緊張の有無に応じた適切なものとする．

b. 頭部定着具は，引張材の規格引張荷重以下で破壊したり著しい変形を生じることがないような構造および強度を有するものとする．

c. 支圧板および台座は，導入される初期緊張力または試験荷重，あるいは作用する外力に対して所要の機能を損なう有害な変形が生じない構造および強度を有するものとする．

a. アンカー頭部の定着部材は，地盤アンカーに導入された緊張力を構造体に，あるいは構造体からアンカーへ荷重を伝える部分である．アンカー頭部における定着方式は，アンカー工法ごとに

定められており，解説図 4.5 に示すようにくさび方式，ナット方式およびくさび・ナット併用方式の 3 種類がある．引張材は，くさび方式では PC 鋼より線，ナット方式では異形 PC 鋼棒および多重より PC 鋼より線，くさび・ナット併用方式では PC 鋼より線で組み立てられる．ナット方式およびくさび・ナット併用方式は，供用期間中の緊張力の低下の際には再緊張が容易にできる．

b．頭部定着具の強度や性能は，通常試験体に対する加力試験によって確認する．その際，引張材の規格引張荷重以下で破壊したり著しい変形や損傷が生じることがない構造と強度を有していなければならない．なお，定着具は，定着工法ごとに本会「プレストレストコンクリート設計施工規準・同解説」[4.2]付 3 に示されているので参照されたい．

c．アンカー頭部の定着部材には，解説図 4.6 に示すように，頭部定着具のほかに支圧板，台座，

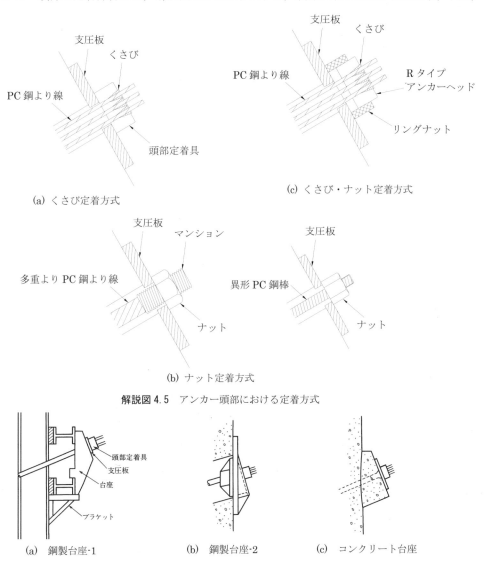

解説図 4.5　アンカー頭部における定着方式

解説図 4.6　アンカー頭部に用いられる台座の種類

― 74 ―　建築地盤アンカー設計施工指針　解説

ブラケットなどがあり，台座には鋼製，コンクリート製がある．これらの部材は，緊張力を構造物に確実に伝えるために，PC鋼材に導入される初期緊張力あるいは構造物からPC鋼材に作用する外力に対して有害な変形や損傷を生ずることのないよう，十分に安全でなければならない．支圧板，台座などが破壊あるいは変形した場合，プレストレスが有効に作用しなくなり，地盤アンカーが設置される構造物が危険な状態に陥る．なお，台座は引張材の軸が支圧板の面に対して垂直となるよう適切に設置する必要がある．

4.5　注　入　材

4.5.1　混 練 材 料

a. 地盤アンカーの定着体に使用する注入材は，セメントペーストを原則とする．

b. セメントペーストに使用するセメントは，JIS R 5210（ポルトランドセメント）に規定する普通ポルトランドセメントあるいは早強ポルトランドセメントを用いることを原則とする．また，必要に応じて超早強ポルトランドセメント，中庸熱ポルトランドセメントおよび耐硫酸塩ポルトランドセメントを使用することができる．

c. 練混ぜ水は，上水道水または所定の品質規定に適合したものを使用する．

d. 混和剤はその品質が確認されたもので，引張材，シースおよび注入材に悪影響を及ぼさないものを使用する．

　注入材は引張材や耐荷体と地盤との間に位置し，アンカー頭部から伝わった引張力を地盤へ伝達する．また，周辺地盤から浸透してくる地下水や有害物質の侵入を抑制し引張材を腐食から保護する役割も果たしている．したがって，注入材は所要の強度および耐久性を有し引張材と地盤との隙間に密実に充填されていなければならず，アンカーの供用期間にわたって安定していなければならない．

a. 地盤アンカーに使用する注入材は，ほとんどセメントペーストが使用されてきた．一方，モルタルは，亀裂の多い風化岩や崖錐堆積地盤などで注入材の逸散を防いだり、定着地盤の強化を目的として使用される場合に限られている．この背景として，セメントペーストは強度が発現しやすく，耐久性が高く，また地盤や引張材との付着性が良いこと，混練材料もセメント，水および混和材料と種類が少ないため混練り時の品質管理が容易であること，また注入作業時の施工性にも優れていることなどが挙げられる．したがって，本指針では原則として注入材にセメントペーストを用いることにした．

b. セメントペーストに使用するセメントは，材料の入手が容易なJIS R 5210に規定する普通ポルトランドセメントあるいは早強ポルトランドセメントを用いることを原則とする．解説表4.7にセメントの種類とそれに対応するJIS規格を示す．普通ポルトランドセメント以外には，早強ポルトランドセメント，超早強ポルトランドセメント，中庸熱ポルトランドセメント，低熱ポルトランドセメントおよび耐硫酸塩ポルトランドセメントがある．早強ポルトランドセメントおよ

び超早強ポルトランドセメントは，普通ポルトランドセメントに比べると強度発現が早く，発生水和熱が大きいので，注入材強度の早期発現が必要となる場合や，冬季・寒冷地での施工に適している．また，中庸熱ポルトランドセメントおよび低熱ポルトランドセメントは，水和熱が低くて乾燥収縮が少ないという特性があり，耐硫酸塩ポルトランドセメントは，硫酸塩に対する抵抗性が大きく温泉地や火山地帯などの酸性地盤にも使用できるという特徴がある．これらのセメントを使用するときには，それぞれのセメントの特性を十分に理解し，設計条件および施工条件に適したものを選択する．

　上記以外に JIS で品質規格が定められているセメントの種類には，高炉セメント，シリカセメントおよびフライアッシュセメントがあるが，このうちシリカセメントは現状ではほとんど生産されていない．これらのセメントを使用するときは，強度発現特性・物理的特性および耐久性などについて十分に調査しておくとともに，調合については試し練りをおこない，施工性についても検討しておくことが必要である．

c. セメントペーストに使用する練混ぜ水の品質は，混和材料の性質，セメントペーストの凝結時間，硬化後のセメントペーストの強度や耐久性に影響を与え，さらに PC 鋼材で構成された引張材の長期安定性にも影響する極めて重要なものである．特に，塩化物イオン量は，鋼材の腐食に大きく影響するため，解説表 4.8 に示すように 200ppm（0.02 kg/m³）以下でなければならない．

　セメントペーストの混練りには，上水道水・工業用水・河川水・湖沼水・地下水などが用いられる．飲料に使用されている水は，セメントペーストの練混ぜ水として理想的なものである．しかし，河川水には工場排水・家庭排水，そして河口付近では海水が混入していることもあり，ま

解説表 4.7　セメントの種類と対応 JIS 規格 [4.3]

種　　　類		規　格
ポルトランドセメント	普通ポルトランドセメント	JIS R 5210
	早強ポルトランドセメント	
	超早強ポルトランドセメント	
	中庸熱ポルトランドセメント	
	低熱ポルトランドセメント	
	耐硫酸塩ポルトランドセメント	
高炉セメント	A種・B種・C種	JIS R 5211
シリカセメント	A種・B種・C種	JIS R 5212
フライアッシュセメント	A種・B種・C種	JIS R 5213

解説表 4.8　上水道水以外の水の品質

項　　目	品　　質
懸濁物質の量	2g/L 以下
溶解性蒸発残留物の量	1g/L 以下
塩化物イオン（Cl⁻）量	200ppm 以下
セメントの凝結時間の差	始発は 30 分以内，終結は 60 分以内
モルタルの圧縮強さの比	材齢 7 日及び材齢 28 日で 90%以上

[注]　JIS A 5308 : 2014（レディーミクストコンクリート）付属書 C　表 C.1 より

— 76 —　建築地盤アンカー設計施工指針　解説

た，地下水には特別な成分が溶解していることもある．したがって，セメントペーストの練混ぜ水には上水道水を使用するものとし，やむを得ず上水道以外の水を使用するときは，JIS A 5308（レディーミクストコンクリート）付属書 C（規定）「レディーミクストコンクリートの練混ぜに用いる水」に従って水質検査をおこない，解説表 4.8 に示す規定に適合するものを使用しなければならない．また，必要に応じて，試し練りをおこなって強度特性を確認しておく．

　なお，練混ぜ水の温度が高いと，セメントペーストの凝結開始・終結時間が短くなる傾向があるため，注入材を引張材の挿入前に充填する場合には，以降の施工に支障をきたすことがある．特に夏場の施工では，十分な練混ぜ水の温度管理をおこなう必要がある．

d. 混和材料には化学混和剤および防せい剤などの「混和剤」と，膨張材およびフライアッシュなどの「混和材」がある．これらのうち，セメントペーストの練り混ぜでよく用いられるのは化学混和剤であり，その界面活性作用によってセメントペーストの諸性質，すなわちコンシステンシー，ブリーディング，凝結時間，強度，中性化と凍結融解に対する耐久性および水和熱などを改善する．この化学混和剤は，JIS A 6204（コンクリート用化学混和剤）で性能・品質が規定されており，解説表 4.9 に示すように AE 剤，高性能減水剤，硬化促進剤，減水剤（標準形・遅延形・促進形），AE 減水剤（標準形・遅延形・促進形），高性能 AE 減水剤（標準形・遅延形）および流動化剤（標準形・促進形）の 7 種類がある．地盤アンカーにおけるセメントペーストには，このうち標準形および促進形の減水剤あるいは標準形の高性能 AE 減水剤がよく用いられる．化学混和剤は数多く商品化されており，それぞれの特性および効果も異なるので，JIS A 6204（コンクリート用化学混和剤）に適合するもののうちから練り上がったセメントペーストの均一性，現場における施工性，使用実績，塩化物イオン量などを十分に検討し，適切なものを選定する．

解説表 4.9　化学混和剤の性能

項目	AE 剤	高性能減水剤	硬化促進剤	減水剤			AE 減水剤			高性能 AE 減水剤		流動化剤	
				標準型	遅延型	促進型	標準型	遅延型	促進型	標準型	遅延型	標準型	遅延型
減水率 (%)	6 以上	12 以上	—	4 以上	4 以上	4 以上	10 以上	10 以上	8 以上	18 以上	18 以上	—	—
ブリーディング量の比 (%)	—	—	—	—	—	100 以下	70 以下	70 以下	70 以下	60 以下	70 以下	—	—
ブリーディング量の差 (cm³/cm²)	—	—	—	—	—	—	—	—	—	—	—	0.10 以下	0.20 以下
凝結時間の差分 (min) 始発	-60~+60	+90 以下	—	-60~+90	+60~+210	+30 以下	-60~+90	+60~+210	+30 以下	-60~+90	+60~+210	-60~+90	+60~+210
凝結時間の差分 (min) 終結	-60~+60	+90 以下	—	-60~+90	0~+210	0 以下	-60~+90	0~+210	0 以下	-60~+90	0~+210	-60~+90	0~+210
圧縮強度比 (%) 材齢 1 日	—	—	120 以上	—	—	—	—	—	—	—	—	—	—
圧縮強度比 (%) 材齢 2 日(5℃)	—	—	130 以上	—	—	—	—	—	—	—	—	—	—
圧縮強度比 (%) 材齢 7 日	95 以上	115 以上	—	110 以上	110 以上	115 以上	110 以上	110 以上	115 以上	125 以上	125 以上	90 以上	90 以上
圧縮強度比 (%) 材齢 28 日	90 以上	110 以下	90 以上	110 以上	110 以上	110 以上	110 以上	110 以上	110 以上	115 以上	115 以上	90 以上	90 以上
長さ変化率(%)	120 以下	110 以下	130 以下	120 以下	120 以下	120 以下	120 以下	120 以下	120 以下	110 以下	110 以下	120 以下	120 以下
凍結融解に対する抵抗性 (相対動弾性係数%)	60 以上	—	—	—	—	—	60 以上	60 以上	60 以上	60 以上	60 以上	60 以上	60 以上
経時変化量 スランプ(cm)	—	—	—	—	—	—	—	—	—	6.0 以下	6.0 以下	4.0 以下	4.0 以下
経時変化量 空気量(%)	—	—	—	—	—	—	—	—	—	±1.5 以内	±1.5 以内	±1.0 以内	±1.0 以内

備考　JIS A 6204 : 2011 コンクリート用化学混和剤に準拠

4章 材　　料 － 77 －

　複数の化学混和剤を混用する場合は，あらかじめ試験をおこなって問題のないことを確認した
うえで使用する．

　現在市販されている化学混和剤はその数も多く，中には塩化物・硫化物・ふっ化物および硝酸
塩などの塩類を含んでいるものもある．これらの混和材を使用すると，引張材を構成する PC 鋼
材が腐食し，引張強度や注入材との付着強度が低下する可能性がある．

　周辺地盤中に塩類が含まれている場合には，PC 鋼材の腐食を抑制するために防せい剤を使うこ
ともある．防せい剤の品質・性能は，JIS A 6205（鉄筋コンクリート用防せい剤）で規定されて
おり，その規定を解説表 4.10 に示す．

　また，セメントペースト中で発泡現象を起こすアルミニウム粉末を膨張材として使用すること
がある．混入するアルミニウム粉末は微量であるため，アルミニウム粉末量が予定量よりわずか
でも多いと硬化後のセメントペーストの強度が設計強度をかなり下回ることになるので慎重な計
量管理が必要である．

解説表 4.10　鉄筋コンクリート用防せい剤の性能

項　　　目		規　　定	試験方法
腐食の状況（目視）		腐食が認められないこと	鉄筋の塩水浸せき試験
防せい率（%）		95 以上	コンクリート中の鉄筋の促進腐食試験
コンクリートの凝結時間の差（min）	始発	−60 ～ +60	コンクリート試験
	終結	−60 ～ +60	
コンクリートの圧縮強度比（%）	材齢 7 日	90 以上	
	材齢 28 日	90 以上	

備考　JIS A 6205：2013 鉄筋コンクリート用防せい剤に準拠

4.5.2　調　　合

> a. 注入材の計画調合は，地盤条件や環境条件等を考慮し，必要に応じて試し練りをおこない決定する．
> b. 注入材は，施工時において所要のコンシステンシーが得られ，かつブリーディングが少ないものとする．
> c. 注入材は，硬化後においては緊張時および供用期間中に所要の強度を有するものとする．

a. 注入材は所要の強度および耐久性を持ち，引張材と定着地盤との間に密実に充填されていなけ
ればならない．したがって，注入材の性能はセメントペーストの調合によって決まるといってよ
い．

　セメントペーストの調合は，地盤アンカーの用途，施工地盤の状況およびアンカー長，削孔径，
引張材の構成状態，さらに注入作業全体の施工方法，施工時期などを考慮し，必要に応じて試し
練りをおこない，また所要の強度が緊張時および供用時に得られることを確認したうえで決める．
なお，このときコンシステンシーはロートによる流下時間，強度は圧縮強度，そして耐久性はセ
メントの種類および水セメント比によって検討する．

— 78 —　建築地盤アンカー設計施工指針　解説

解説表 4.11　コンクリートに対する水中イオンの侵食性 [4.4]

測定項目	侵食性		
	弱侵食性	強侵食性	非常に強い侵食性
pH 値	6.5~5.5	5.5~4.5	4.5 以下
石灰可溶性炭酸（CO_2, mg/L）	15~30	30~60	60 以上
アンモニウム（NH_4^+, mg/L）	15~30	30~60	60 以上
マグネシウム（Mg^{2+}, mg/L）	100~300	300~1500	1500 以上
硫酸（SO_4^{2-}, mg/L）	200~600	600~3000	3000 以上

　セメントペーストを注入材に用いる場合，地盤の化学的性質，すなわち pH，硫酸化物イオン，塩化物イオン濃度の検討が必要となる．解説表 4.11 は，コンクリートに対する水の侵食性の判定基準例を示したものである．地盤の化学的性質が，この表の「強侵食性」に相当するときは，耐硫酸塩ポルトランドセメントの使用や防せい処置を施した引張材を使用する．なお，同表の「非常に強い侵食性」と判断されるときは，各種材料を別途検討する方がよい．

b.　コンシステンシーは，注入作業時の施工性判定の一つの指標でもある．良好なコンシステンシーが保たれていないと，注入作業に支障をきたし，硬化後のセメントペーストにも十分な強度を期待できない．セメントペーストのコンシステンシーを表すには，ロートを使用して流下させ，0.1 秒の単位で測定した流下時間（秒）を用いる．地盤アンカーのセメントペーストの品質管理では，P ロート〔8 章 8.5.1 項参照〕を用いることが多い．なお，P ロートによる流下時間が 18 秒を超えると，通常の注入作業で用いる単胴復動ピストン式のグラウトポンプ（3.7kw 級）ではセメントペーストの圧送が困難になり，水セメント比，混和剤，あるいはグラウトポンプなどの再検討が必要になるので注意する．

　セメントペーストにブリーディングが発生すると注入材上部に空洞ができることが考えられ，アンカーの品質（耐力）に大きく影響する可能性があるため，ブリーディングは小さい方がよい．

c.　セメントペーストの水セメント比は，通常 40~55%であるが，本設地盤アンカーの水セメント比は 40~50%を目安とする．このように水セメント比に幅があるのは，硬化後の強度のほか削孔地盤，地下水の状態および施工時の気温などを考慮し，セメントペースト圧送時に最良の施工状態を保持する必要があるためである．硬化後のセメントペーストに高強度を期待する場合，水セメント比を小さくするが，圧送時の施工状態をコンシステンシー試験によってチェックし，必要に応じて適切な混和剤を使用する．

　ミキサー内のセメントペーストが所定の水セメント比で混練されているかどうかの判定はセメントペーストの比重測定結果による．

4.6 シース

> a. シースは，自由長部と定着体において供用期間中に所要の強度と性能を発揮できる適切な形状・寸法ならびに強度を有するものとし，かつ引張材が腐食しないよう被覆できる耐食性と化学的安定を有するものとする．
>
> b. アンボンドシースは，引張材との摩擦抵抗が小さく，引張材の移動や変形を妨げない性能を有するものとする．シースの接続は，所要の品質および性能を有する材料を使用し，上記の条件を満足するよう適切な方法で実施する．

シースには，自由長部や定着体での防せいを目的としたものと引張材に注入材が接触しないようにすることを目的としたものなどがある．

a. シースの材質は，注入材および防せい材と反応して変質したりせず，長期にわたって安定したものでなければならない．シースには自由長部と定着体に使用されるものがあり，その使用目的によって材質や形状などが異なる．地盤アンカーにおけるシースの使用例を解説図4.7に示す．

自由長部の引張材は，緊張力を確実に定着体へ伝達させる必要があるため，表面にオイル系の防せい材を塗布し，その全体を円筒形のポリエチレン製などのシースで覆うことにより，注入材との摩擦抵抗を低減させる例が大半である．

定着部の引張材は，注入材を介して緊張力を地盤へ伝達させる機能を持つことが必要である．定着体のシースはその拘束効果によって注入材の圧縮強度および引張材との付着強度を向上させるための部材として使用されるほか，本設地盤アンカーの引張材の防せい部材としても用いられるため，適切な強度および形状を持つ材料を選定することが肝要である．そのため，一般に，円筒形の波形ポリエチレン製あるいは薄肉の波形ステンレス製のシースが用いられている．

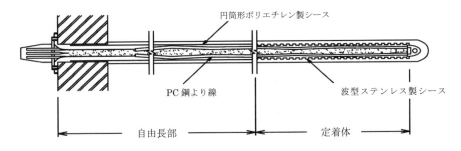

解説図4.7　シースの使用例

b. 一般にアンボンドシースと呼ばれているシースは，高密度ポリエチレン製のものが多く，シース内に充填されたオイル系の防せい材を保護する機能を持つ．解説図 4.8 は，アンボンド PC 鋼より線の断面の一例を示したもので，このアンボンド加工は鋼線メーカーでおこなわれることが多い．

シースの接続部には，注入材の侵入を防ぐために適切な接合部材および材料を用いて，シースの求められる要件（機能，耐久性）を満足する構造とする必要がある．接合の一例として粘着性のテープ（ブチルゴム系等）をしっかりと巻き付けるほか，この部分にアスファルトなどの防水材を塗布することもある．

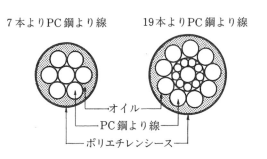

解説図 4.8　アンボンド PC 鋼より線の断面

4.7　防せい材

> a. 防せい材は，引張材および頭部定着具がアンカーの供用期間中，腐食しないように被覆できる耐食性と化学的安定性を有するものとする．
> b. 引張材のまわりに塗布あるいは充填する防せい材は，引張材の変形を妨げない性質を有するものとする．
> c. 引張材に密着させて被覆材として使用する防せい材は，引張材の変形に追従できる変形性能を有するものとする．

a. 防せい材は，引張材および頭部定着具が腐食しないように保護するものであり，その種類および使用方法は，地盤アンカーの種類，供用期間，地盤状況などを考慮して決定する．また，供用期間の短い仮設地盤アンカーの場合でも，供用期間が延長される場合もあることを考慮して，防せい処置の必要性を判断する．

防せい材には，吸湿性がなくかつ化学的に安定しているものを用いる．また，引張材およびシースなどに損傷を与える性質を有する防せい材は使用しない．通常，防せい材にはグリースなどオイル系のものが用いられているが，このほかアスファルト系・樹脂系のものもある．

b. 引張材のまわりに塗布あるいは充填し，シースとの摩擦を低減する目的で使用する防せい材は引張材の変形に追従するとともに，摩擦による損失が少ない柔軟性を持つものとし，その品質は本会「プレストレスト鉄筋コンクリート（III種 PC）構造設計・施工指針・同解説」[4.5]に適合するものとする．

4章 材　　料 — 81 —

c. 引張材にはその表面にポリエチレン，塩化ビニル，ポリプロプレン，エポキシなどの合成樹脂を直接被覆して防せいされたものがあるが，大きな伸び量が生じても有害な亀裂などの損傷が発生することのない引張強度および柔軟性を持つ被覆材でなければならない．

4.8　その他の材料

> a. スペーサーやセントラライザーは，引張材を所定の位置に確保することができる所要の品質と性能を有するものとする．また，注入材の注入作業の連続作業を阻害しない形状・寸法のものとする．
> b. 防せいキャップは，所要の強度・耐久性・耐食性を有し，十分な防せい効果が保証できるものとする．また，必要に応じて交換できる構造・寸法を有するものとする．

a. スペーサーは，引張材の加工にあたり，PC鋼線あるいはPC鋼より線の離間と注入材のかぶり厚さを確保するための部材である〔解説図4.9(a)〕．

また，セントラライザーは，引張材が孔壁に直接触れるのを防ぎ，かつ引張材に所定のかぶり厚さを確保する目的で使用する〔解説図4.9(b)〕．セントラライザーの取付け間隔は，削孔内で引張材の直線性が保たれるよう，引張材の剛性を考慮して決める〔解説図4.7〕．ただし，セントラライザーの形状は注入材の充填性が損なわれないものとする．

孔内へ引張材を挿入するとき，スペーサー，セントラライザーなどの部材が引張材から脱落しないように堅固に取り付けておく．

スペーサー，セントラライザーなど引張材に直接取り付ける部品は，さびの発生原因となるような材料は用いない．

b. アンカー頭部に取り付ける防せいキャップは，内部に防せい油などを充填してアンカー頭部を保護するものである．防せいキャップは，支圧板にボルト止めできる構造や，アンカー頭部にネジ止めできる構造のものが多く用いられている．

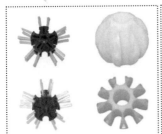
(a)　スペーサー

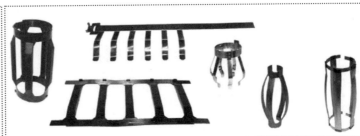
(b)　セントラライザー

解説図4.9　スペーサー，セントラライザーの例[4.1]

参 考 文 献

4.1)　地盤工学会：グラウンドアンカー設計・施工基準・同解説（JGS4101-2012），2012

4.2)　日本建築学会：プレストレストコンクリート設計施工規準・同解説，1998

4.3)　日本建築学会：建築工事標準仕様書・同解説　JASS 5 鉄筋コンクリート工事，2015

4.4)　地盤工学会：地盤調査法，1995

4.5)　日本建築学会：プレストレスト鉄筋コンクリート（III種 PC）構造設計・施工指針・同解説，2003

5章 許容応力度

5.1 基本事項

地盤アンカーの設計に用いる引張材，注入材，定着地盤およびその他の材料の許容応力度は，原則として本指針で示す方法により定める.

地盤アンカーの材料および定着地盤についての許容応力度は，本章で定める値とする. 許容応力度設計では，設計上のこれらの最大応力度がいずれも許容応力度以下であれば地盤アンカーおよびその架構の安全性が確保されると考える. ただし，設計上別途考慮すべきアンカーを含む全体系の安定，有効緊張力，定着体長の影響，定着する構造物の許容変位量などによって設計アンカー力を低減する場合がある. これらについては6章，7章を参照されたい.

引張材の許容引張力は，緊張力を与えるため仮設地盤アンカーにおいては，長期・短期の応力区分をせず，上部構造のプレストレスト鉄筋コンクリート構造の場合と共通の値を用いることとした. 一方，本設地盤アンカーにおいては，強風時や大地震時などには導入緊張力を超える引張力が生じることが考えられるため，作用する短期荷重に応じた許容引張力を定めている〔7.2.6項参照〕.

引張材以外の許容応力度は，主として仮設地盤アンカーについて定めたものであり，引張材と注入材の許容付着応力度および定着地盤の許容摩擦応力度（引抜試験による場合の上限値または引抜試験によらない場合の値）については本会独自の値を示した. また，これらの許容応力度は本会による他の規準・指針に準じて長期・短期について定めたが，供用期間が2年未満の仮設地盤アンカーに適用する仮設時の規定を加えた. これらの設計上の扱いは以下とする.

1) 供用期間2年未満の仮設地盤アンカーの設計は，仮設時の許容応力度を用いる.

2) 本設地盤アンカーの設計では，常時あるいは地震時・異常水位時などの応力に対してそれぞれ長期あるいは短期の許容応力度を用いる.

ただし，仮設地盤アンカーの設計においても，その重要度や特殊な使用環境に応じて本設・仮設の供用期間にこだわらず，設計者の判断で供用期間に応じた許容応力度を用いてもよい.

— 84 —　建築地盤アンカー設計施工指針　解説

5.2　引張材の許容引張力

引張材の許容引張力は以下とする.

a. 引張材に対する許容引張力

　1)　緊張力導入時

　　　$T_{as1} = 0.75\,T_{su}$と $T_{as1} = 0.85\,T_{sy}$の小さいほうの値

　2)　定着完了時

　　　$T_{as2} = 0.70\,T_{su}$と $T_{as2} = 0.80\,T_{sy}$の小さいほうの値

　　記号　T_{as1}, T_{as2}：緊張力導入時, 定着完了時に対する許容引張力

　　　　　　　　　T_{su}：PC 鋼材の規格引張荷重

　　　　　　　　　T_{sy}：PC 鋼材の規格降伏荷重

b. U 字形に曲げ加工された引張材の許容引張力

　1)　緊張力導入時

　　　$T_{as1} = 0.75\,\alpha\,T_{su}$と $T_{as1} = 0.85\,\alpha\,T_{sy}$の小さいほうの値

　2)　定着完了時

　　　$T_{as2} = 0.70\,\alpha\,T_{su}$と $T_{as2} = 0.80\,\alpha\,T_{sy}$の小さいほうの値

　　記号　T_{as1}, T_{as2}：緊張力導入時, 定着完了時に対する許容引張力

　　　　　　　　　α：PC 鋼より線の標準径と耐荷体シーブ直径から決定される低減係数であり, 表 5.1
　　　　　　　　　　による

　　　　　　　　　T_{su}：PC 鋼材の規格引張荷重

　　　　　　　　　T_{sy}：PC 鋼材の規格降伏荷重

表 5.1　α の値

PC 鋼より線の呼び名	耐荷体のシーブ直径		
	50〜59 mm	60〜69 mm	70 mm 以上
7 本より 12.7 mm	0.85	0.9	0.9
7 本より 15.2 mm	—	0.85	0.9

a. 地盤アンカーに使用する引張材の許容引張力は, 通常, 橋梁などに使用される引張材のように繰り返し荷重による疲労の影響を考慮しなくてよいため, 本会「プレストレストコンクリート設計施工規準・同解説」(1998)[5.1]に準じた規定とした. なお, 本文の T_{su}, T_{sy}は, それぞれ JIS 規格による引張荷重, 降伏荷重(0.2%永久伸びに対する試験力)を示す〔4.2 解説参照〕.

　緊張力導入時の許容引張力は, PC 鋼材の応力が弾性限界以下となるように定められている. 地盤アンカーでは, 通常予想されるアンカー頭部定着具のセット量などによる緊張力の低下量を考慮して初期緊張力を決定する方法がとられているが, その場合の初期緊張力の上限は, この許容引張力としなければならない.

　定着完了時の許容引張力は, PC 鋼材の弾性限界よりいくらか低い値であり, PC 鋼より線の場合 $0.80\,T_{sy}$は, およそ $0.68\,T_{su}$に相当する.

b. 耐荷体を使用するアンカーには，PC 鋼より線と耐荷体の結合部における定着が，PC 鋼より線をU字形に折り曲げて耐荷体に引っ掛けるような形状になっているものがある．このような形状でPC鋼より線に緊張力を加えると，曲げ部分の曲率の直径が一般に50～60 mmと小さいため，PC鋼より線はU字形に曲げられた部分で破断し，引張強度が低下すると言われており，このことは実験的にも確かめられている [5.2),5.3)]．この原因は，それぞれの素線に曲げ引張応力が作用することに加えて，PC鋼より線が局部的に曲げられているために各素線の応力状態がばらついて，応力集中した素線から破断が始まるためと考えられる．

また，PC鋼より線の破断時伸びは通常 6～8%あるが，U字形に曲げて引っ張ると破断伸びが2%前後まで低下する [5.4)]．これも同様の理由と考えられるが，より脆性が強くなるので，設計上の許容引張力に反映すべきと考えられる．

PC鋼より線の許容引張力は，この折り曲げによる強度低下や破断時伸びの減少を考慮して，直引きの場合の許容引張力に強度低減係数 α を乗じたものとした．

低減係数 α は，解説図 5.1 に示すϕ12.7 mm およびϕ15.2 mm の PC 鋼より線（各7本より）でおこなった実験結果 [5.3)] を参考にして決定した．解説図 5.1 は，PC鋼より線径を d，曲げ部分の曲率の直径を D としたときの強度低下率と D/d の関係を示したものである．それぞれの鋼線により若干低下率に差があるが，強度低下率と D/d の間には相関があることがわかる．

本指針では，この実験データを参考にして，7本よりϕ12.7 mm とϕ15.2 mm の PC 鋼より線を使用する場合の強度低減係数 α を，表 5.1（解説図 5.1 の破線）のように与えた．

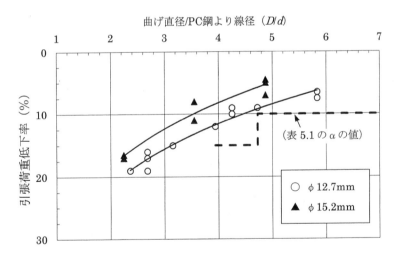

解説図 5.1　U字形に曲げ加工されたPC鋼より線の引張荷重低下率（一部加筆）[5.3)]

— 86 — 建築地盤アンカー設計施工指針 解説

5.3 注入材の許容付着応力度

引張材と注入材の許容付着応力度は，表 5.2 に定める値とする．

表 5.2 引張材と注入材の許容付着応力度（N/mm²）

引張材種類	長　　期	短　　期	仮設時（2 年未満）
PC 鋼より線 多重より PC 鋼より線 異形 PC 鋼棒	1.0	1.5	1.25

　地盤アンカーの定着体における引張材とセメント系注入材の付着応力度（付着抵抗）には，引抜荷重・引張材の仕様（種類・径・本数，付着長，組み方）・注入材の性状（かぶり厚さ，強度，縦割れ・横割れの有無）・拘束効果（地盤，鋼製シースなどの補強材の有無）などの因子が複雑に関与するため，いまだに不明な点が多い．諸外国の規定でも鉄筋コンクリート構造における許容付着応力度の規定を目安にしているのが現状であり，わが国でもこれに準じてきた．本会「鉄筋コンクリート構造計算規準・同解説」（1999）[5.5)]および土木学会「コンクリート標準示方書設計編」（1996）[5.6)]に規定された鉄筋コンクリートの長期許容付着応力度を解説表 5.1 に示す．本会の規定値は，異形鉄筋では最も不利となる周辺コンクリートの割裂を伴う付着破壊形式に対する既往の研究成果を反映させ，全付着長さに対する平均付着応力度としての許容付着応力度を規定したものである．

　本指針では，できるだけ現状に即した規定値を設けることを目的として，実際の引抜試験結果における付着切れ破壊のデータを収集し検討をおこなった．その結果が本文に規定するものであるが，解説表 5.1 の本会 RC 規準[5.5)]の値と大きく相違しない．なお，短期の許容値は長期の 1.5 倍，仮設時（2 年未満）は長期と短期の平均値としている．

解説表 5.1 鉄筋コンクリートの長期許容付着応力度（N/mm²）

規 定 区 分	鉄筋種類	コンクリート設計基準強度 F_c		
		24	30	40
日本建築学会[5.5)] （1999 年）	丸　　鋼	—	—	—
	異形鉄筋	1.00	1.10	1.26
土木学会[5.6)] （1996 年）	丸　　鋼	0.80	0.90	1.00
	異形鉄筋	1.60	1.80	2.00

これらの収集データの極限付着応力度 τ_{bu} は，引張材の形状が異形鉄筋相当と考えられる PC 鋼より線・多重より PC 鋼より線・異形 PC 鋼棒についてのものであり，これを地盤の拘束効果（拘束圧）の指標の一つと見なせる標準貫入試験の N 値との関係で整理すると，解説図 5.2 となる．ただし，図中では参考として未破壊のデータもいくつか示した．なお，τ_{bu} の算定において有効付着周長は解説表 6.2 に示す束ね組みと仮定している．また，本文に示した規定値は収集した付着切れ破壊のデータが少ないこともあり N 値との関係付けをおこなわず，岩盤を含むこれらのデータの平均値 3.47 N/mm² （標準偏差 0.88 N/mm²）を基に決定した．

また，本文に規定した許容付着応力度は注入材の圧縮強度に関連づけていない．これは前記収集データにおいて注入材の実際の強度が十分に把握できなかったことなどによる．したがって，注入材の設計基準強度 F_c は，少なくとも 30 N/mm² 以上とすべきであろう．ただし，本設地盤アンカーや特殊素材を引張材に使用した地盤アンカーなど，その工法独自の指針や規定がある場合にはそれに従ってよい．

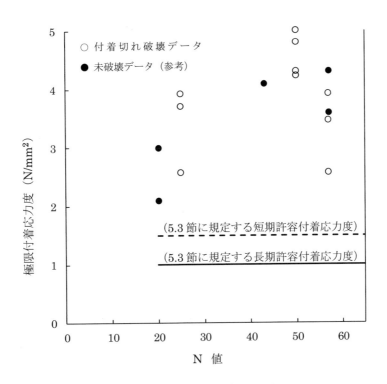

解説図 5.2 極限付着応力度の収集データ

5.4 注入材の許容圧縮応力度

注入材の許容圧縮応力度は，表5.3に定める値とする．

表5.3 注入材の許容圧縮応力度（N/mm²）

長　　期	短　　期	仮設時（2年未満）
$F_c/3$	長期に対する値の2倍	長期に対する値の1.5倍

［注］F_cは注入材の設計基準強度で30 N/mm²以上とする

　定着体の注入材には，工法によっては圧縮応力が発生する．この場合のセメント系注入材の許容圧縮応力度は鉄筋コンクリート構造計算規準の場合と同様の規定とした．地盤アンカーに用いる注入材の設計基準強度F_cは，前項の解説に述べたように少なくとも30 N/mm²以上とすべきである．本設地盤アンカーの場合も30 N/mm²以上（工法によっては50 N/mm²以上）と規定している．また，注入材の圧縮強度試験は原則として，直径5 cm，高さ10 cmモールドで成型した円柱供試体によるものとする．

5.5 定着地盤の許容摩擦応力度

a. 定着地盤の許容摩擦応力度は，原則として引抜試験によって求めた極限摩擦応力度を基に，表5.4により定める．

表5.4 引抜試験による場合の許容摩擦応力度（kN/m²）

定着地盤種類	長　　期	短　　期	仮設時（2年未満）
砂質土，砂礫	$\tau_u/3$ かつ 800 以下	長期に対する値の2倍	長期に対する値の1.5倍
粘性土			
岩	$\tau_u/3$ かつ 1200 以下		

［注］τ_u：引抜試験によって求めた定着地盤の極限摩擦応力度

b. 仮設地盤アンカーを所定の条件を満たす地盤に定着する場合に限り，引抜試験を省略して許容摩擦応力度を定めてもよい．引抜試験を省略する場合の定着地盤の許容摩擦応力度は表5.5による．

表5.5 引抜試験を省略する場合の許容摩擦応力度（kN/m²）

定着地盤種類	長　　期	仮設時（2年未満）
砂質土，砂礫	$N \geqq 20$	$6N$ かつ 300 以下	$9N$ かつ 450 以下
粘性土	$N \geqq 7$ または $q_u \geqq 200$	$6N$ または $q_u/6$ かつ 300 以下	$9N$ または $q_u/4$ かつ 450 以下

［注］特殊土および岩を除く

N：定着地盤の N 値の平均値

q_u：定着地盤の一軸圧縮強さ（kN/m²）の平均値

a. 定着体周面における定着地盤の摩擦応力度（摩擦抵抗）は地盤特性（土質，拘束圧，クリープ特性など）や施工方法（削孔・水洗いの影響など）によって異なり，繰返し荷重や隣接アンカーなどの影響も受ける．

　したがって，定着地盤の許容摩擦応力度は，地盤アンカーの設計前に，原位置において 9 章に示す引抜試験を実施して，その結果を基に決定するのが原則である．このことは十分な安全性が求められる本設地盤アンカーや供用期間が長期となる地盤アンカーの場合には，定着地盤の許容摩擦応力度を引抜試験の結果に基づいて定めることが不可欠である．供用期間が 2 年未満の仮設地盤アンカーの場合でも，使用実績の少ない地盤（例えば岩盤など）に定着させる場合については同様である．また，地盤アンカーの本数が多い場合などでは，引抜試験を実施したほうが本文
b. に規定する値よりも大きい値が得られることが多いため経済的となるケースも少なくない．なお，許容摩擦応力は同一定着地盤では許容摩擦応力度に定着体の公称表面積を乗じて求めるが，設計上では定着体長に応じて本文の許容摩擦応力度を低減して取り扱うことにした〔6.2.4 項 6.2.5 項参照〕．

　表 5.4 の引抜試験による場合の許容摩擦応力度は，本設地盤アンカーおよび供用期間が長期となる仮設地盤アンカーに対して，杭の周面摩擦応力度などで一般に採用されてきた長期 3，短期 1.5 の安全率を考慮して定めた．ただし，本設地盤アンカーにおいて各工法で規定された値がある場合は，当該工法の指針に準拠してもよい．また，供用期間が 2 年未満の仮設地盤アンカーに限っては，特に長期・短期の中間値として仮設時を定めた．なお，仮設地盤アンカーにおいて地震時の検討をおこなう場合などでは短期許容応力度を用いる．

　引抜試験で求めた極限摩擦応力度は，加圧注入型地盤アンカーの引抜き時のダイレイタンシーなどによって地盤自体の拘束効果が大きくなるため，杭の周面摩擦力度に比べて，一般に大きな値を示す．引抜試験による極限摩擦応力度が過去の地盤アンカーにおける実績値よりもかなり大きくなった場合，その値を基に許容摩擦応力度を決定することは危険側となりうるため，本文のように上限値を規定した．

　表 5.4 中の長期許容摩擦応力度 800 kN/m² については，圧縮型定着体を用いたアンカーに関する幾田ら[5.7]の報告によれば，$N \geqq 50$ の砂礫層の τ_u の値が 2400 kN/m² 程度であり，また $N \geqq 50$ の細砂層の値もこれに近いことから，これを根拠としたものである．一方，同表中の 1200 kN/m² については，建築で対象となるのは一般に軟岩であるが，英国の BSI 8081（1989 年）では，硬岩を含めて岩と注入材の摩擦応力度の上限値を 4000 kN/mm² としていることを考慮すれば，概ね妥当なものと考えられる．

　τ_u の値は，定着地盤の種類あるいは岩の場合の風化や節理の程度だけでなく試験用地盤アンカーの種類や施工の品質によって異なり，通常の引抜試験の結果は，本文の上限値を下回ることも

ある．いずれにしても引抜試験〔9章参照〕の計画ならびに結果の評価に注意が必要である．

b. 定着地盤の許容摩擦応力度は，これに影響する因子が多いために，引抜試験によって定めるのが理想的であるが，期間・費用などの面を考慮すれば，仮設地盤アンカーでは，引抜試験を省略できる場合の規定も必要であると考えられる．このため本会では，前回の改定時（第二版）に収集した摩擦切れ破壊に関する試験データに，新たに今回収集したものを加えて，地盤アンカーおよび定着地盤の種類を限定して，許容摩擦応力度を設定した．

解説図5.3は，砂質土地盤および砂礫地盤で実施した引抜試験による極限摩擦応力度 τ_u と N 値の関係である．これらの τ_u の平均値は，図中に示したように $18.0\ N$ である．この試験結果を基に，砂質土地盤および砂礫地盤においては，引抜試験によらない仮設地盤アンカーの許容摩擦応力度の提案値（τ_a）として，供用期間が 2 年未満のものについては安全率 2 で除した $9\ N$，供用期間が長期となるものや，その重要度や特殊な環境下で使用される場合などは安全率 3 で除した $6\ N$ とした．

解説図5.4は，粘性土地盤で実施した引抜試験による極限摩擦応力度 τ_u と N 値の関係である．これらの τ_u の平均値は，$18.2\ N$ であり，砂質土・砂礫地盤での結果とほぼ同様である．そこで，粘性土地盤においても，引抜試験によらない仮設地盤アンカーの許容摩擦応力度の提案値として砂質土地盤・砂礫地盤と同様に，供用期間が 2 年未満の仮設地盤アンカーでは $9\ N$，供用期間が

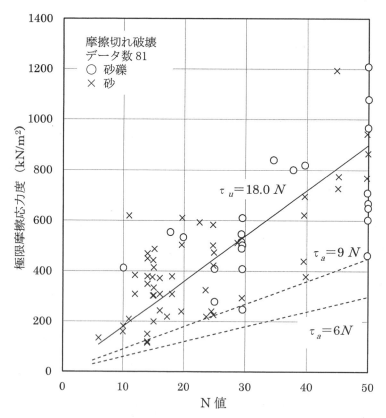

解説図5.3 収集データによる砂質土地盤・砂礫地盤の極限摩擦応力度

長期となる場合には 6 N とした．さらに，粘性土地盤に関する設定値は，従来の地盤アンカーでおこなわれていた設計手法を考慮して，一軸圧縮強さ q_u を用いる場合の規定を加えた．

以上のように，引抜試験を省略できる場合の N 値（あるいは q_u 値）の限界値を定めたが，地盤アンカーは良質な地盤に定着させるのが原則であり，2 章に示したように，仮設地盤アンカーでは $N \geqq 20$ の砂質土地盤や $q_u \geqq 200 \text{ kN/m}^2$ の粘性土地盤に，本設地盤アンカーでは $N \geqq 50$ の砂質土地盤や軟岩以上の強度を有する地盤にそれぞれ定着させることが原則である．なお，定着地盤の N 値（あるいは q_u 値）が上記の下限値の近傍である場合や，定着体付近で地盤特性が変化する場合などは，本文 a．の引抜試験によって許容摩擦応力度を決定する必要がある．

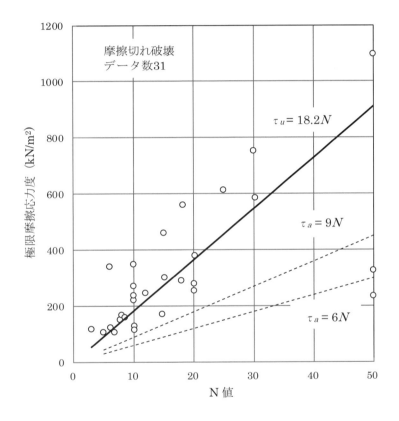

解説図 5.4 収集データによる粘性土地盤の極限摩擦応力度

5.6 その他の材料の許容応力度

> 地盤アンカーの架構に使用される，その他の構造材（腹起し，台座など）の許容応力度は本会「山留め設計指針」，「鉄筋コンクリート構造計算規準・同解説」の規定に準ずる．

地盤アンカーの架構に使用される，その他の構造材としては，仮設地盤アンカーにおける台座，

腹起し，ブラケットや本設地盤アンカーにおける鉄筋コンクリート部材（基礎スラブや擁壁）など多種のものがある．これらの材料の許容応力度については，材料・応力の種類などに応じて，本会「山留め設計指針」（2017），「鉄筋コンクリート構造計算規準・同解説」（2010）[5.8]などの規定に準ずる．

参 考 文 献

5.1) 日本建築学会: プレストレストコンクリート設計施工規準・同解説, 1998

5.2) 日本建築学会 : 除去式地盤アンカー設計施工上の留意点, 建築地盤アンカー設計施工事例集, pp.72-73, 1997

5.3) 向亨，妹尾博明，菅浩一，増田洋児 : アンボンド型除去式地盤アンカーの引抜き試験（その5 PC鋼より線の基本性能），日本建築学会大会学術講演梗概集 B-1，構造Ⅰ，pp.635-636, 1999.9

5.4) 砂防・地すべり技術センター : 砂防技術・技術審査証明報告書, KTB永久アンカー工法（分散型を含む），1996

5.5) 日本建築学会 : 鉄筋コンクリート構造計算規準・同解説，1999

5.6) 土木学会 : コンクリート標準示方書 設計編，1996

5.7) 幾田悠康，尾崎修，小林幸男，丸岡正夫，青木雅路，渡辺則雄，森利弘，桂豊，真野英之 : 圧縮型永久地盤アンカーの引抜き抵抗（その1），（その3），第23回土質工学研究発表会講演集，pp.1651-1652・1655-1656, 1988.6

5.8) 日本建築学会 : 鉄筋コンクリート構造計算規準・同解説，2010

6章　仮設地盤アンカーの設計

6.1　基本事項

> a. 地盤アンカーを用いる仮設構造物が，構造的に安全でかつ有害な変形が生じないように地盤アンカーを設計するとともに，地盤アンカーの定着地盤を含めた全体の安全性についても検討する．
>
> b. 地盤アンカーの構造は，仮設構造物の全供用期間にわたってその機能および品質を保証できるものとする．
>
> c. 地盤アンカーの定着地盤には，仮設構造物を安全に支持し，かつ全供用期間にわたって安定した地盤を選定する．
>
> d. 地盤アンカーは，仮設構造物の変形，地盤アンカー相互の影響，施工性などを考慮し適切な位置および角度に配置する．
>
> e. 地盤アンカーに導入する緊張力の大きさは，供用期間中の緊張力に対して構造物が安全であり，かつ過大な変形が生じないものとする．
>
> f. 地盤アンカーの設計に関しては，地盤条件や周辺構造物・地中埋設物に対する施工中の影響などについて十分検討し，確実に施工できることを確認する．

a. 地盤アンカーが用いられる代表的な仮設構造物として山留め構造物がある．さらに，地盤アンカーは，杭の鉛直載荷試験の反力やケーソンの沈設あるいは仮設のサスペンション構造物のアンカーとしても用いられている．これらの地盤アンカーの設計にあたっては，仮設構造物に過大な応力度が発生したり有害な変形が生じないように構造計画を立てることが肝要である．特に山留め構造物の場合は山留め壁の過大な変形が周辺の地盤や構造物に有害な影響を与えることもあるので，地盤アンカーの引抜耐力の検討に加えて山留め壁の変形に対する配慮が必要である．このため，山留め構造物の計画では，山留め工法や山留め壁の剛性と腹起しの強度，地盤アンカーの配置，導入緊張力の大きさなどについて十分な検討が求められる．山留めアンカーでは，緊張力を導入することが原則であり，その緊張力の大きさによって山留め壁の変形量が変化する．したがって，軟弱地盤における山留め構造物や大規模な山留め構造物の設計においては，より正確に山留め壁の変形を算定するために地盤アンカーの導入緊張力の大きさによる影響を考慮したほうがよい〔6.2.1項参照〕．

杭の載荷試験やケーソンの沈設の反力用地盤アンカーでは，その引抜耐力が問題となる．これらの構造物においては，構造体の剛性が大きい割には接近した間隔で複数の地盤アンカーを打設することが多いので，それらの1本1本に加わる力にばらつきが生ずることがあり，設計アンカー力の算定において配慮する必要がある．

地盤アンカーを用いた山留め構造物の崩壊や大変形の発生要因として次のような事項が考えられる．

(ⅰ) 地盤アンカーの引抜耐力不足（定着体と地盤の摩擦抵抗，引張材の強度，引張材または耐荷体と注入材との付着抵抗）
(ⅱ) 山留め壁の強度・剛性不足
(ⅲ) 腹起しの強度・剛性不足
(ⅳ) ブラケットの脱落や破壊〔解説図6.9および6.10参照〕
(ⅴ) アンカー頭部の破壊
(ⅵ) 山留め壁根入れ部の前面抵抗の不足〔解説図6.1参照〕
(ⅶ) 山留め壁の支持力不足〔解説図6.2参照〕
(ⅷ) 山留め壁と地盤アンカーを含む全体的な地盤崩壊〔解説図6.3，6.4参照〕

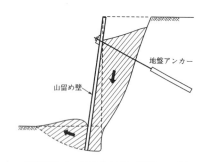

解説図6.1 根入れ部前面抵抗の不足

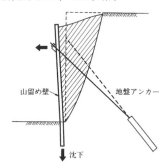

解説図6.2 山留め壁の支持力不足

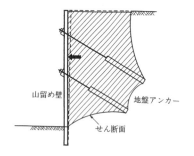

解説図6.3 定着地盤のブロック破壊

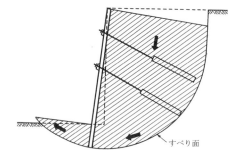

解説図6.4 すべりによる破壊

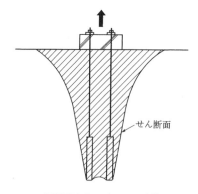

解説図6.5 ブロック破壊

切梁による山留めの設計では，（ii），（iii），（vi）に加えて切梁の検討をするだけであるが，地盤アンカーによる山留め構造物の場合は（i）～（v）のほか，（vi），（vii）の検討が必要になる点が特徴となっている．（viii）の全体的な地盤崩壊は，解説図 6.4 に示したような円弧すべりに対するチェックをすれば通常は問題ない．

反力用地盤アンカーなど，鉛直方向の群アンカーとして用いる場合は，地盤アンカーの引抜耐力の検討に加えて地盤のブロック破壊〔解説図 6.5 参照〕に対する検討も必要である．

b. 仮設地盤アンカーの供用期間は，地盤アンカーを用いる仮設構造物によって異なる．例えば，杭の載荷試験やケーソン工事の反力用地盤アンカーでは，その供用期間が 1 か月から数か月であるが，山留めや仮設のサスペンション構造物の地盤アンカーでは供用期間の短いものから 2 年以上の長期間に及ぶものもある．仮設地盤アンカーの設計にあたっては，地盤アンカーの供用期間をよく把握して全期間にわたって機能および品質が保証できるものとし，周辺環境条件や経済性・施工性も考慮してその構造や定着地盤を決定すべきである．

地盤アンカーは，定着体内の引張材と注入材の付着抵抗力によって引張力を注入材に伝達する引張型定着体を用いる場合と，定着体内の引張材の先端に耐荷体を接続し，その耐荷体から注入材に引張力を伝達する圧縮型定着体を用いる場合がある．いずれの定着体においても，自由長部の引張材が注入材に対して自由に伸縮可能な構造（アンボンド構造）になっている必要がある．

地盤アンカーの品質を保証するための重要な項目の一つとして防せいがある．一般に本設地盤アンカーの場合は防せいが特に重要であり，二重防せいが規定されている．通常の仮設地盤アンカーでは特に防せいの配慮はされていないようであるが，2 年以上使用されるような仮設地盤アンカーや腐食性の強い土壌や地下水が存在する地盤では，適切な防せい処置が必要である．

簡易な防せい処置としては，自由長部については引張材をポリエチレンなどのシースで防護し，定着体は，引張材が適切な被り厚さのセメント系注入材で覆われていると，そのアルカリ性によって防せいが期待できるので，セントラライザーによって確実に被りを保持する必要がある．

地盤アンカーで最も発せいしやすい部位は，アンカー頭部である．支圧板の前面は防せい処置が容易であるが，その裏側の部分は適切な作業工程を計画しておく必要がある．半年から 1 年程度供用される仮設地盤アンカーでは，防せい処置を省略するケースもあるが，オイルを塗布するなどの簡易な処置でもある程度の防せい効果が期待できるので，供用期間が短い場合でも，アンカー頭部の露出した引張材にはこのような防せい処置を施しておくことが望ましい．

c. 地盤アンカーの定着地盤に求められる条件は，所定の引抜抵抗力が得られること，地盤アンカーの引張力によって定着体の変位が継続的に増大するいわゆるクリープ現象が生じないことである．本指針では，地盤アンカーの定着地盤として，N 値≧20 の砂質土地盤，N 値≧7（あるいは q_u≧200 kN/m²）の粘性土地盤とすることを原則としている．なお，仮設地盤アンカーの場合は，周辺環境条件や経済性・施工性を考慮すると，非常に深い位置にある堅固な地層よりも，浅い位置にある中位の強さの地層を定着地盤とすることがある．やむを得ずこのような地盤を定着地盤にする際には，地盤アンカーの引抜耐力を低減するか，地盤アンカーの引抜試験の実施，あるいは地盤強度の詳細調査などをして安全性を確認する必要がある．

— 96 —　建築地盤アンカー設計施工指針　解説

d．地盤アンカーの配置を検討するときに考慮すべき要素には，次のようなものがある．

　（ⅰ）　外力の大きさ

　（ⅱ）　外力の作用方向

　（ⅲ）　構造物の形状

　（ⅳ）　構造物の剛性

　（ⅴ）　定着地盤の位置（深さ）

　（ⅵ）　地盤アンカー相互の影響

　（ⅶ）　地盤アンカーの施工性

　（ⅷ）　構造物の施工性

　地盤アンカーの相互の影響とは，地盤アンカーの間隔が小さい場合における，施工時の隣接アンカーへの影響と引張力作用時に群アンカー効果が引抜耐力に与える影響である．施工時の隣接アンカーへの影響については，一般に1m程度以上離れていると大きな問題は発生していないといわれている．

　山留め構造物の場合は，通常（ⅰ）〜（ⅷ）の全てについて考慮する必要がある．例えば，外力の大きさと構造物の剛性から縦方向および横方向のアンカー間隔が決まるが，構造物の形状や施工性も考慮する必要がある．また，外力の作用方向，定着地盤の位置，地盤アンカーの施工性などからアンカーの鉛直傾角や水平角が決まってくる．

　山留め以外の仮設構造物でも山留め構造物と同様の検討が必要となるが，一般に，外力の作用方向と群アンカーとしての引抜耐力が大きな検討項目となることが多い．

e．山留めアンカーは，山留め壁の変形を抑制するため原則として地盤アンカー設置時に緊張力を導入する．導入緊張力の大きさは，目標とする山留め壁の変形量，設計アンカー力あるいは山留め壁の種類などから決定する．計算方法などにもよるが，導入緊張力は地盤アンカーに作用する最大荷重の50〜90％程度とすることが多い．また，軟弱地盤では地表面に近い地盤アンカーに過大な緊張力を導入すると，山留め壁が背面側に変形したり山留め壁に過大な応力が生じたりするおそれがあるので注意が必要である．

　山留めアンカーは斜めに打設される．その場合山留め壁には鉛直分力と水平分力が発生する．この鉛直分力によって山留め壁が沈下すれば，頭部定着具が緩んだり台座が外れるなどして山留め崩壊事故につながることもある．地盤アンカーを用いた山留めでは，山留め壁の鉛直支持力も考慮し，所定の支持力が期待できる地層に根入れする必要がある．

　ケーソンの沈設用として地盤アンカーを用いる場合は，地盤アンカーを反力としてケーソンに集中荷重を加えることになる．これらの力によって構造物に生じる応力に対して安全性を事前に検討し，必要に応じて構造体の補強をおこなう．

f．山留めアンカーの設計のための地盤調査で重要な事項は，定着地盤にかかわる調査（定着地盤の出現深さ，層厚および力学特性）と地下水にかかわる調査（自由水面，被圧水頭，地層の透水性）である．調査の範囲は，敷地内のみならず敷地外についても必要な場合がある．特に，傾斜地の場合は，定着地盤の深度や層厚，自由水面が敷地の内外で大きく異なることがあるので，敷

6章　仮設地盤アンカーの設計　— 97 —

地の内外ともに可能な限り調査をすることが望ましい．また，地下水が豊富で水圧が高い場合には，設計のみならず地盤アンカー施工時の遮水についても留意する必要がある．このような条件の地盤では，山留め壁として鋼製矢板壁，ソイルセメント壁，鉄筋コンクリート地中連続壁（以下，RC 地中壁という）などの遮水壁が用いられる．地盤アンカーの削孔により山留め壁の遮水性が損なわれる可能性があるとともに，孔壁の緩みや注入材の流失によって地盤アンカーの品質に影響を与える可能性もあるので，地下水調査に基づく止水方法の検討が重要である．また，砂礫地盤で伏流水がある場合にも注入材の流失の問題があるので，事前に地下水の状態を十分に把握しておくことが重要である．

　山留めに地盤アンカーを用いる場合，削孔する地盤周辺の地中埋設物や構造物の有無を慎重に調査し，確認された場合はそれらに有害な影響を与えないような地盤アンカーの施工が可能である方法を検討する．

　調査すべき周辺の埋設物や構造物には，以下のようなものがある．

（ⅰ）　地中埋設物：上下水道，ガス，電力・通信ケーブルなど
（ⅱ）　周辺構造物：地下室，基礎，杭，地下鉄，共同溝など

　地中埋設物や構造物に近接して地盤アンカーを施工する場合は，これらに有害な影響を与えないように，施工精度にも留意して配置する．特に，杭の支持地盤に定着体を設ける場合は，杭先端の根固め部（拡底されている場合もある）の大きさに注意して十分な離隔を確保する．

6.2　山留め用仮設地盤アンカーの設計

6.2.1　地盤アンカーで支持される山留めの設計

a. 地盤アンカーで支持される山留め壁および腹起し部材等の設計は本会「山留め設計指針」による．
b. 山留め壁は，自重，上載荷重および地盤アンカーの鉛直分力に対して十分な支持力を有するものとし，有害な沈下が生じないよう設計する．
c. 地盤アンカーを用いた山留め構造物においては，地盤アンカーを含んだ山留め背面の地盤全体の安定性ならびに側圧による力の釣合いや根切り底面の安定性について検討する．

a. 地盤アンカーで支持される山留めの基本的な設計フローを解説図 6.6 に示す．このうち，山留めの設計手順や山留め壁や腹起しなどの構造部材の設計および許容応力度については本会「山留め設計指針」（2017）によることとし，6.2 節では解説図 6.6 中の ☐ で囲った項目を中心に取り扱っている．しかしながら，地盤アンカーを用いた山留め特有の挙動もあるので，以下の点に留意する必要がある．

（ⅰ）　地盤アンカーの緊張力により山留め壁に軸力（鉛直力）が作用する
（ⅱ）　上下の腹起しで荷重の負担の仕方が異なる
（ⅲ）　上下のブラケットで負担する荷重の大きさが異なる

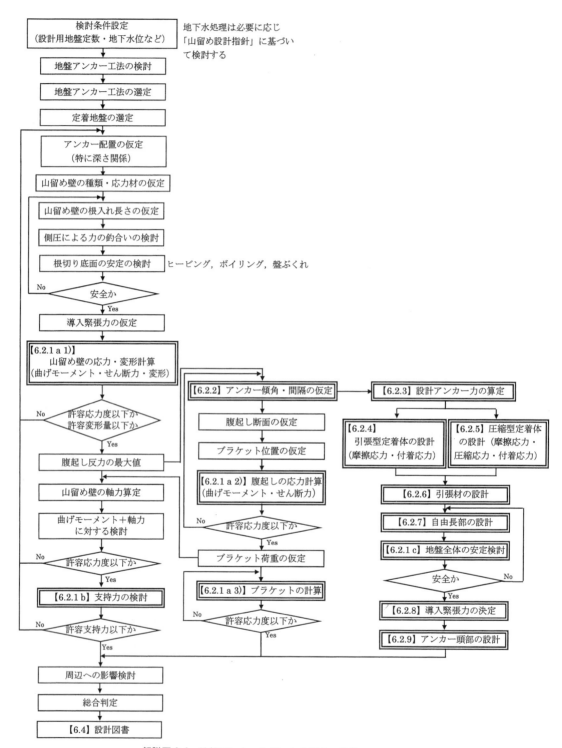

解説図 6.6 地盤アンカーを用いた山留めの設計フロー

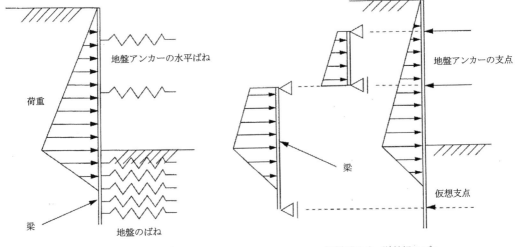

解説図 6.7　梁・ばねモデル　　　　解説図 6.8　単純梁モデル

1) 山留め壁の応力および変形

「山留め設計指針」(2017) では，支保工を有する一般の山留め壁の応力および変形の算定は，山留め壁を梁，地盤アンカーおよび地盤をばねと見なす「梁・ばねモデル」〔解説図 6.7 参照〕でおこなうことを推奨している．また，根切り深さが 15 m 程度の山留めに限り，山留め壁を支保工支点間で支持される単純梁に分割して扱う「単純梁モデル」〔解説図 6.8 参照〕でおこなってもよいとしている．地盤アンカーによる梁・ばねモデルは，地盤アンカーが斜めに設置されているが，水平方向のばねとして考慮することにより切梁による梁・ばねモデルと同様の荷重－変位関係として扱えるため，解説図 6.7 のように考えるのが合理的である．

(6.2.1) 式は，梁・ばねモデルの基本式で，梁の曲げに関する微分方程式である．支保工などの設置条件や境界条件を考慮して多元連立方程式の解を求めることで山留め壁の応力や変形を求めることができる．

$$EI\frac{d^4y}{dx^4} + Bk_h y = w \tag{6.2.1}$$

記号　E：山留め壁材料のヤング係数　(kN/m^2)
　　　I：単位幅あたりの山留め壁の断面 2 次モーメント　(m^4)
　　　y：山留め壁の水平変位　(m)
　　　x：深さ　(m)
　　　B：単位幅　(m)
　　　k_h：水平地盤反力係数　(kN/m^3)
　　　w：単位幅あたりの荷重　(kN/m)

なお，側圧の設定方法は 3.2 節（山留め壁に作用する側圧）を，水平地盤反力係数などの設計定数や境界条件については，「山留め設計指針」(2017) を参照されたい．

また，地盤アンカーの支保工としての水平ばね定数は，一般に (6.2.2) 式により求めている．

$$k = \frac{EA}{L_{ft}} \times \frac{1}{l_a} \cos^2 \theta_v \tag{6.2.2}$$

記号　k　：地盤アンカーの水平ばね定数　（kN/m²）

　　　E　：引張材の弾性係数　（kN/m²）

　　　A　：引張材の断面積　（m²）

　　　L_{ft}：引張材の自由長　（m）

　　　l_a　：アンカー間隔　（m）〔解説図 6.9 参照〕

　　　θ_v：アンカー傾角　（度）〔解説図 6.10 参照〕

　地盤アンカーを用いた山留め壁の特徴は，土圧・水圧による通常の曲げモーメント，せん断力に加えアンカーの緊張力によって軸力が加わることである．それらの点を考慮し山留め壁は，曲げモーメント，圧縮力およびせん断力に対して十分安全なものとする．

　ここで，引張材の自由長は，アンカー頭部からアンボンド加工された引張材長さとなる．なお，分散耐荷体方式での引張材の自由長は，耐荷体ごとの引張材の自由長の平均値とする．

2) 腹起しの応力

　地盤アンカーで支持される山留めの腹起しは，通常，H 形鋼を解説図 6.9 に示すように上下 2 本並べて用いられる．親杭横矢板壁で地盤アンカーを用いる場合は，図 6.10(a)に示すように腹起しと鋼製台座を組み立てる．また，RC 地中壁の場合は，解説図 6.10(b)に示すように腹起しを RC 地中壁に内蔵させてコンクリート製台座あるいは鋼製台座で直接支持することもある．

　腹起しは，水平方向（強軸方向）および鉛直方向（弱軸方向）に対して曲げモーメントおよびせん断力を受ける部材となるが，通常，上下の部材で応力の受け方が異なるので注意が必要である．

　ブラケット間の中央にアンカーが位置する場合，腹起しに発生する応力は次のようになる．

（ⅰ）水平方向（強軸方向）の断面力

$$M_h = \frac{1}{8} R l_a{}^2 \tag{6.2.3}$$

$$Q_h = \frac{1}{2} R l_a \tag{6.2.4}$$

（ⅱ）鉛直方向（弱軸方向）の断面力

$$P_v = R l_a \tan \theta_v \tag{6.2.5}$$

$$M_v = \frac{1}{4} P_v l_b = \frac{1}{4} R l_a l_b \tan \theta_v \tag{6.2.6}$$

$$Q_v = \frac{1}{2} P_v = \frac{1}{2} R l_a \tan \theta_v \tag{6.2.7}$$

記号　M_h：強軸方向曲げモーメント　（kN·m）

　　　Q_h：強軸方向せん断力　（kN）

　　　M_v：弱軸方向曲げモーメント　（kN·m）

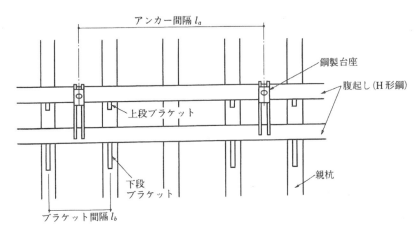

解説図 6.9 腹起しとブラケットの配置例

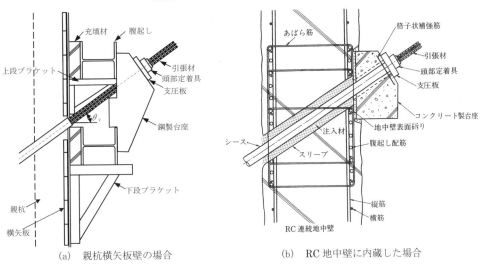

(a) 親杭横矢板壁の場合　　(b) RC 地中壁に内蔵した場合

解説図 6.10 腹起し，ブラケットおよび台座の例

- Q_v ：弱軸方向せん断力（kN）
- R　：腹起し反力（kN/m）
- l_a ：地盤アンカー間隔（m）〔解説図 6.9 参照〕
- l_b ：ブラケット間隔（m）〔解説図 6.9 参照〕
- θ_v ：アンカー傾角（度）〔解説図 6.10(a)参照〕
- P_v ：アンカー頭部金物に生ずる鉛直方向力（kN）

ここで，例えば水平方向の曲げモーメントが最大の位置は，解説図 6.9 の l_a の中央部であり，鉛直方向のそれは l_b の中央部というようにそれぞれの最大応力の位置がまったく異なるので，断面設計に関して応力の組合せを考慮する必要はない．強軸方向の応力については鉛直角が大きくなるほど上段の腹起しの負担が若干大きくなるが，上段と下段で同サイズのH形鋼（広幅）の腹起しの場合は，2本の腹起しが均等に負担すると考えても特に問題ないと考えられる．一方，弱

軸方向の応力については，鋼製台座を上段の腹起しと溶接等で接合しない限りは下段の腹起し1本だけで負担するようになる．さらに弱軸方向の曲げスパンは，解説図 6.9 からわかるようにブラケットとブラケットの間隔になるので，ブラケットは，地盤アンカーの両側のできるだけ近い山留め材に取り付けるのが望ましい．

3) ブラケットの検討

解説図 6.10(a)の場合，解説図 6.11 のようにブラケットに加わる力 Q_v' は Q_v に腹起し自重を加えて求めることができる．もちろん，ブラケット間の中央に地盤アンカーが位置していない場合は，アンカーとブラケットの距離の関係を用いてアンカーにより近いブラケットに作用する荷重を算定する．解説図 6.9 の上下段の腹起しブラケットの荷重分担は，上段ブラケットは上段腹起しの自重のみ，下段ブラケットはアンカー緊張力に伴う鉛直分力（せん断力）と下段腹起しの自重を分担するものとする．アンカー緊張力によって生ずるせん断力の流れを考えると，全荷重が腹起しの前側のフランジ位置に作用すると考えるのが安全側で望ましい〔解説図 6.11 参照〕．

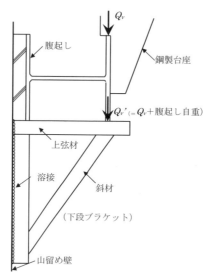

解説図 6.11 下段ブラケットに加わる荷重

三角ブラケットは，解説図 6.12 に示すように上弦材と斜材について部材設計をする．上弦材は，引張力を求めて部材算定をおこない，斜材は圧縮材なので座屈計算によって部材算定をおこなう．ただし，そのためには，山留め壁の精度を確保し，裏込め材を調整するなどして，上弦材と斜材の接合部にせん断力が作用する形状となっていなければならない．上弦材と斜材の接点から外れて上弦材にせん断力が作用するような形状の場合は，曲げモーメントとせん断力について検討する必要がある．

ブラケットの山留め壁への取付けは，通常，溶接でおこなわれている．この溶接部が，溶接条件の悪い現場溶接であることや曲げとせん断を同時に受けることを考えると，溶接の設計において溶接部の許容応力度を低減するなどして，安全を十分確保することが望まれる．

溶接の設計では，解説図 6.13 において以下の条件を満足するように溶接長およびサイズを決定

する．なお，溶接部の許容応力度は，本会「山留め設計指針」（2017）による．

$$\rho_M = M/Z \tag{6.2.8}$$

$$\rho_Q = Q_V'/A \tag{6.2.9}$$

$$\rho_{MQ} = \sqrt{\rho_M{}^2 + \rho_Q{}^2} \leqq f_W \tag{6.2.10}$$

記号　ρ_M　：曲げモーメントによって溶接部に生じる圧縮（または引張）応力度（kN/m²）

　　　M　：ブラケットの山留め壁側端部に加わる曲げモーメント（kN・m）

　　　Z　：溶接部の有効断面係数（m³）

　　　ρ_Q　：せん断力によって溶接部に生じるせん断応力度（kN/m²）

　　　Q_V'　：ブラケットに加わるせん断力（kN）

　　　A　：溶接部のせん断力を負担する有効断面積（m²）

　　　ρ_{MQ}：溶接部に生じる圧縮（または引張）応力度とせん断応力度の組合せ応力（kN/m²）

　　　f_W　：溶接部の許容応力度（kN/m²）

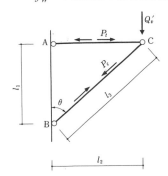

〔上弦材の応力〕

$$P_t = \frac{l_2}{l_1} Q_v' = Q_v' \tan\theta$$

（注）Q_v'が上弦材の中間に加わる場合は，曲げモーメントと引張力およびせん断力が作用する．

〔斜材の応力〕

$$P_c = Q_v'/\cos\theta$$

$l_k = l_3$　　（l_k：座屈長さ）

解説図 6.12　ブラケットの応力算定

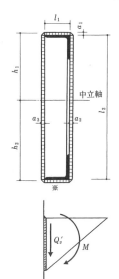

$Z_1 = \dfrac{I}{h_1}$（引張側），　$Z_2 = \dfrac{I}{h_2}$（圧縮側）

　　　l_1，l_2：有効長（cm）

　　a_1，a_2，a_3：のど厚（cm），

　　　　　　I：中立軸に対する断面二次モーメント

※・上向き溶接となり信頼性は落ちるが，圧縮力なので，
　　現場溶接でも可．
　・溶接は計算上安全なら両サイドだけでも可．

$$A = a_2 l_2 + a_3 l_2$$

解説図 6.13　溶接部の設計

b. 地盤アンカーで支持される山留め壁には，山留め壁の自重，腹起しやブラケットの自重のほか，地盤アンカーの緊張力の鉛直分力が作用する．地盤アンカーを用いた山留めでは，山留め壁の支持力の検討をおこない，これらの鉛直力によって有害な沈下が生じないように設計する必要がある．有害な沈下を生じさせないためには，山留め壁を堅固な層まで根入れし，十分な支持力を有するように設計する．山留めの場合，根切りの進行に伴って地盤アンカーが打設され，山留め壁に作用する鉛直力が増加し同時に根入れ長さが減少するため，解説図 6.14 のように床付け時における支持力の検討をおこなえばよい．

山留め壁の支持力は，地盤条件とともに，打込み工法，埋込み工法，場所打ち工法などの山留め壁の施工法が大きく影響するので，これらを考慮して検討する．

（ⅰ） 先端が砂質土の場合

$$R_a = \frac{1}{2}\left\{\alpha \overline{N} A_p + \left(\frac{10\overline{N}_s L_s}{3} + \frac{\overline{q}_u L_c}{2}\right)\psi\right\} \tag{6.2.11}$$

（ⅱ） 先端が粘性土の場合

$$R_a = \frac{1}{2}\left\{6\overline{c}_u A_p + \left(\frac{10\overline{N}_s L_s}{3} + \frac{\overline{q}_u L_c}{2}\right)\psi\right\} \tag{6.2.12}$$

記号　R_a ：山留め壁の許容支持力（kN/m または kN/本）

α ：山留め壁先端地盤の支持力係数

打込み工法系による山留め壁：α=300

埋込み工法系の山留め壁：α=200（ソイルセメント壁の場合　α=75）

場所打ち杭工法系の山留め壁：α=150

$\overline{N}$ ：山留め壁先端付近の平均 N 値（$N \leq 100$，$\overline{N} \leq 60$）

A_p ：単位幅あたりの山留め壁先端の有効断面積　（m²）〔図 6.15 参照〕

$\overline{N}_s$ ：根切り底から山留め壁先端までの地盤のうち，砂質土部分の平均 N 値　（$\overline{N}_s \leq 30$）

L_s ：根切り底以深で砂質土部分にある山留め壁の長さ　（m）

$\overline{q}_u$ ：根切り底から山留め壁先端までの地盤のうち，粘性土部分の平均一軸圧縮強さ（kN/m²）　（$\overline{q}_u \leq 200$kN/m²）

L_c ：根切り底以深で粘性土部分にある山留め壁の長さ　（m）

ψ ：単位幅あたりの山留め壁の周長（m）（地盤と接している部分．解説図 6.15 参照）

c_u ：山留め壁先端付近の粘性土の非排水せん断強さ（kN/m²）（$c_u = q_u/2$ としてもよい）

q_u ：山留め壁先端粘性土の一軸圧縮強さ　（kN/m²）

支持力に有効な断面積および周長を解説図 6.15 に示す．ソイルセメント壁の単位幅あたりの断面積は，解説図 6.15 (b)に示すハッチング部分とする．周長については，ソイルセメント壁と地盤の境界ではなく，解説図 6.15(b)に示すように，地盤の中でせん断破壊する場合を考慮するのが安全でよい．なお，ソイルセメント壁の支持力係数αは，本会「山留め設計指針」（2017）に準じて，埋込み工法系とは別に定めている．

ソイルセメント壁において，解説図 6.15 (b)のように全断面積が支持力に寄与するためには，応力材に作用している鉛直力をソイルセメントに十分に伝達する必要がある．応力材が極端に短い場合やソイルセメントの強度が著しく低い場合は，応力材表面での付着破壊あるいはソイルセメントでのせん断破壊が生じる可能性があるので，付着抵抗＋応力材先端の支圧抵抗，あるいは付着抵抗＋せん断抵抗＋応力材先端の支圧抵抗のいずれかが鉛直力を上回っていることを確認する必要がある．解説図 6.16 にソイルセメント壁で想定される破壊面の位置を示す．なお，応力材とソイルセメントの付着抵抗力は，ソイルセメントが充填され応力材と接した範囲であれば，根切り底面より上部についても有効と考えてよい．

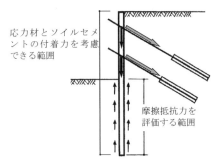

解説図 6.14 摩擦抵抗力を評価する範囲と付着力を考慮できる範囲

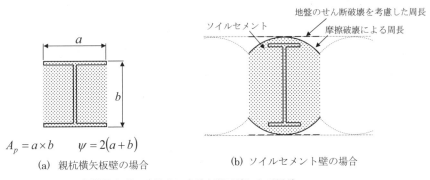

(a) 親杭横矢板壁の場合　　(b) ソイルセメント壁の場合

解説図 6.15 支持力に有効な断面積および周長

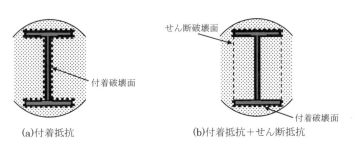

(a)付着抵抗　　(b)付着抵抗＋せん断抵抗

解説図 6.16 応力材とソイルセメントの破壊面の位置

c. 地盤アンカーを使用した山留め構造物は，地盤アンカー特有の安定と根切り底面の安定について検討しなければならない．

1) 地盤アンカーを含んだ山留め壁背面の地盤全体の安定検討

　山留めに用いる個々の地盤アンカーは，仮想主働すべり面の外の地盤に定着するのが原則であり，地盤アンカーや山留め壁は側圧に対して所定の安全率を持つよう設計している．一方，山留め架構全体の安定を考えた場合，地盤アンカーによって山留め壁と背面地盤を緊結することにより山留め壁と背面地盤が一体となって挙動し，上述の主働すべり面の外にすべり面が生ずる可能性もある．したがって，地盤アンカーを用いた山留めでは，主働すべり面の外側にもすべり面を想定し山留め壁背面の地盤全体の安定性について検討する必要がある．定着地盤や山留め壁の支持層が N 値 50 以上の砂層や土丹層の場合はあまり問題とならないが，定着地盤があまり堅固でない場合や背面地盤が砂層で地下水位が高い場合，あるいは山留めの平面が不整形で出隅がある場合などは慎重に検討する必要がある．

　主働すべり面の外側に生ずるすべり面の位置や形状を明確に予測することは難しいが，次のような形態の地盤破壊が生じる可能性がある．

　　（ⅰ）地盤アンカーを包含した地盤の外側で発生するすべり破壊

　　（ⅱ）複数の地盤アンカーが一体となって挙動しアンカー近傍の定着地盤内に発生するせん断
　　　　すべり破壊（以下，地盤内せん断すべりという）

　　（ⅲ）山留め壁とアンカー定着地盤間の地盤の圧縮破壊

　このうち，（ⅲ）は地盤を主働土圧に対して所定の安全率を持つように設計し，背面地盤が過度の受働状態になるような緊張力を導入しなければ破壊は生じないと考えられる．また，（ⅱ）は同一の定着地盤内に極めて密に地盤アンカーを設置した際に想定される特殊な破壊であり，通常の山留め用地盤アンカーの配置ではあまり問題とならない．したがって，通常の山留めでは（ⅰ）の破壊について検討すればよく，地盤アンカーを極めて密に配置する場合のみ（ⅱ）の検討が必要となる．これらの検討は，山留め架構が最も不安定な状態になると予測される床付け終了時についておこなう．以下に，（ⅰ），（ⅱ）に関する検討方法を示す．

（イ）　地盤アンカーを包含した地盤の外側で発生するすべりの検討

　地盤アンカーを包含した地盤の外側で発生する土塊全体のすべりの検討は，円弧すべりによる方法を用いる．この方法は，解説図 6.17 に示すように地盤の破壊面を地盤アンカー先端近傍ならびに床付け以深を通る円弧と仮定し，斜面の安定の検討と同様，円の中心を変えて種々のすべり面を考え，安全率（＝抵抗モーメント／滑動モーメント）が最小となる円弧すべりを求める．このとき，山留め壁や定着体の剛性とせん断抵抗は無視する．円弧すべりに対する安全率が 1.2 を下回る場合は，円弧の半径を大きくして改めて円の中心を変えて種々のすべり面を考えた検討をおこなう．なお，安全率 1.2 程度のすべり線は同一条件でも解説図 6.18 のように種々発生する．安全率は，円弧の中心位置が山留め壁に比較的近いときに最小となる場合もある．このことを踏まえて，円弧の中心位置は，山留め近傍に設定しすべり面を決めるのがよい．最後に，地盤アンカー先端を 1m 程度，求められた安全率 1.2 の円弧すべり面の外側となるように配置する．また，

山留め壁下端も想定された安全率 1.2 の円弧すべり面の外側に来るよう配置すれば，より安全な設計となる．

　(ロ)　地盤内せん断すべりの検討

　地盤内に発生するせん断すべりの破壊は，複数の地盤アンカーが一体となって挙動するいわゆる群アンカーの効果と密接に関係しあって発生すると考えられる．現在のところ山留めにおいて地盤内せん断すべりによる破壊例は顕在化しておらず，既往の研究でも山留めに使用した地盤アンカーの群アンカー効果も考慮した地盤内せん断すべり線は提案されていない．しかしながら，同一の定着地盤内に多くの地盤アンカーを設置した場合には想定しうる破壊であることから，このような場合に限ってすべり線を想定して検討をおこなうことが望ましい．この方法は円弧すべりの場合と同様二次元問題と考える．解説図 6.19 に示すように，定着部最深部から発生するすべり線を仮定し，すべり線上に発生するせん断抵抗の総和をその地盤アンカー配置における抵抗力と考え，この抵抗力と設計アンカー力との比を安全率とするものである．具体的な検討方法を付録 1 に示す．

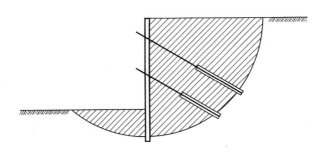

解説図 6.17　円弧すべり

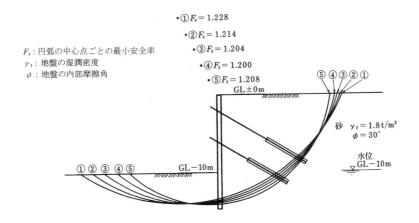

解説図 6.18　安全率 1.2 のすべり線

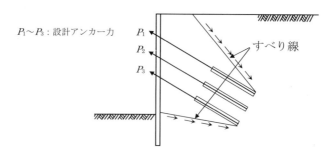

解説図 6.19 地盤内せん断すべり

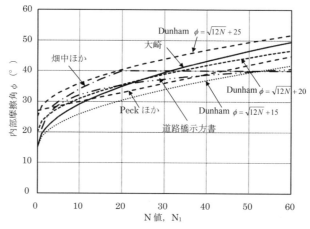

解説図 6.20 N 値と φ の関係（砂質土）

　これらの背面地盤の安定は，円弧すべり・地盤内せん断すべりいずれの場合とも地盤のせん断強度の評価が重要である．地盤のせん断強度は，本来乱さない試料を採取して直接せん断試験や三軸圧縮試験をおこなって決めるべきである．砂質土は乱さない試料の採取がかなり困難であることから，実際には標準貫入試験の N 値から内部摩擦角 φ の値を推定し，せん断強度を求めることとなる．N 値から φ を推定する式としては解説図 6.20 に示すように種々あり，同じ N 値でも推定式によって φ が異なっている．背面地盤の安定の検討は，山留めアンカーの最も重要な検討項

6章　仮設地盤アンカーの設計　— 109 —

目の一つであり，破壊を生じさせないための安全側の対応として，砂質土の N 値と φ の関係を解説表 6.1 のように定めた．なお，解説表 6.1 の N 値と φ の関係は図に示した N 値と φ の関係の下限に近い．

解説表 6.1　背面地盤の安定解析に用いる N 値と φ（砂質土）

N 値	10	15	20	25	30	35	40	45	50	55	60
φ（°）	26	28	30	32	34	36	38	40	42	44	45

2）　側圧による力の釣合いの検討

解説図 6.21 に示すような地盤アンカーなどの支保工が 1 段の山留めは，山留め壁背面側側圧と掘削側側圧による荷重のバランスが崩れることによって転倒の危険性が高くなりやすい．したがって，このような山留めにおいては，側圧による釣合いの検討をおこなって，十分に安全性が確保されていることを確認する．なお，具体的な検討方法については，本会「山留め設計指針」（2017）を参照されたい．

3）　根切り底面の安定検討

根切り底面では地盤の性状，地下水の状況に合わせ，ボイリングやヒービング，被圧地下水による盤ぶくれに対する安全性を検討する．具体的な検討方法については，本会「山留め設計指針」（2017）を参照されたい．

（ i ）　ボイリング〔解説図 6.22 参照〕

ボイリングは，砂質土地盤において遮水性の山留め壁を用いた場合，根切り場内の水位と山留め背面側の水位差によって，根切り底面の砂質土地盤に上向きの浸透流が生じ，この浸透力によって砂粒子が沸騰したような状態をいう．根切り底面の安定が失われ，山留めの崩壊へつながる恐れがある．

（ ii ）　ヒービング〔解説図 6.23 参照〕

ヒービングは，軟弱な粘性土地盤において，山留め壁背面の土塊の重量や山留め壁に近接した地表面荷重などにより，根切り底面に周囲の地盤がすべり面に沿って土が回り込んで盛り上がってくる現象である．

（iii）　盤ぶくれ〔解説図 6.24 参照〕

根切り底面の下に，粘性土や細粒分の多い細砂層のような難透水層があり，難透水層の下に被圧帯水層が存在し，被圧地下水の揚圧力が土被り圧より大きい場合に，根切り底面が持ち上がる現象を盤ぶくれという．盤ぶくれが発生すると，根切り底面が破壊し，山留め全体の崩壊につながる．地盤アンカーを使用した山留めでは山留め壁の支持力確保が通常の山留めよりさらに重要となるため，切梁を支保工とした通常の山留めに比べて安全率は少し余裕を持った値とするのが望ましい．

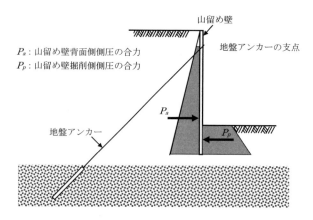

解説図 6.21 １段の地盤アンカーで支持された山留めにおける側圧とその合力

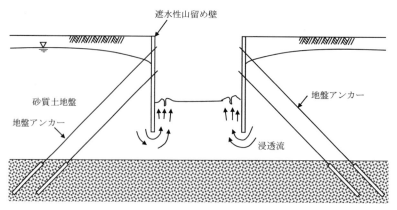

解説図 6.22 ボイリング

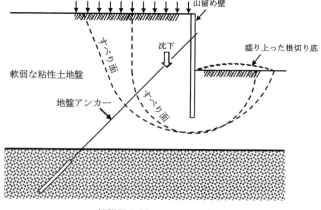

解説図 6.23 ヒービング

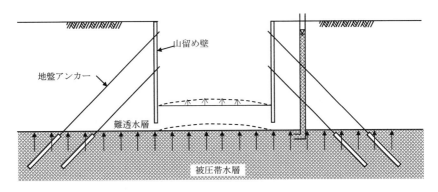

解説図 6.24 盤ぶくれ

6.2.2 地盤アンカーの配置

> 地盤アンカーの配置は，山留め壁の種類・強度，腹起しの強度および構造躯体の形状などに加え，山留め架構全体の安定性を考慮して決定する．

 山留めアンカーの配置は，以下に示す条件を考慮して決定する．
（ⅰ） 山留め壁の強度・剛性および種類
（ⅱ） 腹起しの強度および剛性
（ⅲ） 構造躯体の構築手順および地盤アンカー撤去計画
（ⅳ） 山留め架構全体の安定

 山留め壁としては，親杭横矢板壁・鋼製矢板壁・ソイルセメント壁・RC 地中壁などがある．これらの山留め壁は，通常深さ方向の梁として剛性を持つような形で使用されている．そこで，山留め壁の曲げ応力度およびせん断応力度が許容値以下となるように，変形量も考慮して地盤アンカーの鉛直方向の配置を決める必要がある．
 それに加えて，鉛直方向の配置に影響を与える要因としては，構造躯体の構築手順とアンカー頭部の撤去計画がある．解説図 6.25 に示すように山留め壁に接して構造躯体を構築する場合，腹起しとアンカー頭部が残っていると躯体構築の際に障害となる．そこで構造躯体（スラブ・梁・柱等）や打ち継ぎ部の鉄筋と腹起し（下段）が干渉しないように考慮し，コンクリートを打設後その上の腹起しとアンカー頭部を少なくとも一段は撤去できるように配置を決めるとよい．
 地盤アンカーの横方向の配置は，腹起しの強度・剛性，側圧の大きさを勘案し，地盤アンカー1本あたりの設計アンカー力が許容引張力かつ許容引抜抵抗力以下になるように計画する．加えて解説図 6.26 に示すように親杭横矢板壁やソイルセメント壁では H 形鋼の間隔の倍数に，鋼製矢板壁であるならば矢板幅の偶数倍になるように考慮する．また RC 地中壁で，腹起しを使用せずに地盤アンカーを直接壁に定着する場合は，エレメントどうしの応力伝達が十分でないため，エレメントごとにバランス良く配置する．

なお，地盤アンカーを非常に小さい間隔で配置すると地盤アンカー1本あたりの極限引抜抵抗力が影響を受けるといわれている．しかし，本指針では実験や過去の事例などから，地盤アンカー定着部の間隔を最も接近したところでも1m以上確保できるように配置することとした．

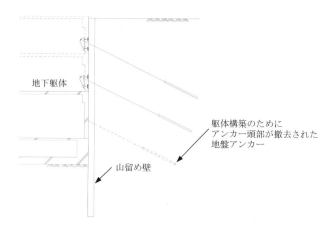

解説図 6.25 地盤アンカーの鉛直方向の配置例

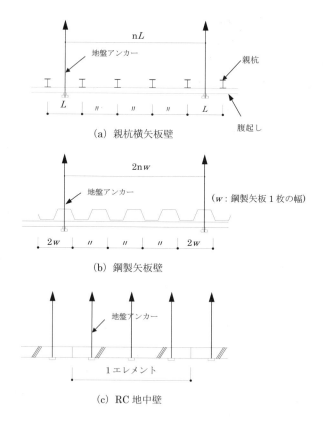

解説図 6.26 地盤アンカーの横方向の配置例

6.2.3 設計アンカー力の算定

> 設計アンカー力は，各施工段階を考慮した山留め設計で求められる支点反力の最大値と地盤アンカーの水平間隔およびアンカー角度から算定する．

設計アンカー力は，本会「山留め設計指針」（2017）に示されている山留め壁の計算法により求められる各施工段階（各掘削段階および各地盤アンカー撤去時）の支点反力の最大値を用いて算定する．主な山留め壁の計算法には，(1) 梁・ばねモデルによる方法と (2) 単純梁モデルによる方法がある．しかし比較的規模の小さな掘削（1〜2段地盤アンカーの場合）で，地盤条件も良く，周囲に掘削の影響が問題になる構造物がない場合には，解説図 6.27 に示すような通常 1/2 分割法や下方分担法といわれる方法で，側圧から支点反力を求めてもよい．ただし，地盤アンカーを2段配置した場合，2段目の地盤アンカー解体時に1段目の地盤アンカーの支点反力が最大となる場合があるので注意が必要である．

このようにして求めた腹起しに作用する最大支点反力に，切梁の場合と同じように地盤アンカーの水平間隔を乗じて地盤アンカー1本あたりの水平反力を算定する．さらに地盤アンカーの場合は，通常，山留壁に垂直でなくある傾きをもって打設されるので，その点も考慮する．

すなわち，この地盤アンカー1本あたりの水平反力を用いた設計アンカー力の算定は (6.2.13) 式による．

$$P_d = \frac{P_h}{\cos\theta_v \cos\theta_h} \qquad (6.2.13)$$

記号　P_d：設計アンカー力　(kN)
　　　P_h：地盤アンカー1本あたりの水平反力（$= R_i \times l_a$）　(kN)
　　　R_i：i 段の腹起し反力の最大値　(kN/m)
　　　l_a：アンカー水平間隔　(m)
　　　θ_v：鉛直傾角　(度)
　　　θ_h：水平角　(度)

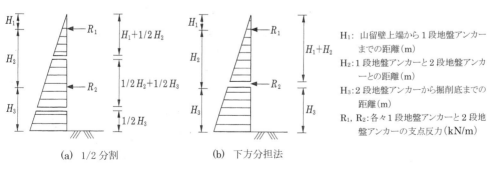

解説図 6.27　簡単な支点反力の求め方

6.2.4 引張型定着体の設計

a. 定着体と定着地盤との摩擦抵抗力から決定される定着体長は，次式を満足するように算定する．

$$L_a \geq \frac{5P_d}{3\pi D_a \tau_a} - 2 \quad (かつ 3m 以上) \tag{6.2.14}$$

記号　L_a：定着体長（m）
　　　P_d：設計アンカー力（kN）
　　　D_a：定着体径（m）
　　　τ_a：定着地盤の許容摩擦応力度（kN/m²）

b. 注入材と引張材の付着力によって決定される引張材付着長（定着体長）は，次式を満足するように算定する．

$$L_b \geq \frac{2P_d}{\phi \, \tau_{ba}} - 3 \quad (かつ 3m 以上) \tag{6.2.15}$$

記号　L_b：引張材付着長（m）
　　　P_d：設計アンカー力（kN）
　　　ϕ：引張材の有効付着周長（m）
　　　τ_{ba}：注入材の許容付着応力度（kN/m²）

a．アンカー頭部に作用する荷重は，引張材・注入材を経て定着地盤に伝達される．引張型定着体は引張材と注入材とで形成されており，引張材からの荷重は引張材と注入材との間の付着抵抗により注入材に伝達される．さらに注入材から定着地盤へは注入材と定着地盤との摩擦抵抗により荷重が伝達される．したがって，引張材と注入材・注入材と定着地盤のそれぞれの境界面において十分安全に設計するとともに，引張材に作用する荷重が引張材の許容引張力を上回らないように設計する．

　これらの荷重伝達について解説図6.28に示す．定着体は2.2節に従い土質試験結果および基本試験結果に基づき良質な地盤に定着させる．

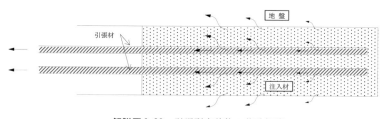

解説図6.28　引張型定着体の荷重伝達

　本指針では，地盤アンカーの施工において注入材を加圧注入するものとしており，造成された定着体と定着地盤との摩擦抵抗力から決定される定着体長は，(6.2.14) 式で算定する．

　ここで，解説図6.29に示すように定着体長と極限引抜抵抗力とは正比例していない．引張型定着体においては，摩擦抵抗は定着体の全長にわたって均等に発揮されるのではなく，解説図6.30

に示すように緊張力の増加にともないⅠ→Ⅱ→Ⅲのように分布形状が変化する．この過程は，摩擦応力度がその地盤固有の最大摩擦応力度を超えると一定の応力度（残留強度）まで低下し，摩擦応力度の最大となる点が定着体の先端方向へ次第に移行していく，いわゆる進行性破壊状況を示している．したがって，極限引抜抵抗力の大きさは必ずしも定着体長に比例して増加しないため，定着体長が増加するごとに極限引抜抵抗力の増分に関しては低減を考えることが必要となる．

解説図 6.31 は，極限引抜抵抗力に達した後，さらに引抜いた場合の荷重と変位との関係である．極限引抜抵抗力を過ぎた後，さらに定着体が変位すると引抜抵抗力は低下する．残留抵抗力は地盤条件，工法の違いなどにもよるが，従来の実験結果では砂質土地盤の場合，極限引抜抵抗力の50〜80％程度となるものが多い．

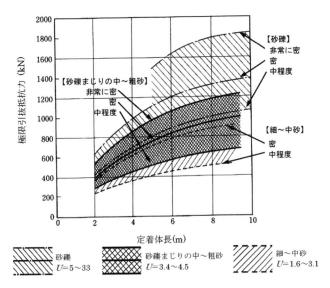

解説図 6.29 土の種類と定着体長との関係における非粘性土での極限引抜抵抗力
（定着体径 10〜15 cm，上載厚さ 4m，U：均等係数）[6.6]

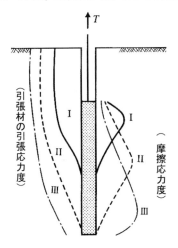

解説図 6.30 引張型定着体における摩擦応力分布[6.7]

以上の検討から，解説図 6.32 に示すとおり，定着体長が 3m を超えた上方の部分については許容摩擦応力度を 60%に低減することとし，(6.2.16) 式が導かれる．(6.2.16) 式を書き換えたものが(6.2.14)) 式である．

$$P_d \leqq \{3+0.6(L_a-3)\}\pi D_a \tau_a \tag{6.2.16}$$

定着体を複数の地層にわたって設けるような場合，各地層の力学的な性質に大きな差があるとおのおのの地層における引抜抵抗力は単純に足し合わせることができないと考えられるので，なるべく単一な地層に定着できるように地盤アンカー間隔を調整して作用する荷重を小さくする，あるいはアンカー長を調節するなどの対応が望ましい．

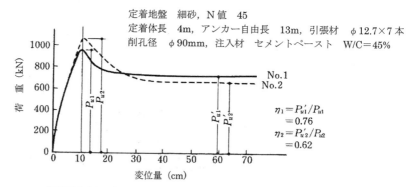

解説図 6.31 砂地盤における地盤アンカーの荷重と変位[6.8]

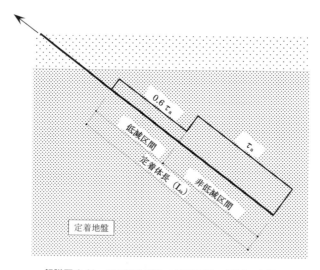

解説図 6.32 引張型定着体の摩擦抵抗の低減の方法

b. 引張型定着体の引張材と注入材の付着応力度は，定着体と定着地盤の摩擦と同様に，定着体全長にわたって均等に作用するわけではないので，定着長が 3m を超える部分について付着応力度の低減をおこない，(6.2.15) 式によって算定する．付着応力度のピーク値以降の荷重の低下の影響が摩擦応力度より大きいと考えられることから，許容付着応力度を 50%に低減して (6.2.17) 式

が導かれる．(6.2.17) 式を書き換えたものが (6.2.15) 式である．

$$P_d \leqq \{3+0.5(L_b-3)\}\phi\,\tau_{ba} \tag{6.2.17}$$

付着抵抗力（許容付着抵抗力）の大きさは有効付着面積によって異なり，有効付着面積は引張材の有効付着周長に付着長さを乗じて求められる．有効付着周長は引張材の種類，組み方によって異なり，異形 PC 鋼棒や多重より PC 鋼より線などでは標準径や公称径から算定した周長を用いるが，PC 鋼より線を複数本用いる場合は束ね組みか籠組みかの組み方の違いによって周長が異なる．解説表 6.2 に有効周長の取り方を示す．なお，付着抵抗を高めるために籠組みした PC 鋼より線を波形に組立加工した場合，通常は波の山の位置における断面で有効付着周長を計算している．付着抵抗を高める他の方法としては，スパイラル筋を使用したり，支圧効果を高めるためのナットを取り付けたりする方法がある．

解説表 6.2　有効付着周長の取り方

引張材の種類	組 み 方		有効付着周長
異形 PC 鋼棒 多重より PC 鋼より線	単 材		$\pi\,d$ d：公称径
PC 鋼より線	束ね組み		左図の破線の長さ
	籠 組 み		①②の小さい方 ①左図の破線の長さ ②単材周長の本数倍

6.2.5　圧縮型定着体の設計

a. 定着体と定着地盤との摩擦抵抗から決定される定着体長は，以下の式を満足するように算定する．

（ⅰ）分散耐荷体方式

部分定着体長は 1 m 以上 $(3+l)$ m 以下とし下式による．

$$L_{a(i)} \geqq \frac{\beta\,P_{d(i)}}{\pi D_a \tau_a} \tag{6.2.18}$$

ただし，定着体全長は 3 m 以上とする．

記号　l　：耐荷体長（m）

$L_{a(i)}$：i 番目の耐荷体に対する部分定着体長（m）

$P_{d(i)}$：i 番目の耐荷体に対する部分設計アンカー力（kN）

τ_a　：定着地盤の許容摩擦応力度（kN/m²）

D_a　：定着体径（m）

β　：耐荷体の配置に基づく定着体の荷重割増係数（表 6.1 による）

表 6.1 荷重割増係数 β の値

耐荷体名称	第1耐荷体	第2耐荷体	第3耐荷体	第4耐荷体	第5耐荷体
β の値	1.00	1.15	1.30	1.45	1.60

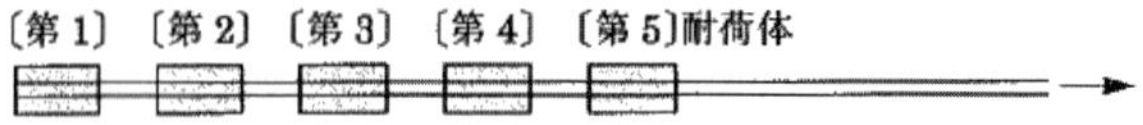

〔第1〕 〔第2〕 〔第3〕 〔第4〕 〔第5〕耐荷体

図 6.1 耐荷体名称

（ⅱ）単一耐荷体方式

  1）定着体長が $(3+l)$ m 以下の場合

$$L_a \geqq \frac{P_d}{\pi D_a \tau_a}$$
(6.2.19)

  2）定着体長が $(3+l)$ m を超える場合

$$L_a \geqq \frac{5P_d}{3\pi D_a \tau_a} - \frac{2}{3}(3+l)$$
(6.2.20)

  記号　l　：耐荷体長（m）

  L_a　：定着体長（m）

  P_d　：設計アンカー力（kN）

  D_a　：定着体径（m）

  τ_a　：定着地盤の許容摩擦応力度（kN/m²）

b. 分散耐荷体方式の定着体の注入材の圧縮応力に対する検討は，次式による.

$$f_a \geqq \frac{P_{d(i)}}{A_a}$$
(6.2.21)

  記号　f_a　：注入材の許容圧縮応力度（kN/m²）

  $P_{d(i)}$　：i 番目の耐荷体に対する部分設計アンカー力（kN）

  A_a　：定着体の設計有効断面積（m²）〔設計定着体断面積からアンボンド加工された引張材
の断面積（シース部含む）を除いた値〕

c. 単一耐荷体方式の注入材と耐荷体の付着応力より求められる耐荷体長は次式による.

$$l \geqq \frac{P_d}{\pi D_t \tau_{ba}}$$
(6.2.22)

  記号　l　：耐荷体長（m）

  P_d　：設計アンカー力（kN）

  D_t　：耐荷体径（m）

  τ_{ba}　：注入材の許容付着応力度（kN/m²）

　圧縮型定着体はアンカー頭部に作用する荷重が，引張材・耐荷体・注入材を経て定着地盤に伝達される〔解説図 6.33 参照〕が，このとき荷重は耐荷体から注入材（定着体）へ先端から押し上げる圧縮力として伝達される.

　建築の仮設地盤アンカーでは，供用後に引張材の撤去が容易な比較的短い耐荷体を数個連ねた分散耐荷体方式の地盤アンカーが用いられることが多くなっている．一方，本設の圧縮型定着体を用いた地盤アンカーには，剛性の大きな比較的長い1個の耐荷体による単一耐荷体方式の定

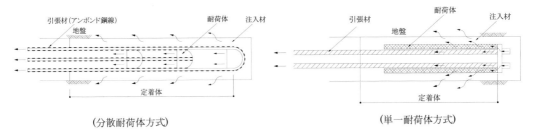

解説図 6.33 圧縮型定着体の荷重伝達概念図

着体の採用例も多い.

a. 圧縮型定着体の設計においても, 引張型定着体と同様に定着体長の増加に伴う極限引抜抵抗力増分の低減を考慮する〔6.2.4 項 a. 参照〕が, 圧縮型定着体には圧縮力として荷重が伝達されるため, 引張型定着体に比べて定着体の見かけの変形係数 (軸剛性) は大きくなることから, 定着地盤の許容摩擦応力度の低減 (60%) は, 3 m + 耐荷体長 (l) を超える下方の部分に対しておこなう〔解説図 6.34 参照〕. ただし, 定着体を複数の地層にわたって設ける場合の留意点は, 引張型定着体と同様である.

ⅰ) 分散耐荷体方式の耐荷体1個に対する定着体の長さ (部分定着体長 $L_{a(i)}$) は, 耐荷体長を l とし 1 m 以上かつ $(3+l)$ m 以下とする. この場合定着地盤の許容摩擦応力度の低減は考慮せず, 設計アンカー力 (部分設計アンカー力; $P_{d(i)}$) と $L_{a(i)}$ との関係は (6.2.23) 式になる. これを $L_{a(i)}$ について表したのが (6.2.18) 式である.

$$\beta P_{d(i)} \leqq \pi D_a \tau_a L_{a(i)} \qquad (1\mathrm{m} \leqq L_{a(i)} \leqq (3+l)\mathrm{m}) \tag{6.2.23}$$

ここで, β は耐荷体の配置に基づく定着体の荷重割増係数 (表 6.1) である.

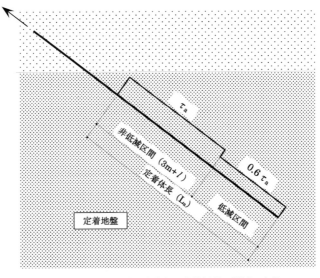

解説図 6.34 圧縮型定着体の摩擦抵抗の低減の方法

分散耐荷体方式の定着体の場合は，定着体の圧縮応力分布が概念的には解説図 6.35 のようになると考えられている．定着体の注入材の中にモールドゲージを埋め込んで定着体のひずみを実測した報告〔付録 2 参照〕によると，定着体周囲の地盤の剛性が岩盤のように大きければ，耐荷体支圧面側の注入材の圧縮ひずみは耐荷体から離れるに従って急激に減少し，上段の耐荷体の背後では引張ひずみが生じることがある．一方地盤の剛性が小さければ注入材の圧縮ひずみの減少が緩やかになり，圧縮ゾーンが上段の耐荷体部分まで達することがある．それぞれの概念図を解説図 6.36，6.37 に示す．

分散耐荷体方式の耐荷体は，耐荷体から注入材に伝達された応力が摩擦により周囲の地盤に伝達されて完全に 0 になるだけの間隔をとって配置することを原則とし，定着体ごとに分割して設計する．すなわち，各耐荷体に作用する力が周囲地盤の摩擦強度によって，完全に地盤に伝達できるだけの定着体長を各耐荷体の支圧面側に確保することを原則とする．ただし定着体は連続しており，設計上は下段定着体から上段定着体への伝達応力の影響に対する対策として定着体の配置が上段になるほど大きくなる荷重割増係数 β を考慮して安全を確保できるようにしている．

一般に分散耐荷体方式の 1 個の耐荷体には 1 対（2 本）の引張材（アンボンド PC 鋼より線）がセットされ，耐荷体 1 個に対する部分設計アンカー力は，通常は引張材の許容引張力によって決定される．

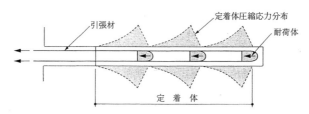

解説図 6.35 定着体応力分布の概念

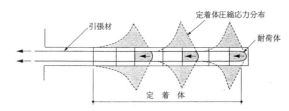

解説図 6.36 定着体応力分布の概念(定着地盤の剛性大)

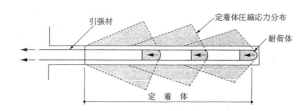

解説図 6.37 定着体応力分布の概念(定着地盤の剛性小)

その場合，耐荷体の部分設計アンカー力は，5.2節b.に示すPC鋼より線の許容引張力の2倍になる．また，耐荷体1個に対する定着体長は1m以上としているが，最小定着体長3mという本指針規定に従い，耐荷体が1個あるいは2個の場合で計算上定着体長の全長が3m未満になったとしても，定着体の全長は3m以上とする．

耐荷体の数は，6.2.3項により求まる設計アンカー力をこの耐荷体の部分設計アンカー力で除して算定する．ただし，耐荷体の数が多くなると，定着体の断面積に占めるシース部を含めた引張材の断面積が大きくなり，注入材の実質断面積が小さくなる〔解説表6.3参照〕．よって注入材の圧縮応力度が大きくなり圧壊の可能性も出てくるため，1本のアンカーの耐荷体の数は最大でも5個，できれば4個以下に抑えるのが望ましい．

なお，上記の耐荷体数の算定は，設計アンカー力が作用した場合に各耐荷体の引張材に作用する荷重が等しくなるということを前提にしている．ここで，分散耐荷体方式の定着体は図6.38に示すように耐荷体が分散して配置されるため，耐荷体ごとの引張材の長さが異なるという特徴がある．そのため各引張材を同時に引張る（同時緊張）と，引張材自由長の短い上段の耐荷体の引張材のひずみがより大きくなる．すなわち上段の耐荷体により多くの緊張力が導入され，その後の荷重増加に対しても上段の耐荷体に対する応力集中がより顕著になることになる．しかし，引張材自由長がある程度長い場合には，同時緊張を選択する場合もあるので，各耐荷体の部分設計アンカー力算定は，緊張・定着方法も考慮しておこなうものとする．すなわち同時緊張する場合は，設計アンカー力作用時に最も不利な最上段の耐荷体でも引張材の許容引張力以下となるように耐荷体を配置する必要がある．

緊張方法については，設計アンカー力作用時に各引張材の緊張力を均等にするような方法とするか，あるいは同時緊張をおこなうかを明確に指示することが大切である．

ⅱ）単一耐荷体方式の定着体では耐荷体長をlとすると定着体長（L_a）が$(3+l)$m以下の場合，設計アンカー力（P_d）と定着体長との関係は(6.2.24)式になり，これをL_aについて表したのが(6.2.19)式である．また定着体長が$(3+l)$mを超える場合は，許容摩擦応力度の低減を考慮して

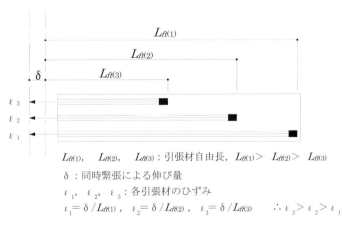

解説図6.38　同時緊張による各引張材のひずみ

設計アンカー力と定着体長との関係は (6.2.25) 式になる．これを L_a について表したのが (6.2.20) 式である．

$$P_d \leqq \pi D_a \tau_a L_a \qquad (L_a \leqq (3+l)\mathrm{m} \tag{6.2.24}$$

$$P_d \leqq \pi D_a \tau_a \{(3+l)+0.6(L_a-3-l)\} \qquad (L_a > (3+l)\mathrm{m} \tag{6.2.25}$$

b．分散耐荷体方式の定着体の注入材に発生する許容圧縮応力度は，i 番目の耐荷体に対する設計アンカー力（部分設計アンカー力）を，定着体の設計有効断面積（設計定着体断面積からアンボンド加工された PC 鋼より線のシース部の断面積〔解説表 6.3 参照〕を除いたもの）で除して (6.2.21) 式によって求める．

c．単一耐荷体方式の設計アンカー力 P_d は，定着体の外周面積に注入材の付着応力度を乗じて求められる．したがって，設計アンカー力と注入材の許容付着応力度の関係式は (6.2.26) 式によって与えられ，これを耐荷体長 l について表したのが (6.2.22) 式である．

$$P_d \leqq \pi D_t \tau_{ba} l \tag{6.2.26}$$

記号　P_d：設計アンカー力　（kN）

$\quad\quad l$：耐荷体長　（m）

$\quad\quad \tau_{ba}$：注入材の許容付着応力度　（kN/m²）

$\quad\quad D_t$：耐荷体径　（m）

解説表 6.3　アンボンド PC 鋼より線の断面積（シース部含む）

断　面　図	呼び名 (mm)	標準外径 (mm)	断面積 (mm²)
ポリエチレンシース　オイル　PC鋼より線	12.7	16.2	206.1
	15.2	18.7	274.6

6.2.6　引張材の設計

引張材の引張力は，許容引張力に対して安全であるように設計する．

山留めに使用する地盤アンカーの引張材の引張力は，5.2 節に示す許容引張力以下になるように設計する．緊張力導入時における初期緊張力は，導入緊張力にアンカー頭部の定着方法によるセットロス（定着時の緊張力の低下量）〔7.1 節参照〕を加えて算定する．セットロス算定におけるセット量の目安はくさび式で 2〜6 mm 程度である．ナット式のセット量はほぼ 0 であるためセットロスは無視してよい．

6.2.7 自由長部の設計

> 自由長部の引張材は，自由に伸縮できる構造とする．

　自由長部は，アンカー頭部の荷重が損失なく定着体に伝達されるように，引張材と注入材との間に生じる摩擦が極力小さくなるような構造とする必要がある．自由長部で引張材と注入材との間に過大な摩擦が生じると，次のような問題が発生することがある．
（i）　伸び量が小さくなるため，見かけ上のアンカー自由長が短くなり，引張材のリラクセーションや地盤のクリープなどによる緊張力の減少量が大きくなる．
（ii）　引張材と注入材との摩擦が定着後に徐々に小さくなっていくと，アンカーが支持する構造物に二次的な変形が生ずる．

　上記のような有害な摩擦抵抗を生じさせる要因には，引張材組立時の不具合によるシース内部への注入材の浸入や自由長部の曲がり，あるいは自由長部シースの曲がり・圧迫など施工に起因するものが多い．設計的には上記要因が生じにくい引張材の構造・納まりに留意する必要がある．なお，摩擦抵抗が少ないと考えられているアンボンド PC 鋼より線の摩擦試験結果の例を解説図 6.39 に示すが，摩擦係数 λ は概ね 0.004 以下になっている．

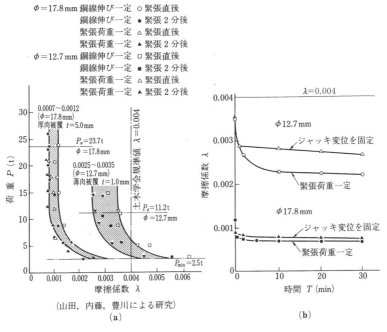

解説図 6.39　アンボンド PC 鋼より線の摩擦試験結果[6.9]

— 124 — 建築地盤アンカー設計施工指針　解説

6.2.8　導入緊張力の決定

導入緊張力は，設計アンカー力を基に供用期間のアンカー緊張力を考慮して決定する．

　山留めに使用する地盤アンカーは，山留め壁の変形量を小さく抑えるため地盤アンカー定着時に緊張力を導入することが原則となる．導入緊張力は，山留め壁の応力，背面地盤の状況ならびに周辺の環境条件を考慮して山留め壁に許容される変形量を設定した後，地盤アンカーの供用期間における緊張力が設計アンカー力を超えないように決定する．山留め設計時にプレロード荷重を設定して解析をおこなっている場合はその荷重を導入すればよく，その他の設計による場合は水圧相当あるいは設計アンカー力の50〜90％とすることが多い．山留め壁の変形やアンカーの緊張力は緊張・定着後の根切り工事の進捗に伴って増加するが，導入緊張力を小さめに設定した場合は山留め壁の変形増加がより大きくなること，また，大きめに設定した場合は緊張力が増加して設計アンカー力を超えるおそれもあるため許容引張力に余裕を持たせること，などに留意する必要がある．状況によっては，再緊張により緊張力の増減ができるシステムにしておくことが望ましい．

　最適な導入緊張力は山留め壁の変形量ならびに応力を最小とする値であるが，側圧設定および地盤定数評価の精度の問題や，山留め架構の応力状態が工事の進展に伴って複雑に変化することなどから，地盤アンカーの緊張力の変化を正確に予測するのは困難である．もし，同種の工事での実測値が参照できる場合には，そのデータを参考に山留めの応力ならびに変形解析をおこない，緊張力導入時の山留め壁の過度な押し込みや緊張力不足による山留め壁の大きなはらみ出しが生じないように導入緊張力を決めると良い．

6.2.9　アンカー頭部の設計

a. アンカー頭部に使用する定着部材は，その品質および性能が保証されたものとする．
b. アンカー頭部は，構造物に無理なく荷重を伝達できる構造とする．
c. アンカー頭部の防せい方法は，地盤アンカーの供用期間を通じて有効なものとする．

a. 地盤アンカーの緊張・定着はポストテンション方式における頭部定着具を使用しておこなう．ポストテンション方式における頭部定着具は，構造物の安全性を確保するために十分信頼できるものとして，本会「プレストレストコンクリート設計施工規準・同解説」（1998）に準じた．同規準の付録3には，同規準に適用されるもので，日本建築センターの評定を受けた定着工法について，定着具ごとに概要が示されている．なお，同規準13条では，定着具および接合具に要求される性能について，定着具および接合具はPC鋼材の規格引張荷重の95％以上に耐えなければならないと規定している．この規定は，定着具の試験の安全上規格引張荷重の95％までしか荷重を

6章　仮設地盤アンカーの設計　— 125 —

加えられないという実情を考慮したことによる．定着具は本来 100%の荷重に耐えられるべきもので 95%の荷重に耐えればよいという意味ではないことを認識しておく必要がある．

b．地盤アンカーの緊張力は台座を介して構造物に伝達されるが，引張材や台座に曲げなどの無理な力が作用しないように，支圧板とアンカー軸が直角になるよう注意する．

　台座の種類は，4.4 節の解説図 4.6 に示すようなものがある．

　台座にコンクリート製のものを使用する場合，コンクリートには支圧応力が働くのでこれに対して安全なように，支圧板の大きさ，コンクリートの圧縮強度，帯筋の配置などを決定する．これらの検討は，本会「プレストレストコンクリート設計施工規準・同解説」（1998）に従っておこなう．従来，設計基準強度が 30 N/mm² 以上のコンクリートを対象に用いられていた定着装置を，設計基準強度が 30 N/mm² 以下のコンクリートに適用する場合の安全性を確認する実験手法および判定基準が，同規準の付録 6.1 に示されている．さらに，鉛直方向の力が働くことによるコンクリートブロックのすべりについても検討しておく必要がある．

　一方，鋼製台座の場合，鋼板を溶接するなどして製作する場合と鋳物によって製作する場合とがあり，前者は親杭横矢板壁などの場合に，後者は RC 地中壁に用いられる．鋼板を溶接するなどして製作する場合，解説図 6.10(a)に示すように山留め壁に取り付けられるが，下段ブラケットには腹起しなどの自重に加えて地盤アンカーの鉛直分力が働くので，6.2.1 項を参考にして溶接長の検討を十分におこなわなければならない．最近では既製の鋼製台座が市販されるようになっているが，異常な変形を生じないように断面を検討し，必要に応じてスチフナーなどにより補強する．鋳物製の台座を使用する場合には，実験などにより安全性の確認されたものを使用する．

　施工された地盤アンカーの確認試験において設計アンカー力以上の荷重が作用する場合には，荷重を受ける構造物やアンカー頭部が破壊しないように注意する．腹起しの検討法については 6.2.1 項を参照されたい．

c．アンカー頭部が腐食すると引張材の断面が減少し，地盤アンカーに導入されている荷重を保持できなくなる．このため，仮設地盤アンカーにおいても地盤アンカーの供用期間にわたって十分に機能を発揮できるように，必要な防せいの計画をおこなっておく．具体的な方法は，8 章による．

6.3　その他の仮設地盤アンカーの設計

> 　載荷試験杭の反力，ケーソンの沈設などに使用する地盤アンカーは，その使用される状況に応じて安全率を決定する．

　地盤アンカーは，比較的小さな断面で大きな引張力に抵抗できるという特性を活かして，杭の鉛直載荷試験の反力やケーソン沈設の反力などとしても使用される．これらの目的で使用する地盤アンカーは山留めに使用される場合と使用状況が異なっており，下記に示すような理由から安

全率や設計アンカー力を適切に決定することが大切である.

（ⅰ）　載荷試験やケーソン沈設では載荷と除荷の繰返し荷重を受ける

（ⅱ）　多数の地盤アンカーを使用する場合，荷重が均等に作用しないことが考えられる

（ⅲ）　ケーソン沈設においては先端部抵抗のばらつきや偏り，あるいはケーソンが一様に沈設しないことがある．また，施工が進展し硬質の地層に沈設していく際には押し込み力が不足する可能性がある.

なお，杭の載荷試験の反力として用いる地盤アンカーは，試験杭との間隔を試験杭最大径の 3 倍以上かつ 1.5 m 以上とするなど 6.10)，試験杭に影響を与えないような配置・施工とする．また，地盤アンカーの最大荷重時における変形量を確認し，載荷用ジャッキはストロークの大きい機種を用いるとともに，地盤アンカーに前もって緊張力を与えておき，最大変形量を低減することも大切である.

6.4　設計図書

> 設計図書には，仮設地盤アンカーの工法種別，定着地盤，地盤アンカーの諸元と配置，試験の種類と方法などについて記載する.

仮設地盤アンカーが十分な性能を発揮するためには，地盤アンカーの設計と施工とが一貫性を持っていることが大切である．地盤アンカーの設計の考え方を施工者に伝えるのが設計図書である．したがって，設計図書にはこれから施工しようとする地盤アンカーに関する情報が適切に盛り込まれている必要がある．設計図書に記載する事項は，以下のようなものである.

（ⅰ）　地盤アンカーの工法種別

　　　工法の名称，アンカー頭部定着工法の名称，施工方法など

（ⅱ）　地盤アンカー配置図

　　　平面図，断面図，敷地境界との関係など

（ⅲ）　定着地盤と地下水

　　　定着地盤の土質，N 値，一軸圧縮強さ，地質年代，地下水位，地下水流など

（ⅳ）　地盤アンカーの試験

　　　試験の種類，試験方法，試験本数，試験の実施時期など

（ⅴ）　地盤アンカーの仕様

　　　地盤アンカー種別（呼び名），設計アンカー力，引抜抵抗力，アンカー角度，削孔径，削孔長，アンカー長，アンカー自由長，定着体長，導入緊張力など

（ⅵ）　地盤アンカー各部の使用材料

　　　地盤アンカー各部の仕様，規格など

（ⅶ）　注入材

セメントの種類，調合，所要強度（設計基準強度，初期緊張力作用時の強度）など

（ⅷ）　その他

アンカー頭部の処理方法，計測管理をおこなう場合の方法や期間など

参 考 文 献

6.1)　Peck, R.B., Hanson, W.E. & Thornburn, T.H. : Fundation Engineering, John Wiley & Sons, 1953

6.2)　Dunham, J.W. : Pile Foundation for Buildings. Proc.of ASCE, Journal of the Soil Mech. and Found Div. Vol.80.SM1, pp.1-21, 1954

6.3)　大崎順彦ほか：東京地盤図，技報堂，1959

6.4)　畑中宗憲，内田明彦，加倉井正昭，青木雅路：砂質地盤の内部摩擦角 φ_d と標準貫入試験の N 値の関係についての一考察，日本建築学会構造系論文集，第 506 号，pp.125-129，1998.4

6.5)　日本道路協会編：道路橋示方書・同解説，Ⅳ 下部構造編，2012

6.6)　Ostermayer and Scheele : Reseach on Ground Anchors in Non－cohesive Soils, 9th International Conference Soil Mechanics and Foundation Engineering,in Proceeding of Speciality session No.4, Tokyo, 1977

6.7)　地盤工学会：グラウンドアンカー設計・施工基準，同解説，2012

6.8)　山田邦光：土留めアンカー工法　設計・施工，理工図書，1979

6.9)　山田邦光：最新の斜面安定工法　設計・施工，理工図書，1982

6.10)　地盤工学会：杭の載荷試験方法・同解説（第一回改訂版），2002

7章　本設地盤アンカーの設計

7.1　基本事項

a. 本設地盤アンカーは，その性能および耐久性の信頼できる構造および工法を選定するものとする．また，構造物の計画および施工法は，地盤アンカーを用いることを考慮した適切なものとする．

b. 本設地盤アンカーの計画にあたっては，必要に応じて地盤調査を追加する．また，原則として採用する地盤アンカーの当該敷地における引抜試験を実施する．

c. 本設地盤アンカーは，構造物を供用期間において安定させ，かつ有害な沈下・傾斜などを起こさないように設計する．

d. 本設地盤アンカーは，供用期間，腐食条件，構造物の用途に応じて適切な防せい処置をおこなえる工法を選定する．

e. 本設地盤アンカーに導入する初期緊張力は，セットロス，リラクセーション，クリープ，基礎の沈下などの影響を考慮して決定する．

a. 本設地盤アンカーは，性能および耐久性が信頼できる構造および工法を選定する．本設地盤アンカーは，6章の仮設地盤アンカーに比べて，引張材の防せい上，部材構成が複雑となり高度な施工技術が必要となる．特に定着体における注入材のかぶり厚さが確実に確保される工法でなければならない．

　構造物の構造計画，施工計画においても，地盤アンカーを使用することを考慮し，地盤アンカーの施工手順や基礎杭の選定などを適切なものとする．例えば，浮力が作用する構造物の場合，一般に地下水位を低下させて施工がおこなわれるが，その状態で地盤アンカーを緊張定着する場合と地下水位回復後に緊張定着する場合が考えられる．基礎スラブ，基礎梁等の設計は，前者の場合は地盤アンカーの緊張力および浮力の両者を考慮した設計のみでよいが，後者の場合は地盤アンカーの緊張力および浮力の両者を考慮した設計に加えて，浮力のみを考慮した設計が必要となる．杭基礎の場合，杭の沈下により地盤アンカーの有効緊張力の低下が通常より大きくなることも考えられるので，スライム処理が確実におこなえる適切な杭工法を選定する必要がある．また，地下外壁に地盤アンカーを用い山留めアンカーと兼用した場合は，施工段階ごとに構造体の応力や地盤アンカーの緊張力は変動するので，各施工段階においても安全性の確認をおこなう必要がある．

b. 本設地盤アンカー設計のための地盤情報は，通常おこなわれる地盤調査では不十分な場合がある．以下の場合は地盤調査を追加する必要がある．

（ⅰ）定着地盤の力学的性質や層厚が不明で定着地盤としての可否判断ができない．

（ⅱ）介在する粘性土の長期的な地盤特性（クリープ，圧密など）が把握されていない．

（ⅲ）注入材への化学的侵食が懸念される.

（ⅳ）丘陵地や崖地で，地盤構成や層序が不明確である.

　本設地盤アンカーの場合，設計に用いる定着地盤の許容摩擦応力度は5.5節に示したように，原則として当該敷地における引抜試験によって定める．また，リラクセーションやクリープなどの影響を考慮する必要があると判断される場合は長期引張試験を実施する.

c. 本設地盤アンカーは仮設地盤アンカーと比較して供用期間が長いということが最大の相違点であり，このため，設計上も次のような相違点が生ずる.

　（ⅰ）　長期安定性の検討が必要である.

　（ⅱ）　安全率を大きくとる.

　（ⅲ）　引張材の再緊張を考慮することがある.

　本設地盤アンカーの設計は，7.2節，7.3節に従っておこなう．本設地盤アンカーでは基礎構造などとの組合せにおいて，力の流れが明確な構造計画とすることが望ましい．地盤アンカーの引抜耐力は，原則として引張材の強度によって決まるように極限引抜抵抗力，および極限付着抵抗力がつねに引張材の規格引張荷重を上回るようにする.

$$T_u > T_{su} \tag{7.1.1}$$

　　記号　T_u：引抜耐力，T_{ug}とT_{ub}の小さい方で決まる値

　　　　　T_{ug}：極限引抜抵抗力

　　　　　T_{ub}：極限付着抵抗力

　　　　　T_{su}：引張材の規格引張荷重

　本設地盤アンカーは，原則としてその全数が敷地内に納まっていることとする．地盤アンカーを含む地盤全体の安定検討は敷地外となる抵抗成分を考慮しない〔7.2.7項参照〕．また，将来，本設地盤アンカーに近接して構造物を設計する場合は，地盤アンカー自体に干渉しないこと，地盤全体の安定検討で考慮した土塊重量やせん断抵抗を確保することに留意する必要がある.

d. 本設地盤アンカーは仮設地盤アンカーと比較して供用期間が長いため，引張材の腐食に対して確実な防せい処置が必要である．地盤アンカーの引張材は一般にPC鋼より線，PC鋼棒などのPC鋼材が用いられ，アンカー頭部の定着具にも鋼材が用いられている．供用期間中にこれらの鋼材が腐食すると地盤アンカーの性能を保証できない．したがって，設計者は，供用期間，当該地盤における腐食条件，構造物の用途を考慮して防せい方法に留意した工法を選定する．鋼材の腐食には，地下水との接触や迷走電流あるいはpH値に代表される地盤の化学的特性等により，埋設部分の引張材に生ずるPC鋼材の腐食と，大気中の水分などによるアンカー頭部の腐食がある.

　本設地盤アンカーの防せい処置は，引張材を二重以上の材料で保護することとする．アンカー頭部，自由長部，定着体の各部において防せい処置をおこなう．防せい方法の例を解説図7.1に示す.

1）アンカー頭部

　アンカー頭部の防せいは，一般的に頭部キャップ内に防せい油を充填する方法が用いられる.

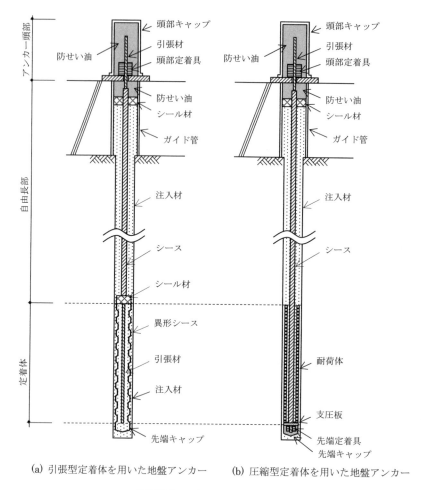

(a) 引張型定着体を用いた地盤アンカー　　(b) 圧縮型定着体を用いた地盤アンカー

解説図 7.1　防せい方法の例

頭部キャップ内が高温になると予想される場合，高融点の防せい油を用いる配慮が必要である．再緊張が必要な地盤アンカーでは防せい油を充填した頭部キャップを取り外せる構造を用いる．また，再緊張の必要のない場合や構造物の中にアンカー頭部が埋め込まれてしまう場合も，頭部キャップをかぶせて防せい油を充填し，頭部キャップの外側をコンクリート等により被覆する．

　アンカー頭部と自由長部の防せいは，異なる施工段階でおこなわれるが，両者の接続部における防せいは重要であり，防せい油あるいは注入材等を用いて確実に防せいをおこなう必要がある．

2) 自由長部

　自由長部の防せい方法は，アンカー頭部から定着体への荷重の伝達を阻害するものであってはならない．したがって，引張材には摩擦低減と防せい効果を兼ねる方法として，シース内に防せい油が充填されたアンボンド PC 鋼より線〔解説図 4.8 参照〕が用いられることが多い．また，引張型定着体を用いた地盤アンカーの場合は，定着体におけるシースを自由長部まで延長する場合が多い．シースの材料には，加圧注入や引張材挿入時に破損したり著しい変形が生じない材料

（ポリエチレン製等）が用いられる.

3）定着体

　引張型定着体を用いた地盤アンカーの注入材には引張ひび割れを生ずる可能性がある.発生したひび割れが表面から引張材にまで到達した場合には,ひび割れを通して地下水が進入し内部の引張材を腐食させることになる.この注入材のひび割れの貫通を防ぐために注入材を異形シースで覆う方法が採られている.異形シースの材料には,注入材に発生する応力・変形に対して追従性があり,化学腐食を起こさず,かつ施工性をも満足する材料（プラスチック製,亜鉛めっき鋼製,ステンレス鋼製等）が用いられる.また,シース材が注入材を拘束することにより,ひび割れ防止や付着強度の上昇などにも効果がある.一方,圧縮型定着体を用いた地盤アンカーの場合には引張ひび割れの発生はないが,支圧板近傍に引張りによるひび割れが生じる可能性があるので,先端キャップ内にモルタルまたは防せい油を充填して防せいする方法が用いられる.

e.緊張力の低下する主な要因を以下に示す.設計者は地盤アンカー設計時にこれらの値を考慮して初期緊張力を決定する.

1）セットロス

　アンカー頭部の定着において,引張材とくさびまたはナットが一体となって頭部定着具として固定される際に引張材に縮みが生じて,緊張力の低下が生じる.この引張材の縮み量をセット量と呼び,緊張力の低下量をセットロスと呼ぶ.本設地盤アンカーの緊張・定着において,工法ごとに信頼できる実績に基づいてセット量を設定して緊張力の低下量を検討する.

2）PC 鋼材のリラクセーション

　PC 鋼材のリラクセーション量は,本会「プレストレストコンクリート設計施工規準・同解説」(1998) [7.1]第 57 条表 4 に示された値（解説表 7.1）を用いて計算する.表に示された値はコンクリート中での PC 鋼材のリラクセーション値として諸外国の規格例や,従来の実績,設計の簡略化を考慮して決定した値である.そのため,JIS に規定された鋼材の品質検査としておこなわれるリラクセーション値とは異なる.

解説表 7.1　PC 鋼材のリラクセーション係数 [7.1]

PC 鋼材の種類	リラクセーション係数
PC 鋼線・異形 PC 鋼線	5%
PC 鋼より線	5%
PC 鋼棒・異形 PC 鋼棒	3%
低リラクセーション PC 鋼線および PC 鋼より線	1.5%

3）定着体および地盤のクリープ

　引張材の引張荷重は,定着体と地盤との摩擦抵抗力によって,定着体から周辺地盤に伝えられる.この荷重が作用し続けることによって,時間の経過とともに定着体の注入材および周辺地盤

にクリープ変形を生ずる．定着体および地盤にクリープが懸念される場合は，長期引張試験により クリープ性状を調べ，定着地盤としての適否を検討する．長期引張試験では，PC鋼材のリラクセーション，定着体，周辺地盤の変形など，さまざまな要因が含まれており，これらを分離してクリープ量を求めるのは難しいため，地盤アンカー全体としての緊張力低下度合いを評価する．特に緊張力の低下が問題となる場合には，再緊張などの対策について事前に考慮する．

4）基礎の沈下

地盤アンカーで支持された構造物の基礎底面が沈下（即時沈下，圧密沈下）すると緊張力低下の原因となるので，地盤アンカーの緊張・定着後の構造物の沈下を検討する必要がある．たとえば，地盤アンカーの緊張・定着後，上部構造体の構築をおこなう場合，構造体の重量により基礎の沈下が生じて緊張力が低下する可能性がある．その場合は施工過程を考慮した検討をおこない，導入緊張力を高めに設定して所定の有効緊張力を確保するか，施工手順の変更，再緊張などの対策を検討する．なお，地盤アンカー緊張による地盤の変形は，基礎底面と定着体の間について検討する．

7.2 本設鉛直地盤アンカーの設計

7.2.1 基本方針

> a．本設鉛直地盤アンカーは，供用期間において十分安全に機能を発揮できるように設計する．
> b．本設鉛直地盤アンカーの設計は，地盤調査および基本試験，定着体および引張材の設計，地盤アンカーを含む地盤全体の安定検討，頭部および構造体の設計の手順でおこなう．

a．本設鉛直地盤アンカーの主な使用目的の概念図を解説図7.2に示す．主な使用目的には，水圧

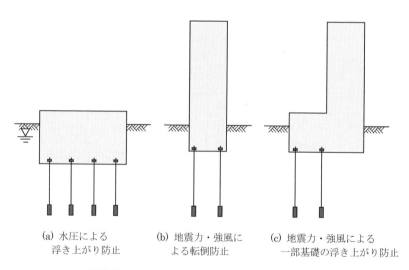

解説図7.2 本設鉛直地盤アンカーの主な使用目的

による構造物の浮き上がり防止（解説図 7.2(a)），地震力・強風による構造物の転倒防止（解説図 7.2(b)）および浮き上がり防止（解説図 7.2(c)）などがある．浮き上がり防止の目的で使用する鉛直地盤アンカーでも全体的な浮き上がりに抵抗させるものや部分的な浮き上がりに抵抗させるもの，また，転倒防止目的でも短期荷重に対するものや長期荷重に対するものなどその用途は多岐にわたる．本設鉛直地盤アンカーは，構造物の供用期間において十分安全に機能を発揮できるように設計する．

本設鉛直地盤アンカーの設計時の検討項目を解説図 7.3 に示す．個々の地盤アンカーの設計に加えて，地盤アンカー緊張に伴う構造体への影響検討と地盤全体の安定検討をおこなう必要がある．

本指針において，常時および中小地震時の引抜力に対しては基礎と地盤に離間が生じないことが望ましい．また，大地震時の引抜力に対しては，部分的な浮き上がりあるいは過大とならない浮き上がりは許容してよいと考える．基礎の離間を許容して設計する場合には地盤，地盤アンカー，基礎梁等の剛性を適切に評価し離間後の増加緊張力に対して，地盤アンカーの引張材や杭・基礎梁などの構造体が十分安全であることを確認する必要がある．また，設計アンカー力よりも小さい導入緊張力で地盤アンカーを定着する際には，緊張力の低下に伴ってアンカー頭部のくさ

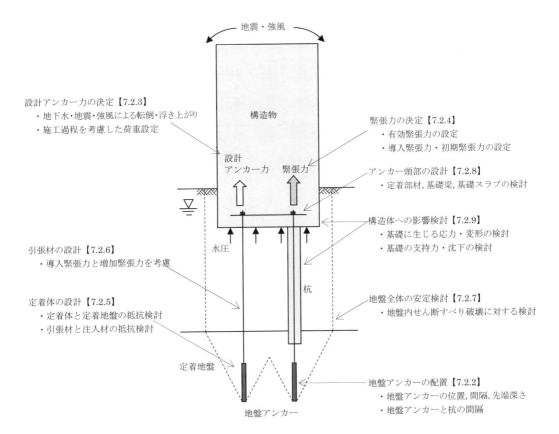

解説図 7.3 本設鉛直地盤アンカーの設計時の検討項目

び等にゆるみが生じることがないように導入緊張力を設定する必要がある．

b．本設鉛直地盤アンカーの設計フローを解説図 7.4 に示す．このフローは本設鉛直地盤アンカーを設計するうえでの基本的な検討項目の流れを示したものである．本文中に示した項目の検討をおこなえば，必ずしもフローに従って設計する必要はない．各項目の検討方法については，対応する本節各項に従う．

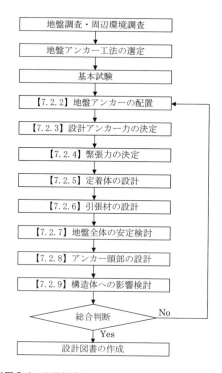

解説図 7.4　本設鉛直地盤アンカーの設計フロー

7.2.2　地盤アンカーの配置

> a．本設鉛直地盤アンカーの配置は十分な精度で，確実な施工が可能となるように計画し，また構造体に生ずる応力も考慮して決定する．
> b．本設鉛直地盤アンカーの間隔は，地盤アンカー個々の耐力と地盤アンカーを含む地盤全体の安定性を考慮して決定する．

a．本設鉛直地盤アンカーの配置（位置，間隔，定着体先端深さ）は，構造物の設計および施工計画と合わせて検討する．特に施工精度を考慮して，確実な施工が可能となるように計画する．本設鉛直地盤アンカーをフーチングや基礎梁，基礎スラブに定着する場合，そこに発生する応力は地盤アンカーの設置位置によって異なるため，以下のような対応をとる．

（ⅰ） 発生する応力が小さくなるように配置する

（ⅱ） 応力が大きくなった場合，基礎が有害な影響を受けないように十分安全な断面設計をおこなう．

　また，杭基礎においては本設鉛直地盤アンカーと杭（地盤アンカーが杭中を貫通して設置される場合も含む）が相互の支持力に悪影響を及ぼし合うことのないように計画する．本設鉛直地盤アンカーが杭体を貫通して設置される場合の杭先端から定着体上端までの離れは，本指針では特に規定しないが，日本建築センターでの評定を取得した工法では，杭径以上かつ 2 m 以上としており，この値を参考にするとよい．なお，地盤アンカーと杭の引抜抵抗力は同時には発揮されないため，一般に引抜抵抗力を算定する場合には地盤アンカーのみを考慮し，杭の引抜抵抗力を考慮しない．

b. 本設鉛直地盤アンカーを狭い範囲で数多く用いた場合，地盤アンカーの引抜抵抗力に影響を与える地盤アンカー間の相互作用を群アンカー効果またはグループ効果と呼んでいる．群アンカー1 本あたりの極限引抜抵抗力は単独に設置した地盤アンカーの極限引抜抵抗力よりも小さくなる．

　群アンカー効果を考慮した地盤アンカー耐力の検討には，7.2.7 項に示すような方法があり，群アンカー効果も考慮して定着体間隔を決定する必要がある．なお，Hanna ら [7.2] はプレートアンカーを用いた 5 本×5 本までの群アンカーの模型実験をおこない，群アンカー 1 本あたりの極限引抜抵抗力と単独に設置した地盤アンカーの極限引抜抵抗力を比較している．これによると，地盤アンカーの間隔（S）と定着体径（B）の比（S/B）が 6 以上であれば単独に設置した地盤アンカーとほぼ同じと見なせる．また，実物大の地盤アンカーの引抜試験結果 [7.3] によると，通常の径（115 ～170 mm）の地盤アンカーで，定着体頭部の深さが定着体径の 20 倍以上根入れされており，定着体の間隔が 0.8～1 m 以上離れていれば，群アンカーの引抜抵抗と変形特性は単独に設置した地盤アンカーとほぼ同等である．以上より，本設地盤アンカーの定着体の間隔は，工法によって異なるが，施工性も考慮して定着体径の 6 倍以上かつ 1 m 以上とすることが望ましい．

7.2.3 設計アンカー力の決定

> 　設計アンカー力は，構造物の施工段階から完成後を含めたすべての荷重条件下で算出した地盤アンカーに期待する力と地盤アンカーの配置を考慮して決定する．

　本設鉛直地盤アンカーにおける設計アンカー力は，構造物の安定を確保するために地盤アンカーに期待するアンカー力である．

　上部構造（基礎から上の建築物や工作物）の設計では，一般的に最下階の各柱支承をピン支承あるいはばね支承とし，想定される荷重条件下で応力解析を実施する．その際に生じる引抜力（または浮き上がり力）と地盤アンカーの配置を考慮し，鉛直地盤アンカー 1 本あたりに期待する設計アンカー力を算出する．ただし，柱まわりに多数のアンカーを用いる場合などには基礎構造の

剛性を考慮し，各アンカーの設計アンカー力を算出する．

　本設鉛直地盤アンカーにおける主な用途には，地下水による構造物の浮き上がり防止，地震時における構造物の転倒防止・浮き上がり防止があり，設計時に考慮する荷重の組合せは解説表 3.1 による．各荷重は，本会「建築物荷重指針・同解説」[7.4]に従い，適切に設定する．

　設計アンカー力算出時における荷重の組合せは構造物の完成後だけではなく，地盤アンカーの使用目的によっては構造物の施工途中に対する検討が必要となる．例えば，地下水による浮き上がり防止に地盤アンカーを用いる場合，地下工事期間中は地下水の揚水をおこなうことが一般的であり，揚水を停止し，地下水位が回復する時点が構造物にとっては最も厳しい荷重条件となる．したがって，構造物の躯体構築途中に揚水を停止する場合には，別途にその時点における荷重の組合せを踏まえた検討が必要となる．この場合，構造物の固定荷重・積載荷重は工事状況に応じ，適切に設定する．

7.2.4 緊張力の決定

> 本設地盤アンカーに導入する緊張力は，緊張力の経時変化特性を踏まえ，設計アンカー力を基に決定する．

　本設鉛直地盤アンカーでは長期にわたって構造物を安定させ，有害な浮き上がりが生じないように，引張材には所定の緊張力を確保する必要がある．そのため，緊張力の経時変化特性を踏まえ，設計アンカー力を基に緊張力を決定する．

　緊張力の経時変化を模式的に表すと解説図 7.5 のようになる．初期に導入した緊張力は供用終了時まで徐々に低下する．本指針で推奨している基礎の浮き上がり（基礎と地盤の離間）を生じさせないためには，供用終了時に残存している長期的に有効な緊張力（有効緊張力 P_e）を設計アンカー力（P_d）以上とする必要があるため，有効緊張力に緊張力の低下分を考慮し，アンカーに導入する初期緊張力を決定する〔解説図 7.5 参照〕．

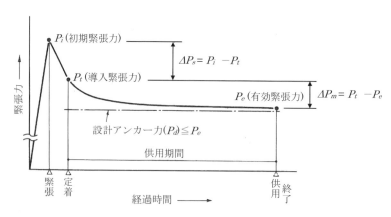

解説図 7.5　緊張力経時変化の模式図

緊張力が低下する原因としては 7.1 節に記載しているように，それらは大きく次の二つに分けられる．

（ⅰ）定着時における緊張力の低下量（ΔP_s）：頭部定着具のセット（すべり，戻り）によるもの．

（ⅱ）定着後の長期的な緊張力の低下量（ΔP_m）：引張材のリラクセーション，定着体と定着地盤間のクリープ，緊張力と建物荷重によって生じる地盤や杭の弾性圧縮およびクリープなどによるもの．

これらの低下量と定着直前の緊張力（初期緊張力 P_i），定着直後の緊張力（導入緊張力 P_t）および長期的に有効な緊張力（有効緊張力 P_e）との関係を示すと次式のようになる．

$$P_t = P_e + \Delta P_m \tag{7.2.1}$$

$$P_i = P_t + \Delta P_s = P_e + \Delta P_m + \Delta P_s \tag{7.2.2}$$

上記に示す緊張力の低下量は以下のように算定することができる．

1）定着時における緊張力の低下量（ΔP_s）の予測

定着時における緊張力の低下量は頭部定着具のセット量を設定し，（7.2.3）式で算定する．

$$\Delta P_s = \frac{\delta E A}{L_{ft}} \tag{7.2.3}$$

記号　ΔP_s：セット量による緊張力低下量　（kN）

　　　　δ　：セット量　（mm）

　　　　E　：引張材弾性係数　（kN/mm²）

　　　　A　：引張材断面積　（mm²）

　　　　L_{ft}：引張材自由長　（mm）

セット量は定着方式によって異なり，くさび定着方式では 2〜6 mm 程度，ナット方式ではほぼゼロとすることができる．なお，緊張定着時にはセット量を測定し，セット量の妥当性を確認するのが望ましい．

2）定着後の長期的な緊張力低下量（ΔP_m）の予測

有効緊張力（P_e）の導入緊張力（P_t）に対する比を有効率 η と定義すると，有効率は（7.2.4）式で表される．7.2.5 項に示す良質な地盤を定着地盤とする場合，定着体と地盤間のクリープは非常に小さい結果[7.5]が得られていることから，その要因による低下量は考慮していない．

$$\eta = \frac{P_e}{P_t} = \frac{P_t - \Delta P_m}{P_t} = 1 - \frac{\Delta P_m}{P_t} = 1 - \left\{ \frac{R_c}{100} + \frac{S_e + S_c}{\dfrac{P_t L_{ft}}{EA}} \right\} \tag{7.2.4}$$

記号　η：有効率

　　　　ΔP_m：定着後の長期的な緊張力低下量　（kN）

　　　　R_c　：引張材のリラクセーション係数　（%）

　　　　S_e　：緊張力と建物荷重などによって生じる基礎の即時沈下量　（mm）

　　　　S_c　：緊張力と建物荷重などによって生じる基礎のクリープ沈下量　（mm）

P_t ：導入緊張力 （kN）

L_{ft} ：引張材自由長 （mm）

E ：引張材の弾性係数 （kN/mm²）

A ：引張材の公称断面積 （mm²）

定着後における長期的な緊張力低下量は，(7.2.4) 式による有効率を求めることにより算定できるが，地盤アンカーの種類によっては引張材自由長の長さが明確でなく，また，クリープ沈下量の算定など不確定な要素が残されている現状を踏まえると (7.2.4) 式による有効率の算定は必ずしも合理的ではない．一方，アンカー緊張力に関する長期計測の事例[7.6]によると，建物の供用期間として 60 年を想定した場合における有効率の予測値は概ね 0.9 程度以上との報告があることから，良質な地盤を定着地盤とする場合は有効率を 0.9 に設定してもよいと考えられる．ただし，直接基礎で基礎底面からアンカー先端までの間に圧縮性の大きい地盤が存在する場合などには，基礎の沈下量を予測し，(7.2.4) 式により有効率を算定するのが望ましい．また，7.2.5 項に示す良質な地盤の条件を満たさない地盤を定着地盤とする場合など緊張力の長期的な安定性を確認する必要がある場合には，9.2.3 項に示す長期引張試験を実施し，得られた試験結果を有効率の算定に反映させる必要がある．

本指針では長期および中小地震時の転倒モーメントに対しては基礎の浮き上がりは許容しない方針とし，解説図 7.5 に示すように有効緊張力（P_e）は設計アンカー力を上回るように設定することを前提とした．ただし，大地震時の転倒モーメントに対しては参考文献 7.7)を参考に，部分的な浮き上がりあるいは過大とならない浮き上がりは許容してもよいと考える．

7.2.5 定着体の設計

---

a. 地盤アンカーの定着地盤は，安定した良質な地盤とする．

b. 定着体の設計は，定着方式に応じた適正な算定方法を用い，設計アンカー力および導入緊張力を考慮しておこなう．

---

a. 本設地盤アンカーでは，構造物の供用期間にわたって，安定した支持性能を確保する必要がある．そのため，本設地盤アンカーの定着地盤は長期的に安定した摩擦抵抗力が得られる良質な地盤とする．本設地盤アンカーでいう良質な地盤とは，N 値が 50 以上の砂質土および軟岩と同等以上の一軸圧縮強さを有する地盤とする．なお，やむを得ず上記を満たさない地盤を定着地盤とする場合には引抜試験，長期引張試験などを実施し，定着地盤としての可否を検討する．

b. 本設地盤アンカーに用いられる定着体には仮設地盤アンカーと同じく引張型定着体および圧縮型定着体の 2 タイプがあり，定着体の設計は，これらの定着方式に応じた摩擦抵抗力および付着抵抗力に関する適正な算定方法でおこなう必要がある．また，定着体の設計は 7.2.3 項による設計アンカー力に対しておこなうが，本指針で推奨している基礎の浮き上がり（基礎と地盤の離間）

を許容しない場合，7.2.4 項に記載したように有効緊張力が設計アンカー力を上回るように設定する．このため，設計アンカー力に対する検討に加え，有効緊張力に定着後の低下量を加えた導入緊張力に対する検討を併せておこなう必要がある．この場合，導入緊張力は長期荷重として取り扱う．

1）引張型定着体の設計

引張型定着体を採用する場合，以下の値が設計アンカー力および導入緊張力を上回るように設計する．

（i）　定着体と定着地盤との摩擦抵抗力

（ii）　注入材と引張材との付着抵抗力

6 章（仮設地盤アンカーの設計）に示したように，定着体長は前掲した（6.2.14）式，引張材の付着長は（6.2.15）式を満足するように算定する．

2）圧縮型定着体の設計

圧縮型定着体を採用する場合，以下の値が設計アンカー力および導入緊張力を上回るように設計する．

（i）　定着体と定着地盤との摩擦抵抗力

（ii）　分散耐荷体方式では注入材の圧縮応力，または単一耐荷体方式では注入材と耐荷体との付着抵抗力

分散耐荷体方式における定着体長は（6.2.18）式，注入材の圧縮強度は（6.2.21）式を満足するように算定する．一方，単一耐荷体方式における定着体長は（6.2.19）式または（6.2.20）式，耐荷体の付着長は（6.2.22）式を満足するように算定する．

定着体長の設計に用いる極限摩擦応力度は，本施工で使用される条件に近い状態で施工をおこない，引抜試験を実施して求めることを原則とする．本設地盤アンカーにおいて通常実施される引抜試験の定着体長は 1〜2 m であり，本施工で用いられる定着体長に比べると短いことから，本設地盤アンカーにおける極限摩擦応力度は，試験から得られる値に余裕を持たせた値とする．

本設地盤アンカーにおける定着体長の最小長さは 3 m とする〔2.4 節参照〕．一方，定着体長が長くなると定着体近傍地盤の進行性破壊により定着体全長で平均した摩擦応力度が低下するため，定着体長は 10 m 以下とするのが望ましい．

7.2.6　引張材の設計

a. 引張材は，引張材に発生する引張力（緊張力）が許容引張力以下となるように設計する．

b. アンカー自由長部の引張材は自由に伸縮できる構造とし，その長さは定着地盤の深さなどを考慮して決定する．

a. 7.2.4 項で示したように初期に導入された緊張力は定着後徐々に低下するが，定着後には地震

時・強風時における作用荷重あるいは地下水位変動（揚水停止に伴う地下水位の回復を含む）などによっても変化する．これは地震力・強風などによって基礎に生じた変位がアンカー頭部に強制変位を与えることになり，引張材の緊張力が変化するためである．したがって，引張材の設計においては，緊張力導入時に加え，導入後の各荷重作用時に生じる引張力（緊張力）が解説表7.2の許容引張力を超えないことを確認する必要がある．ただし，定着完了直後の地震・強風などを想定し，定着完了時以降の検討においては安全側に緊張力の低下は考えず，導入緊張力 P_t に各荷重作用時における増加緊張力 $\varDelta P$ を加算した値を検討用引張力とする〔解説図7.6参照〕．なお，解説表7.2に示す許容引張力のうち，短期荷重作用時（中小地震時，強風時）における数値が旧指針「建築地盤アンカー設計施工指針・同解説」（2001）とは異なる．これは旧指針以降における平成13年国土交通省告示第1024号の規定(特殊な許容応力度及び特殊な材料強度を定める件)を準用したことによる．

各荷重作用時における増加緊張力（$\varDelta P$）は，(7.2.5)式によって算定する．

$$\varDelta P = \frac{EA}{L_{ft}} \times S \tag{7.2.5}$$

解説表 7.2 引張材の許容引張力

荷重状態〔解説図7.6参照〕	許容引張力
1.緊張力導入時	$0.75T_{su}$ と $0.85T_{sy}$ の小さい方の値
2.定着完了時	$0.70T_{su}$ と $0.80T_{sy}$ の小さい方の値
3.長期荷重作用時(建物完成時)	$0.70T_{su}$ と $0.80T_{sy}$ の小さい方の値
4.長期荷重作用時(常水位時)	$0.70T_{su}$ と $0.80T_{sy}$ の小さい方の値
5.短期荷重作用時(中小地震時,強風時)	$0.90T_{sy}$
6.大地震時	T_{sy}
7.異常水位時	T_{sy}

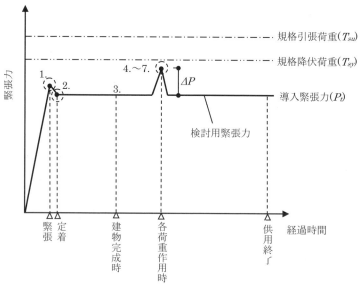

解説図 7.6 引張材検討用緊張力の概念図
（1.～7.は解説表7.2の荷重状態）

記号　E ：引張材弾性係数　（kN/mm²）

A ：引張材断面積　（mm²）

L_{ft} ：引張材自由長　（mm）

S ：引張材の増加伸び量　（mm）

　基礎の浮き上がりを許容する場合，基礎と地盤の離間後における引抜方向の鉛直剛性は地盤ア
ンカーばねのみとなり，引張材の増加伸び量は離間前に比べて急増する．このため，文献7.8）な
どを参考の上，適切に引張材の増加伸び量を算定する必要がある．また，引張材自由長が短い場
合，構造物のわずかな変位により，緊張力が大きく変化するので留意する．

b.　6.2.7 項に示したようにアンカー自由長部は，アンカー頭部の荷重を定着体に伝達させる役目
を担っている．このため，自由長部は自由に伸縮でき，周辺地盤との間に摩擦を生じさせないよ
うな構造とする．

　アンカー自由長部の長さは，定着地盤上端深度を踏まえ，定着体が確実に定着地盤に設置され
るように決定する．一方，アンカー自由長部の長さが短くなると導入緊張力の損失割合が大きく
なるとともに，7.2.7 項に示す地盤アンカーを含む地盤全体の安定性の確保が困難となる．このた
め，これらに対する検討を踏まえたうえでアンカー自由長部の長さを最終的に決定する．

7.2.7　地盤全体の安定検討

地盤アンカーを含む地盤全体の安定性の検討として，地盤内せん断すべり破壊に対する検討をおこなう．

　地盤アンカーに共通する主な破壊パターンとして，以下の破壊が考えられる．

（ⅰ）　引張材の破断

（ⅱ）　引張材または耐荷体と注入材の付着切れ

（ⅲ）　注入材と定着地盤との摩擦切れ

（ⅳ）　地盤内せん断すべり破壊

　これらのうち，地盤内せん断すべり破壊に関しては，浅い基礎やプレートアンカーで多くの研
究[7.9]～[7.12] がなされているが，実際の地盤アンカーを使用しての研究例は少なく，不明な点が多
いのが現状である．

　単独の鉛直地盤アンカーにおける地盤内せん断すべり面の考え方の例を解説図 7.7 に示す．た
だし，地盤内せん断すべり面は地盤アンカーの深さ（D ）と定着体径（B ）の比（D/B ）が大き
ければ（10～15 程度）地表面まで到達しないとされている．通常使用されている摩擦抵抗型の鉛
直地盤アンカーで，$B=135$ mm，$D=7$ m（アンカー自由長 4 m，定着体長 3 m）と仮定し，D/B
を計算すると $D/B>50$ となることから，単独の鉛直地盤アンカーでは地盤内せん断すべり破壊
はほとんど生じないと考えられる．しかしながら，鉛直地盤アンカーを群として用いる場合，見
かけ上 B が大きくなるため，破壊パターンとして地盤内せん断すべり破壊が考えられる．

鉛直地盤アンカーを群として用いる場合の地盤内せん断すべり破壊に関する検討方法として，Hobst & Zajic[7.13]，Von Soos & Ostermayer[7.13]，青木ら[7.14]などの研究があるが，本指針では旧指針「建築地盤アンカー設計施工指針・同解説」(2001)を踏襲し，解説図7.8に示す土塊の重量で引抜力に抵抗させる考え方とする．この方法は，解説図7.7に示した単独の鉛直地盤アンカーでの地盤内せん断すべり面（定着地盤で円すい形，非定着地盤で円柱形にモデル化したすべり面）の重なりを考慮したものである．地震時などの短期における検討では土塊重量に加え，非定着地盤鉛直面でのせん断抵抗を加算することができる．ただし，地盤定数，地下水位などの評価や将来的な隣地における工事についての慎重な配慮が必要である．

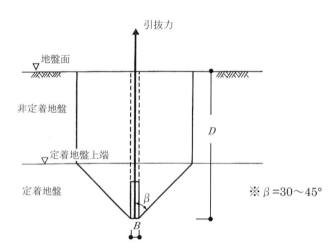

解説図 7.7　単独の鉛直地盤アンカーにおける地盤内せん断すべり面の考え方

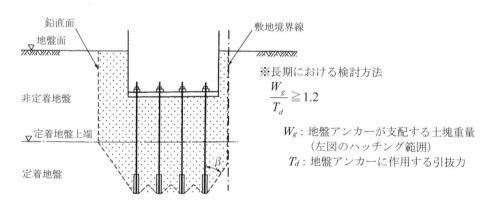

解説図 7.8　鉛直地盤アンカーを群として用いる場合の地盤内せん断すべり破壊に対する検討方法

7.2.8 アンカー頭部の設計

> a. アンカー頭部に使用する定着部材は，その品質および性能が保証されたものとする．
> b. 地盤アンカーを緊張定着する構造体は，導入緊張力に対して十分な強度を有し，有害な変形を生じないように設計する．

a. アンカー頭部に使用する頭部定着具，支圧板，くさびなどの定着部材は，6.2.9 項で述べたように本会「プレストレストコンクリート設計施工規準・同解説」[7.1)]に準ずる．

　本設地盤アンカーにおけるアンカー頭部には，埋込型と再緊張型の2タイプがあり，目的や用途に応じて選定する〔解説図7.9参照〕．一般的には埋込型とする場合が多いが，再緊張型とする場合，再緊張のための引張材の余長を確保しておくとともに，アンカー頭部周辺は点検・計測・再緊張等のための十分な作業空間を確保できるように計画する．

　本設地盤アンカーにおいては，アンカー頭部と自由長部の接続部における防せいは重要であり，接続部においても防せいの連続性が損なわれないように計画する〔解説図7.9参照〕．

b. 地盤アンカーを緊張定着する基礎スラブ等の構造体は，導入緊張力に対して十分な強度を持ち有害な変形を生じないように設計する．具体的には緊張力が直接影響する部位のパンチングシア，支圧応力，割裂の検討を本会「鉄筋コンクリート構造計算規準・同解説」[7.15)]，「プレストレストコンクリート設計施工規準・同解説」[7.1)]に準拠しておこなう．なお，導入緊張力は長期荷重として取り扱う．

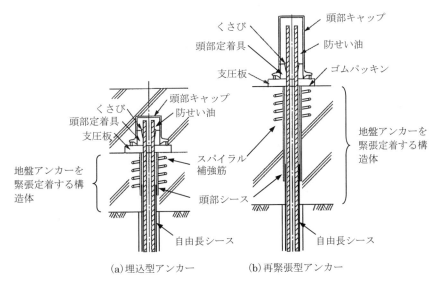

解説図7.9　本設鉛直地盤アンカーにおけるアンカー頭部の納まり事例

― 144 ―　建築地盤アンカー設計施工指針　解説

7.2.9　構造体への影響検討

> 　緊張力による構造体への影響については，基礎形式や緊張力の導入時期等を考慮し，基礎構造に生じる応力および変形の検討をおこなうとともに，基礎の支持力と沈下に対する検討をおこなう．

　構造体への影響を検討するときの緊張力には，各部位に対して最も危険となる緊張力を選定し，基礎形式，地盤アンカーの配置や緊張力の導入時期などを考慮したうえで下記に対する検討をおこなう．

（ⅰ）　緊張力を含む長期荷重による接地圧（杭頭荷重）が地盤（杭）の長期許容支持力度（長期許容支持力）以下であることを確認する．また，短期荷重時についても同様の確認をおこなう．

（ⅱ）　杭，基礎梁，基礎スラブなどの構造体は，アンカーの緊張力による応力増分を考慮し，十分安全であることを確認する．

（ⅲ）　基礎（杭頭）の沈下量は，アンカー緊張前後，建物完成時などの施工段階ごとに算出し，許容沈下量以下であることを確認する．

7.3　本設斜め地盤アンカーの設計

7.3.1　基本方針

> a．本設斜め地盤アンカーは，供用期間において十分安全に機能を発揮できるように計画する．
> b．本設斜め地盤アンカーの設計は，地盤調査および基本試験，定着体および引張材の設計，地盤アンカーを含む地盤全体の安定検討，頭部および構造体の設計の手順でおこなう．

a．本設斜め地盤アンカーの主な使用目的には，解説図 7.10 に示す（a）建築物の偏土圧対策，（b）擁壁の安定，（c）建築物のスラスト対策などがある．本設斜め地盤アンカーの計画は，構造物の種類と地盤アンカーの使用目的および供用期間に適合したものとし，構造物の安全性，施工性，周辺環境および経済性などを総合的に考慮して決定する．また，将来，アンカー上部の掘削やアンカー上部に構造物が構築される計画がある場合には採用が難しいため，将来の土地利用計画を十分考慮したうえで計画することが重要となる．

　建築物の偏土圧対策や擁壁に本設斜め地盤アンカーを用いる場合は，主に以下に示す検討が必要となる．構造物の施工方法によってアンカーに期待する最大荷重が異なるため、施工方法を十分考慮した計画が必要となる。

（ⅰ）将来的なアンカー上部の土地利用計画の確認

（ⅱ）施工時の山留め壁や擁壁に作用する土圧および水圧と，完成後における構造物に作用する常

時や地震時の土圧および水圧の検討
(ⅲ) 施工時から構造物の完成後までに地盤アンカーに作用する最大荷重（設計アンカー力）と，山留め壁や構造物の応力・変形を考慮した緊張力の検討
(ⅳ) 施工時および完成後における地盤アンカーを含む地盤全体の安定性についての検討

　一方，解説図7.10(c)に示すスラスト対策に用いる場合は，将来の土地利用計画に関する心配は少ないが，常時，地震時または強風時などの荷重に対して，適切に設計アンカー力と導入緊張力を設定する必要がある．

(a)建築物の偏土圧対策　　(b)擁壁の安定　　(c)建築物のスラスト対策

解説図7.10 本設斜め地盤アンカーの主な使用目的

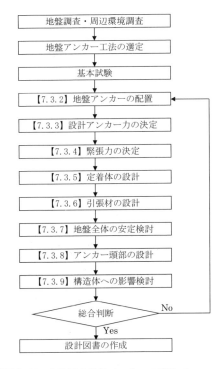

解説図7.11 本設斜め地盤アンカーの設計フロー

b. 本設斜め地盤アンカーの設計フローを解説図 7.11 に示す．本設斜め地盤アンカーの設計手順は，7.2 節の本設鉛直地盤アンカーの場合と基本的に同様であり，設計フローは，本設斜め地盤アンカーを設計するうえでの基本的な検討項目の流れを示したものである．本文中に示した項目の検討をおこなえば，必ずしも設計フローに従う必要はない．各項目の検討方法については，対応する本節各項に従う．

7.3.2　地盤アンカーの配置

> a. 本設斜め地盤アンカーの配置は，適切な精度の施工ができるアンカー位置および角度を計画し，構造物に生ずる応力も考慮して決定する．
> b. 本設斜め地盤アンカーの間隔は，個々の地盤アンカーの耐力と地盤アンカーを含む背面土塊全体の安定性を考慮して決定する．

a. 本設斜め地盤アンカーの配置（位置，アンカー角度，間隔，定着先端深さ）の決定には，計画段階において構造物の設計と施工計画を十分考慮した検討が必要である．

　本検討をおろそかにすると不経済な計画となり，施工段階において問題が生じやすく，適切な精度の施工が難しくなる．結果，設計上期待される地盤アンカーの引抜抵抗力と定着体の安全性の確保が困難となる．

　本設斜め地盤アンカーの配置計画は，構造物の設計と施工計画を考慮し，以下に示す検討をおこない，決定する．

（ⅰ）地盤アンカーの削孔時や緊張定着時の施工性

（ⅱ）地盤アンカーの緊張力によって構造物に発生する応力

（ⅲ）定着地盤や想定されるすべり面の状況

（ⅳ）地中埋設物や杭の有無

（ⅴ）地盤アンカーと敷地境界の関係

b. 地盤アンカー相互の間隔は，アンカー頭部とアンカー定着体に分けて考える必要がある．アンカー頭部については，a.で述べた地盤アンカーの削孔精度や緊張定着時の施工性と建築物に発生する応力を考慮して決定されることが多い．また，定着体の間隔は，地盤アンカー間の相互作用による群アンカー効果を考慮した地盤内せん断すべりについても検討し，決定する．地盤内せん断すべりを考慮した地盤アンカー耐力の検討は，6.2.1 項 c.1）による．

7.3.3 設計アンカー力の決定

本設斜め地盤アンカーの設計アンカー力は，7.2.3 項（設計アンカー力の決定）に準じておこない，建築物の施工段階から完成後までのすべての荷重条件下で算出した地盤アンカーに期待する力と地盤アンカーの配置を考慮して決定する．

本設斜め地盤アンカーの設計アンカー力は，本設鉛直地盤アンカーと同様に 7.2.3 項に準じて決定する．

設計アンカー力は，土圧および水圧などの構造物に作用する荷重に対して，適切な安全性を満足するために必要なアンカー荷重と 7.3.2 項のアンカー配置の両者を考慮して決定する．本設斜め地盤アンカーの設計に用いる荷重の組合せは，3 章の解説表 3.1 による．地下外壁・擁壁の設計に用いる土圧および水圧は，本会「建築基礎構造設計指針」（2001）および「建築物荷重指針・同解説」[7.4]に従う．

構造物の地下外壁や擁壁に本設斜め地盤アンカーを用いる場合は，施工時の土圧および水圧などにより，構造物の安定に必要なアンカー荷重が完成後のアンカー荷重よりも大きくなる場合がある．したがって，地盤アンカーに作用する荷重は，施工段階から完成後までのすべての荷重条件下で最も大きな荷重に対して検討する必要がある．

7.3.4 緊張力の決定

本設斜め地盤アンカーに導入する緊張力は，7.2.4 項（緊張力の決定）に準じておこない，設計アンカー力とアンカーを含む構造物の応力・変形を考慮して決定する．

本設斜め地盤アンカーの緊張力は，本設鉛直地盤アンカーと同様に 7.2.4 項に準じて決定する．

導入する緊張力は，5 章で定めた緊張力導入時および定着完了時の引張材の許容値を上回らないこと，構造物の安定に必要な設計アンカー力と有効緊張力の関係および緊張定着による構造物の応力や背面地盤の変形を考慮して決定する．

本設斜め地盤アンカーは，施工時の山留めアンカーとして用いた後，再緊張した構造物の外壁や擁壁の背面地盤の埋戻し高さに応じて数回に分けて緊張作業をおこなうこともある．その場合，アンカー頭部を再緊張型にする必要があり，緊張のための作業空間を確保する必要がある．

7.3.5 定着体の設計

本設斜め地盤アンカーの定着体は，7.2.5 項（定着体の設計）に準じて設計する．

— 148 — 建築地盤アンカー設計施工指針　解説

　本設斜め地盤アンカーの定着体は，本設鉛直地盤アンカーと同様に 7.2.5 項に準じて設計する．なお，斜め地盤アンカーの引抜抵抗力を鉛直地盤アンカーによる引抜試験で推定する場合は，アンカー定着体の土被り圧，すなわち有効応力の大きさを同一にするのが望ましい．また，節理や片理の有無により極限引抜抵抗力が影響を受ける場合があるので，事前の地盤調査を十分におこなう必要がある [7.16)]．

　斜め地盤アンカーと鉛直地盤アンカーの極限引抜抵抗力に関して，粘性土では明確な差は認められないが，砂礫層や強風化岩層では，鉛直地盤アンカーの極限引抜抵抗力が斜め地盤アンカーの極限引抜抵抗力より大きくなる傾向が見られる．したがって，このような地層の斜め地盤アンカーの引抜抵抗力を鉛直地盤アンカーの引抜試験によって推定する場合には，極限摩擦抵抗力を低減するなどの配慮が必要である．

7.3.6　引張材の設計

> 本設斜め地盤アンカーの引張材は，7.2.6 項（引張材の設計）に準じて設計する．

　本設斜め地盤アンカーの引張材は，本設鉛直地盤アンカーの設計と同様に 7.2.6 項に準じて設計する．引張材の設計では，緊張力導入時（初期緊張力 P_i），定着完了時（導入緊張力 P_t），定着後の各荷重作用時のいずれの状態においてもアンカー緊張力が解説表 7.2 の許容引張力を超えないことを確認する．

7.3.7　地盤全体の安定検討

> 本設斜め地盤アンカーを含む地盤全体の安定性は，6.2.1 項 c.1)（背面土塊全体の安定検討）に準じて検討する．

　本設斜め地盤アンカーを含む地盤全体の安定性の検討は，解説図 7.12 に示すように地盤アンカー先端を通る円弧すべりに対して安全であることを確認する．本設斜め地盤アンカーにおける円弧すべりに対する安全率は，常時 1.5，地震時 1.2 を確保する．

7.3.8　アンカー頭部の設計

> 本設斜め地盤アンカーのアンカー頭部の設計は，7.2.8 項（アンカー頭部の設計）に準じて設計する．

　通常，本設斜め地盤アンカーは，支持構造物の壁，柱，梁などの構造部材に台座を設けて定着するため，アンカー緊張力に対して構造物が安全となるように局部応力に対してのパンチングシ

アや支圧応力などの検討をおこなう．また，本設斜め地盤アンカーにおいても，アンカー頭部と自由長部の接続部における防せい処置は重要であり，特にアンカー頭部が露出する場合には専用の止水具などを用いて確実に防せいできる計画とする〔解説図7.13参照〕．

(a)建築物の場合の円弧すべり　　　　(b)擁壁の場合の円弧すべり

解説図 7.12 本設斜め地盤アンカーにおける地盤全体の安定検討

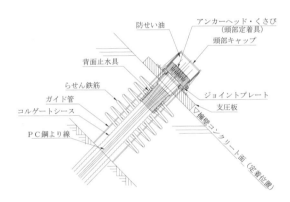

解説図 7.13 本設斜め地盤アンカーにおけるアンカー頭部の納まり事例

7.3.9 構造体への影響検討

> 緊張力による構造体への影響については，基礎形式や緊張力の導入時期等を考慮し，構造体に生ずる応力と変形の検討をおこなうほか，擁壁や基礎に作用する圧縮力，接地圧や擁壁背面の土に対する検討もおこなう．

　構造体への影響を考慮するときの緊張力は，各部材に対して最も安全となる緊張力を長期荷重として取り扱うものとする．緊張力の導入に伴って構造体に有害な影響を及ぼさないように，基礎・擁壁形式や地盤アンカーの配置，導入時期などを考慮したうえで下記に対する検討をおこなう．
（ⅰ）　緊張力を含む長期荷重による水平力または水平力と鉛直力が同時に作用する構造体の接地圧が地盤の長期許容支持力度（長期許容支持力）以下であることを確認する．また，短期荷重時についても同様の確認をおこなう．
（ⅱ）　基礎・擁壁等の構造体は，アンカーの緊張力による応力増分を考慮し十分安全であることを確認する．

（ⅲ）　基礎・擁壁等の変形や沈下量は，アンカー緊張前後，建物完成時などの施工段階ごとに算出し，許容変形量や許容沈下量以下であることを確認する．

7.4　設　計　図　書

> 設計図書には，本設地盤アンカーの使用目的，工法名称と施工方法，定着地盤，地盤アンカーの諸元と配置，試験の種類と方法などを記すとともに，必要な計算書，詳細図を添付する．

　設計図書への記載事項は，以下のようなものである．

（ⅰ）本設地盤アンカーの使用目的

（ⅱ）工法種別

　　　工法名称，アンカー頭部定着工法の名称，施工方法など

（ⅲ）地盤アンカー配置図

　　　平面図，断面図，敷地境界線との関係など

（ⅳ）定着地盤と地下水

　　　定着地盤の土質，N値，一軸圧縮強さ，地質年代，地下水位，地下水流など

（ⅴ）地盤アンカーの試験

　　　試験の種類、試験方法，試験本数，試験の実施時期など

（ⅵ）地盤アンカーの仕様

　　　地盤アンカー種別（呼び名），設計アンカー力，引抜抵抗力，削孔径，削孔長，アンカー角度，アンカー長，アンカー自由長，定着体長，導入緊張力，定着時期など

（ⅶ）地盤アンカー各部の使用材料

　　　仕様，規格など

（ⅷ）注入材

　　　セメント種類，調合，所要強度（設計基準強度，定着緊張時強度），供試体数など

（ⅸ）地盤アンカー詳細図

　　　地盤アンカー各部の仕様，防せい処理方法，躯体・基礎との納まり，躯体補強など

（ⅹ）その他

　　　維持管理をおこなう場合のモニタリング方法・期間など

参 考 文 献

7.1)　日本建築学会：プレストレストコンクリート設計施工基準・同解説，1998

7.2)　Hanna, T.H., Sparks, R. and Yilmaz, M.：Anchor Behavior in Sand. ASCE SMII, pp.1187-1208, 1972

7.3)　地盤工学会：グラウンドアンカー工法の調査・設計から施工まで，pp.29-33，1997

7.4)　日本建築学会：建築物荷重指針・同解説，2015

7.5)　真野英之，幾田悠康，尾崎修，小林幸男：圧縮型永久地盤アンカーに関する研究（その4）引張り・

クリープ試験，日本建築学会大会学術講演梗概集，B，構造Ⅰ，pp.1067-1068，1987.10

7.6) 森利弘，小川敦：長期計測に基づく本設地盤アンカー緊張力の低下特性，日本建築学会構造系論文集，第81巻 第721号，pp.555-564，2016.3

7.7) 日本建築学会：地震荷重－その現状と将来の展望，p.269，1987

7.8) 日本建築学会：地盤アンカーの設計・施工に関するQ&A，p.64，2010

7.9) 松尾稔：基礎の引揚げ抵抗力の算定法と粘性土中の基礎の現場引揚げ試験の解析，土と基礎，Vol.14，No.10，pp.11-12，1966

7.10) Meryerhof,G.G. and Adams,J.I. : The Ultimate uplift capacity of Foundations，Canadian Geotechnical，5(4)，pp.225-244，1968

7.11) 保国光敏，栗原宏武，深澤栄造：球根部を持つアースアンカーの引抜き抵抗力に関する一実験，第5回土質工学研究発表会発表講演集，pp.233-236，1970.9

7.12) Vesic,A：Breakout Resistance of Pbjects Embedded in Ocean Botto，ASCE SM9，pp.1183-1205，1971

7.13) BSI Draft for Development, Recommendations for ground anchorges，1982

7.14) 青木雅路，幾田悠康，尾崎修，小粥康夫：圧縮型永久地盤アンカーに関する研究（その9）地盤内せん断すべりに関する考察，日本建築学会大会学術講演梗概集，B，構造Ⅰ，pp.1115-1116，1988.9

7.15) 日本建築学会：鉄筋コンクリート構造計算規準・同解説，2010

7.16) 日本建築学会：地盤アンカーの設計・施工に関するQ&A，2010

8章 施 工

8.1 基本事項

> a. 地盤アンカーの施工にあたっては，設計図書などを基に設計条件，施工条件，周辺環境条件などを十分に検討し，工法・試験・維持管理・品質・安全を考慮した施工計画書を作成する.
> b. 地盤アンカーの施工および施工管理は，施工計画書に基づいておこなう.
> c. 地盤アンカーの施工は，削孔から造成完了までを原則として連続作業でおこなわなければならない.
> d. 施工計画書等に示されたとおりの施工ができない場合は，管理者等の指示により協議のうえ，すみやかに適切な処置をおこなう.

a. 地盤アンカーの施工に際しては，アンカーの目的，設計条件，地盤状況に応じた適切な工法を選定し，選定された工法に即した施工計画書を作成する. また，施工計画書は基本試験・確認試験などの試験，管理値，設備・作業環境などを含めた安全，地盤アンカー供用中の維持管理や供用後のアンカーの除去を考慮したものとする.

　通常，地盤アンカーは解説図 8.1 に示す手順で施工される. 削孔方法や注入方式は状況に応じて適切な方法を選定する. また，引張材の挿入と注入材の注入のどちらを先におこなうかは，採用される地盤アンカーの工法等によって異なる.

　地盤アンカーの施工手順は，地盤性状，地下水位や施工するアンカーの仕様を考慮するとともに，近隣での施工実績なども参考にして決定し，施工計画書としてまとめる. また，地盤アンカーは，その供用期間中において構造物の挙動も含めた維持管理をおこなう必要がある. 地盤アンカーの維持管理は構造物の挙動管理と連動させる必要がある. また，供用後の仮設地盤アンカーの撤去のタイミングや除去方法などに関しても記載する.

b. 地盤アンカーの一般的な施工管理は，施工順序に従って管理項目を定めておこなう. 管理値を外れた場合には，その都度修正等の処置を取ることで大きな手戻りをなくすことができる. 施工計画書に記載する地盤アンカーの施工管理計画としては，管理項目ごとに管理者，計測方法，計測時期，管理値（許容誤差），管理値を外れた場合の対処方法を明確にしておく必要がある. 付録表 3.1 (a)(b) に施工管理一覧の例を示す. 管理項目は，その数が多いことで対応に手間取り，重要な項目がおろそかになって品質を低下させるおそれがあるので，状況に応じて取捨選択し必要最低限に留める. また，設定された管理項目は，監理者，管理者，施工者等の関係者全員が目的と意義を理解しておく必要がある.

c. 地盤アンカーの施工は，原則として削孔から造成完了（解説図 8.1 における養生）までを連続的におこなわなければならない. 例えば，削孔中に周辺地盤の圧密や孔壁の崩壊による拘束などによ

ってジャミング（削孔中に掘削抵抗が増大し，ケーシングの回転や引抜きが不能になること）が発生する場合がある．地盤の性質によるところが大きいが，長期の掘り置きなどもその要因の一つである．ジャミングのようなトラブルへの対応は，オペレーターの削孔技術によるところが多いが，

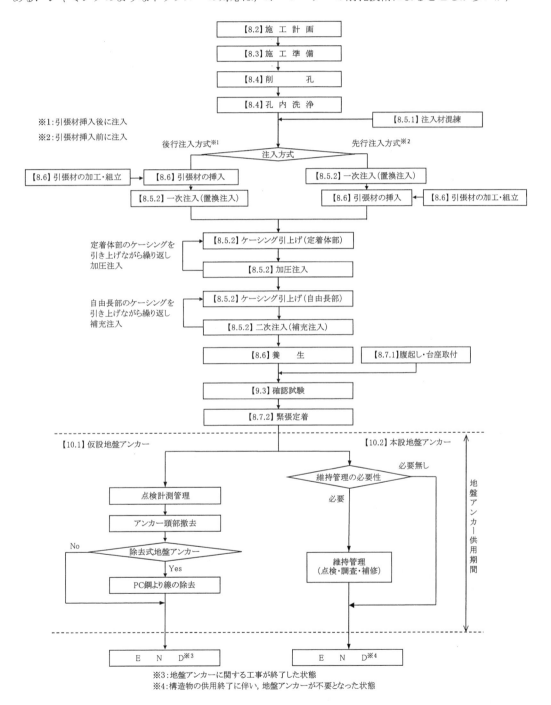

解説図 8.1 地盤アンカーの施工手順

近年では，ロータリーパーカッション削孔機に逆打ちハンマーを装備した機械が開発され，上記ジャミングへの対応が容易となった．注入作業が遅れると孔壁の崩壊やスライムの沈積により注入が不十分になったり，引張材挿入が困難になる場合がある．また，注入後ケーシング回収までに時間がかかると注入材の硬化が始まり，ケーシング回収時に引張材の共上がりが生じやすい．硬化が始まった注入材に振動や圧力を加えると強度低下が生じ，アンカー耐力の低下に結びつくおそれがある．

d. 地盤アンカーの施工に際しては撤去できない地中埋設物などが存在することが多い．図面以外の確認が難しい場合には，不確定性を考慮して十分安全な離隔を確保する必要がある．既存構造物の基礎や杭などに対しては，それらに当たらないというだけでなく，地盤アンカー施工による地盤の緩みにより有害な影響を与えないように離隔を確保する．なお，周辺地盤を乱しにくい削孔方法（二重管式〔8.4節参照〕）を用いることも有効である．計画時に確認できなかった地中埋設物が実施工時に確認され障害となる場合も多い．このような場合は，管理者等と協議のうえ，計画を見直す必要がある．

周辺構造物や地中埋設物との離隔は 1 m 程度を目安とする場合が多いが，どの程度の確保が妥当であるかは，それらの管理者等と協議し，工事の発注者や管理者等の意向に配慮するとともに，近接する構造物の特性や重要度，地盤状況などを考慮して決定する．また，周辺構造物や地中埋設物と定着体とが近接する場合，これらへの悪影響をおよぼすことが考えられるため，近接する地盤アンカーの部位（定着体，自由長部など）に応じて確保すべき離隔を検討する．

水道管や電力ケーブルなどの各種地中配管の実際の位置は図面と異なっていることもあるので，試掘などにより正確な位置を確認することが望ましい．

8.2 施工計画

> 地盤アンカーの施工計画は，設計されたアンカーが確実に施工できるように立案する．

地盤アンカーの施工計画に際しては，2.5「地盤アンカーの施工計画」に示す解説図 2.6 を基本として，設計されたアンカーが確実に施工でき，その性能を発揮できるように細部に至るまでの検討をおこなう．

本設地盤アンカーの計画に際しては，事前に基本試験をおこなうことが多く，その際に施工方法の適否や施工のしやすさなどの施工性を同時に確認することができる．しかしながら，仮設地盤アンカーの場合には，基本試験を省略することもあり，その場合には特に慎重に施工計画を立案するように留意する．施工方法の選定を誤ると，健全な地盤アンカーの施工が困難となるばかりでなく，削孔時に孔壁が崩壊して山留め壁背面土砂が流出したり，さらには周辺地盤が陥没するなどの重大なトラブルに発展することもある．また，地盤アンカーが支持する構造物も含めた大幅な計画変更が必要となることもあるため，さまざまな事象を想定してそれらの対策も検討しておくことが重要である．

山留めアンカーの施工では，地下水の出水などを事前に予測することは非常に難しいため，過去の施工実績や経験などに基づき十分な検討をおこなったうえで本施工に臨むことが重要となる．本施工においては，解説図 8.1 の削孔から二次注入までの作業の中で，地下水条件などが変化する 1 本目の施工時に施工性の確認をおこない，その結果を踏まえた施工方法を再度検討する．

施工計画書の記載事項は，おおむね次の通りである．

- 工程表
- 施工業者名，施工管理技術者名（資格証明書等，工事経歴書等）および作業の管理組織
- 注入材の計画調合表
- 工法名，引張材の種類と規格
- 地中埋設物・障害物の調査，移設，防護，撤去等の計画
- 施工機械の仕様の概要および性能
- 地盤アンカーの配置図および施工順序
- 施工方法
- 地盤アンカー定着地盤の確認方法
- ケーシング内削孔スライム（沈殿物）の処理方法
- 引張材加工方法および挿入方法
- 注入材の注入および養生方法
- 緊張および定着方法
- 除去方法および除去後の止水対策
- 安全対策，環境保全対策
- 施工結果報告書内容
- 作業のフロー，品質管理計画，品質管理体制・管理責任者，品質記録文書の書式とその管理方法等
- 計測計画

8.3 施 工 準 備

---

a. 使用材料は風雨や湿度の高い環境および直射日光等から守ることのできるように保管する．
b. 施工機械および設備は，施工に必要な条件を備え，かつ適切な使用環境となるように設置するとともに，施工により生ずる建設副産物を適切に処理できるものとする．
c. 作業空間は，施工に支障がないように確保する．
d. 作業地盤は地盤アンカーを支障なく，かつ安全に施工できるように整備，確保する．

---

a. 使用する材料は，施工の進捗に合わせて必要量を逐次現場に搬入する．搬入された材料は，施工計画書などに記載されたものであることを確認するとともに，風雨や湿気および直射日光から材料

を守るための保管場所を設ける．引張材や金物およびセメントをシートなどで覆って保管する場合は，風通しを良くするとともに材料を地上面に直接置かないようにする．また，保管に際しては，汚れや粉じん等が付かないような養生を施す．

練混ぜ水をタンクで溜置きして使用する場合には，異物が混入しないようにするとともに水温が上昇しないように直射日光を防ぐ．また，寒冷地では凍結を防ぐ必要がある．水温は外気温や施工条件にもよるが，20℃前後（5℃以上）に保持することが望ましい．ただし，40℃以上の水は使用しない．

セメント，混和材料は所要の品質であることを確認し，引張材はミルシートの検収に加え，さび，損傷等がないことを確認する．

b．地盤アンカーの施工には，削孔水，注入材の練混ぜ水に 60～150 *l*/min 程度の水が必要となる．削孔水は原則として上水道水を使用する．やむを得ず河川水や地下水など上水道以外の水を使用するときには，解説表 4.8 に示す規定に適合するものを使用しなければならない．ただし，河川水を利用する際には，河川管理者との協議や許可が必要で，地下水に関しては汲み上げに対する揚水規制などを確認する必要がある．

地盤アンカーの施工に必要な電力は，使用する機械等により異なるが 1 セットあたり約 40～100kW 程度必要となる．なお，機械の軽量化のため，削孔機本体から油圧ユニットを分離させた「スキッドタイプ」と呼ばれる削孔機は別途 100kW 程度の電力が必要となることが多い．敷地条件などにより商用電力の確保ができないときには，発電機による対応が必要となる．また，遠方から電線を引き回すと漏電による感電等の危険が伴うので，漏電遮断器を備えた配電盤を使用するとともに，削孔機が移動しても近距離から給電できるよう配電盤は短い間隔（60 m 程度以下）で設けることが望ましい．

現場に搬入された機器は，施工計画書などに記載されたものであることを確認する．各機器については正常に作動することを確認するとともに，ケーシングの先端に取り付ける削孔ビット，吊ワイヤー，フックなどの部品は，損耗，破損の程度を検査して不適格なものは交換する．

注入材混練装置，注入ポンプは地盤アンカー施工位置から 100 m 以内を目安に設置する．距離が離れると作業員間の連絡や注入ホースの移動に支障が生じるとともに，圧送中に注入材の性質が変化するおそれがある．さらに夏季は直射日光を受けて注入ホースが高温となるため，注入材の流動性が低下して圧送不能になったり，ケーシング回収時の引張材の共上がりの原因になる．したがって，圧送距離をできるだけ短くするとともに，注入材混練装置やポンプも含めて直射日光を遮へいすることが望ましい．

通常，削孔時の排泥水は釜場等に集め，一般の工事排水とともに沈砂槽で処理した上澄み水を下水施設などへ放流する．しかし，地下水位以深の施工などで排泥水が多く，一般の工事排水用に準備された処理設備で足りない場合は，地盤アンカー工事のための排泥水処理設備を別に準備する必要がある．地盤アンカーの施工に必要な標準的な機械の種類と質量を，解説表 8.1 に示す．

c．地盤アンカーで用いられる削孔機は，全体工程に支障をきたさないように施工性の良い機械を選定することも重要である．しかしながら，仮設地盤アンカーの場合，削孔機の設置個所に近接して

解説表 8.1　施工機械質量表（一般的な機械の概略値）

機　　種	機 械 の 仕 様	質　　量
ロータリーパーカッション削孔機	クローラタイプ	5.5 〜 11.0 t
	スキッドタイプ	2.3 〜 8.0 t（油圧ユニットは別）
ロータリー削孔機	ロータリー式	1.5 〜 3.0 t
コンプレッサー（可搬式）	110〜175 ps 防音型	2.1 〜 3.2 t（乾燥重量）
送水ポンプ	65 〜450 ℓl/min 級	0.7 〜 1.3 t
グラウトミキサー	400 ℓ×2 槽級	0.4 〜 0.7 t
グラウトポンプ	120 ℓ/min 級	0.3 〜 0.4 t
小型運搬機	クローラタイプ	台車 2.7 t
その他	ゼネレーター，水槽，プラント材，ツールス，ジャッキ，水中ポンプ等	施工状況に合せる

構台杭，切梁支柱や切梁などがある場合も多く，支保工をかわして削孔機を所定の位置にセットするには，施工地盤の高さを調整しながら機械を前後させることも必要となる．また，本設地盤アンカーの場合，既存構造物内での作業となることもあり，柱・梁などの地下躯体との離隔に配慮する必要がある．場合によっては管理者および監理者（以下，管理者等という）と協議のうえ，地盤アンカー位置の変更をおこない機械本体やブームなどとのクリアランスを十分確保する．

d．通常，削孔用ケーシングの運搬および接続・回収は作業員が人力でおこなうことが多い．使用頻度の高い φ135 mm ケーシング(長さ1.5 m)の場合，その質量は外管のみで削孔する単管削孔方式の場合46 kg，外管と内管とを併用して使用する二重管削孔方式の場合には74 kgにもおよぶ．したがって，作業床の高さは，作業員がケーシングを着脱する際の作業性により決める必要があり，削孔機の仕様のほか，地盤アンカーの削孔角度，排水溝の幅および深さ，作業床の養生方法などを考慮したうえで，安全に配慮した無理のない作業環境となるように設定する．付録4に仮設計画の例を，付録5に削孔機の各部における施工に必要なクリアランスの例を示す．

　地盤アンカーの施工精度と作業員の安全を確保するためにも作業地盤，作業環境の整備が必要である．作業地盤については，地盤性状や施工機械に応じた鉄板養生がおこなわれる．特に，削孔時の排泥水が周辺地盤に流れ出すと作業地盤が緩み，削孔機が傾いたり作業員の足元が悪くなるなど作業性・安全性を阻害する原因となる．そのため作業地盤には，側溝，釜場等を設けて排泥水や雨水などを処理する必要がある．

8.4　削　　孔

a．削孔は，設計図書，施工計画書に示された位置，方向，角度，長さ，削孔径で，地盤を乱さないようにおこなう．

b．削孔後は水洗いなどによる孔内洗浄をおこない，注入材と定着地盤との間に十分な周面摩擦抵抗が得られるようにする．

c．削孔口から地下水の流出のおそれがある場合には，適切な対策を施す．

d. 削孔長は設計図書，施工計画書に示される長さに施工上の削孔余長を加えた長さとする．

a. 削孔機は施工条件・地盤条件・地下水条件などを考慮して地盤アンカーが精度良く施工できるものを使用する．地盤アンカーを施工するためには，まず地盤を削孔機により削孔する．削孔用のケーシングは1本あたり1.5 mが標準的であり，このケーシングを必要本数接続しながら所定の深度まで削孔をおこなう．削孔作業に使用される削孔機のベースマシンには，クローラタイプとスキッドタイプがある．削孔方式としては，ケーシングに回転と押込み力を与えて削孔するロータリー式と油圧や空気圧で打撃を与えられるロータリーパーカッション式がある．さらに，使用するケーシングの違いにより，単管式（還流水外返し方式）と二重管式（還流水内返し方式）がある．削孔機および付属機器の種類と特徴を解説表8.2に，削孔機の種類の例を解説図8.2に示す．

削孔ビットには，調査ボーリングなどのコアボーリングで使用されるメタルクラウンと，ロータリーパーカッション式削孔機で使用され打撃にも対応可能なものとがある．後者には，ケーシング先端に取り付けるリングビット，二重管削孔用のインナーロッドに取り付けるインナービット，および地下水対策などで用いられるクローネンビット（コーンタイプ）がある．

削孔ビットを含め，一般的に使用される削孔材料の形状などを解説図8.3に示す．

1) 削孔位置は事前に位置出しをおこない，これに正しく合わせる．削孔位置に誤差が生じると，定着する構造物と地盤アンカー芯がずれるため定着作業が困難になったり，無理に定着すると引張材に曲がりが生じ，アンカーの一部および構造物に想定外の応力が作用する場合もある．また，地盤アンカーの間隔が不揃いになると一部のアンカーに荷重が集中するおそれがあるため，極力施工誤差が生じないように正確に機械を設置する．

解説表8.2 削孔機および付属機器の種類と特徴

機 器	種 類	機 構	特 徴
削孔機	ロータリー式	回転と押込み力	通常スキッドタイプのベースマシンに搭載され，比較的軽量で狭い敷地や傾斜地での施工に適している．騒音，振動は小さい．ただし，適用可能な地盤は限定され，特に玉石混じりの砂礫層や礫層では削孔能率が大きく低下する．一般的にはメタルクラウンビットによる単管式削孔なので，地下水位の高い地盤には不向きである．
	ロータリーパーカッション式	回転と押込み力と打撃	ロータリー式としても使用でき，ベースマシン，ロッド，削孔ビットの組合せの範囲が広い万能型である．地下水位の高い地盤でも二重管式のロッドあるいは逆止弁付きクローネンビット〔付録図6.2参照〕を使用することで対応可能となる．ドリフタ部分から発せられる打撃音が非常に大きいため，住宅地近接あるいは夜間作業になる場合には防音シート等での対策が必要．
ベースマシン	クローラタイプ	自走式	機動性が高いが，比較的大型．
	スキッドタイプ	定置式	小型で狭い敷地や山岳地形の敷設に適する．
ケーシング	単管式	還流水外返し方式	一般的なロッド．
	二重管式	還流水内返し方式	二重ビットと組み合わせて使用．崩壊しやすい砂質土，玉石，砂礫地盤に適する．

8章 施　工 — 159 —

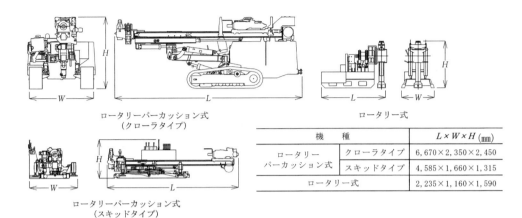

解説図 8.2 削孔機の種類（例）

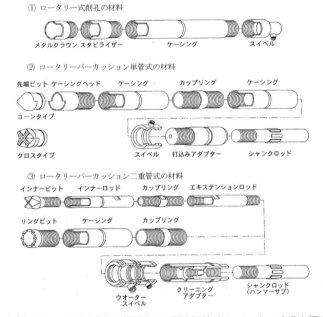

解説図 8.3 各削孔方法で使用される削孔材料（ツールス）の名称と概略図

2) 鉛直方向の削孔角度（アンカー傾角）はスラントルール（＝水準式角度定規）などでロッドあるいはケーシングの角度を合わせる．施工誤差が生じると定着時の引張材の曲がり，鉛直分力の増加，定着地盤への根入れ長さの不足などが発生することとなる．水平方向の角度（水平角）は一般的に目視で確認するが，アンカー間隔が狭い場合や地中構造物等を避けて施工する場合は，構造物の位置を正確に調査し，解説図 8.4 に示すように山留め壁の掘削側に張ったピアノ線や地墨等を基準にして角度を決めるなど，慎重に施工管理をおこなう．

施工後に地盤アンカーの精度を確認することは実質的に困難で，最終的な施工精度は各施工段階の誤差の累積となるため，個々の施工段階の誤差を最小限に抑えなければならない．その中でも削

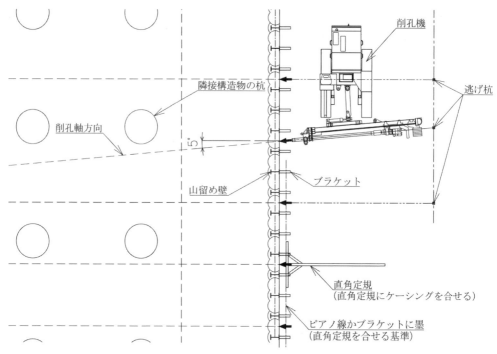

解説図 8.4 削孔角度に対する施工管理例（平面図）

孔機の設置精度は施工精度に及ぼす影響が大きく，削孔が進捗した後に削孔機の設置修正は不可能なため，削孔機を設置する段階で誤差は極力なくす必要がある．削孔機を所定位置に据付け後，削孔作業が始まると削孔機が動くことがあるが，削孔長が短い段階であれば比較的修正が可能なので1m程度削孔した時点でチェックするとよい．RC地中壁の山留めの場合，鉄筋かごにガイド管を先行して取り付けることが多いため，取り付ける際にガイド管の設置精度を確保することが重要である．

3) ケーシング先端に取り付けるビットは，定着体径以上の径のものを選定し，摩耗して径が小さくなっていないことを確認して使用しなければならない．

削孔中の孔曲がりや地盤の乱れを防止するには，削孔機や削孔材料，特に削孔ビットの選定も重要であるが，削孔技術に依存する度合いが大きい．斜め削孔の場合における孔は，概ね上方向かつ右方向へ曲がることが多い．これは，一般的に深くなるほど地盤が硬くなること，孔の下側にスライムが留まることから抵抗の小さい上方向に曲がる傾向にあり，ビットの上下では削孔抵抗に差があることから，右回転のビットでは通常右方向へ曲がる傾向がある．また，削孔長が長く，特に軟弱層が厚い場合，下方向に曲がる傾向がある．削孔精度を確保するには，適切な削孔速度や押込み圧を一定にすることに留意して削孔抵抗が大きくならないようにする．

b. 削孔後は孔底に沈積したスライムおよび孔壁に付着した粘土の排出を目的として，清水で孔内洗浄をおこなう．洗浄は孔内の泥水が清水に近い性状となるまで置換する．通常の洗浄では，礫や岩屑は排出できない場合が多い．エアーリフトあるいはサクションポンプを使うと排出しやすいが，

孔内水圧が地盤の間隙水圧を下回ると，孔周りの土砂を引込む可能性があるので注意する.

c. 地下水位以深の水頭差 3 mを超える高水圧状況下の施工（被圧削孔）や，削孔口からの地下水などの流出が地盤アンカーの品質を阻害するような状況下の施工では，周囲の地盤が乱れ，健全なアンカーが施工できなくなるおそれがある．また，削孔水の戻り水に地下水が加わり排泥水が非常に多くなる．ケーシング回収時の止水が遅れると，注入材が流れ出ることで地盤アンカーの耐力不足の原因となる．また，削孔開始から定着完了までの間における地盤アンカーからの多量の出水や土砂の流出は，山留め壁背面の地表面の陥没にもつながる．特に高水圧状況下での施工では，削孔口からの土砂流出，注入材の逆流防止など適切な施工機材の選定や処置を実施する．高水圧状況下での地盤アンカー施工に対する施工機材の例を付録6に示したので参照されたい.

d. 地盤アンカーは，予定した定着地盤に必要な定着体長を確保しなければならない.

　事前にボーリング調査，杭工事，山留め壁の施工等のデータなどを参考にして，地盤アンカーごとの定着地盤予想深度を求めておく．定着地盤の確認は削孔時の貫入抵抗や排泥水・排出スライムを観察することによりおこなう.

　定着地盤が予定の深さに認められない場合は，施工者は管理者等へ報告し，適切な対策について協議・承認を受けたうえで実施する.

　削孔中および削孔後，孔内の洗浄によりスライムを除去するが，洗浄後に再堆積し完全に除去することが困難な場合は，スライム溜りとして削孔先端に削孔余長（余掘り）を設けておく．斜め削孔の削孔余長は通常 10〜50 cm 程度であるが，洗浄で除去できない礫や岩屑がある場合には，50〜100 cm 必要なこともある．この場合，定着体が削孔先端の余掘り部分に埋没しないように留意する．削孔余長を設けても，スライムなどの残留物除去が不確実な場合は，定着部と地盤の所定の摩擦抵抗力が得られないこともあるので，孔内洗浄はおろそかにしてはならない．削孔余長は洗浄によるスライム除去を確実におこなったうえでの二重の対策と考えるべきである.

8.5　注　　入

8.5.1　注入材の混練

---

a. 注入材は施工計画書などに示される調合と方法，あるいは試し練りなどに基づいて混練する.

b. 注入材は均質になるまで混練し，所定の品質を満たしたものをただちに使用する.

---

a. 注入材の調合は，過去の事例や試し練りから決定することが多い．施工計画書には決定した調合と混練した注入材の品質の確認方法および管理値が示されている.

　注入材は通常，水，セメント，それに適切な流動性を得るための高性能 AE 減水剤等の混和材料で構成されるセメントペーストが使用される．混練装置への投入順序は通常，水，混和材料，セメントの順でおこなうが，流動性調整のために混和材料の投入順序を調整する場合もある．計量は，適切な計量方法で実施する．具体的には，ミキサー内の規定水量の事前計測や水量計などにより計

量をおこなう．

　注入材の品質管理項目には，流下時間，比重，圧縮強度などがある．

b．注入材の混練装置は，ミキサー，水槽，水量計，セメント置場(架台)などで構成される．ミキサーは注入中に注入材が不足しないよう十分な容量のものを準備する．注入中に追加混練が可能な2槽式のミキサーまたはアジテートミキサーを併用するとよい．わが国で通常使用されているミキサーは，撹拌翼の回転数が120〜600 rpm のものが多いが，流動性の良い注入材を混練するには1000〜3000 rpm の高速回転のミキサーを使用するのが望ましい．混練をおこなう時間は，通常使われている回転数のミキサーを用いる場合5分程度である．高速回転のミキサーを用いる場合でも2分以上混練する．注入材の混練は，注入中に不足しないよう十分な量を混練後ただちに使用できるようにタイミングよくおこなう．注入量が多く注入に時間がかかる場合は，2槽式の追加混練ができる装置を用意し，これに一時蓄えて使用する．注入までにワーカビリティが低下し注入が困難になった場合には，その注入材を廃棄する．混練した注入材は，施工計画書などに示された品質であることを確認しなければならない．注入材の品質管理試験は一般に次のような方法でおこなう．

1) 流下時間

　解説図8.5に示すようなPロート（JSCE-F521）を使用し，ロートに入れた一定量の注入材が流下するのに要する時間（秒）が流下時間である〔4章4.5.2項参照〕．流下時間は注入時の施工性に関係する管理値であるから基準値は使用するポンプ能力，気温や作業環境など施工条件を考慮して決める．

2) 比重

　一般的に解説図8.6に示すような天秤の一端に規定容積の容器が付いたマッドバランスを用いて計測する場合が多いが，メスシリンダーとはかりを用いて体積と重量を計量することもある．比重を計測することにより，所定の調合どおりに材料が投入され十分に混錬されたことを確認する．

3) 圧縮強度

　通常は直径5 cm，高さ10 cm モールドで成型した円柱供試体を用いておこなう．供試体の作成，養生，試験方法などはJIS A 1132（コンクリートの強度試験用供試体の作り方）およびJIS A 1108（コンクリートの圧縮強度試験方法）に準じておこなう．

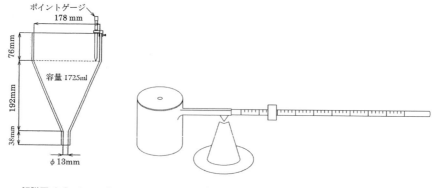

　　解説図 8.5　Pロート　　　　　　解説図 8.6　マッドバランス

8.5.2 注入および加圧

> a. 注入は，注入ホースを孔底まで挿入し連続的におこない，戻り液が注入材とほぼ同等の品質になるまで続ける．
> b. 加圧は，注入完了後，設計図書あるいは施工計画書に示された方法と圧力でおこなう．また，分散耐荷体方式の地盤アンカーに対する加圧は，耐荷体ごとにおこなうことを基本とする．
> c. ケーシング引上げ時には，引張材が共上がりしないように注意する．

a. 注入は，引張材の挿入前に注入ホースを孔底まで挿入しておこなう「先行注入方式」と引張材の挿入後に注入をおこなう「後行注入方式」とがある．後行注入方式の場合には，ホース先端が孔底に達するように注入ホースを引張材に取り付けておかなければならない〔解説図 8.7 参照〕．

注入作業は，地盤の緩みや強度低下，孔壁のスレーキング（土粒子が水を吸着して粒子間隔が広がることで，粒子間結合が失われる現象），地下水のケーシング内への逆流などを防止するために，削孔および孔内洗浄後ただちにおこなう．また，注入作業は極力中断しないように施工するとともに，できるだけ低圧でゆっくりおこなう．

注入材は混練装置から流下する所，あるいはアジテートミキサー上において 0.6～1.2 mm のふるいを通し，セメントの凝集粒子などの粗粒物を取り除く．

注入はケーシング内からの戻り液が，プラントで混練りされた注入材とほぼ同程度の品質になるまで続けなければならない．品質の確認は通常，戻り液の目視ならびに手触りでおこなうが，比重や流下時間を定量的に測定して確認することが望ましい．

注入量は地盤アンカーの種類・形状により異なるが，地下水位以浅の施工で，透水性が低く孔壁崩壊の危険性の少ない地盤では削孔体積の 2 倍以下程度である．注入しても戻り液が確認できない場合や，注入材の比重など所定の品質が得られない場合は何らかの不具合が生じている可能性があ

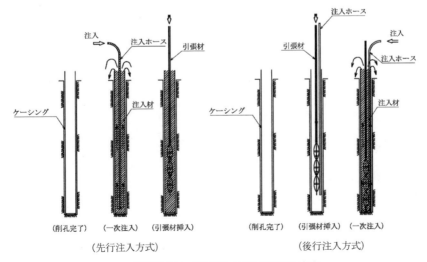

解説図 8.7 先行注入方式と後行注入方式

るため，原因を検討して必要に応じて対策を立てる．例えば，注入量が多くなる場合は，透水性の高い地層において逸水している可能性がある．所定の品質の戻り液とならない場合は，地下水の流入などにより注入材の希釈が起こっている可能性がある．また，地下水位以深の施工の場合，注入ロスが多いため注入量が増し，注入量が5倍以上になることもある．さらに，同一条件で施工された地盤アンカーの平均的な注入量に比べて大幅に異なる場合も原因と対策を検討する必要がある．

定着地盤において注入材の逸水が確認された場合，定着体部を布パッカーで覆い，この範囲に限定して注入する方法もある．解説図8.8に使用例を示す．

b. 注入ポンプは，必要な加圧力を確実に与えられるものでなければならない．

加圧は設計図または施工計画書に示される圧力でおこなう．圧力管理はポンプの圧力計に頼らず，口元付近に別の圧力計を取り付けておこなう．一般的な地盤では，圧力 $0.1〜0.5\,\mathrm{MPa}$，加圧時間は1〜2分程度を目安とし，地盤にあった加圧時間を選定する．例えば，定着地盤が緩い砂質地盤の場合には，3分以上加圧するのが望ましい．地下水が流入するおそれのある場合には，さらに長時間加圧する必要がある．

通常の地盤アンカーの施工は，ケーシングの頭部に加圧ヘッドと呼ばれる装置を取り付けてケーシング内部を通して加圧する「ケーシング加圧」をおこなう．また，加圧をより確実にしたい場合や地下水圧で注入材が逆流するような場合には，セメントペーストの漏出を防止する目的で定着体の直上でパッカーを膨らませ，パッカーより下に入れた注入用ホースで加圧する「パッカー加圧」をおこなう場合もある．解説図8.9にパッカー加圧の例を示す．

ケーシング加圧による場合は，ケーシングを定着体上端まで引き上げて加圧するが定着体長が長い場合は，ケーシングを1〜3 mずつ引き上げ，加圧を数回に分けておこなうことが望ましい．パッカー加圧の場合でも定着体長が長い場合には，ケーシング加圧を数回に別けておこなった後，パッカー加圧をすることが望ましい．

パッカー加圧の場合は，崩壊しやすい砂質土地盤にパッカーを設置するとパッカーと孔壁の間に隙間ができ，加圧効果が低下することがあるので，注意が必要である．適当な地盤がない場合には，口元管の内部にパッカーを設置することもある．

また，高水圧状況下で地盤アンカーを施工する場合など，地下水や土砂の流出防止対策として削

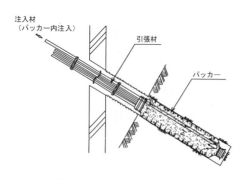

解説図 8.8 逸水対策　布パッカー使用例

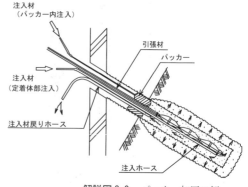

解説図 8.9　パッカー加圧の例

孔口を閉塞しての施工となることがある．この際，削孔時の送水圧や注入時の注入圧が山留め壁の背面に作用して，壁の変位を増大させることがある．このような地盤アンカーの施工にあたっては，すでに設置された近傍のアンカーに荷重計が取り付けられている場合は荷重計の値，山留め壁の変形を計測している場合は変位量を観測しながら作業を進めることが望ましい．

　加圧は，定着体を健全に形成するために重要な要素であるが，その効果は対象地盤の状況（間隙率，地下水の状態など）により大きく異なる．そのため，施工地盤の状況を把握し，適切な加圧方法を選択する．

　ケーシング引上げ後，アンカー自由長部の空隙を充填するために二次注入をおこなう．二次注入の主な目的は，アンカー自由長部の保護を目的とした空隙充填であり，本設地盤アンカーの場合は自由長部の防食機能を増加させるためでもある．

c．ケーシング引上げ時には，引張材が共上がりしないよう注意する．アンカー長が長い場合やケーシング内径と引張材とのクリアランスが小さい場合には，引張材の挿入が困難になることがある．このような場合は，注入からケーシング回収まで，より長い時間を要するためケーシング回収時に引張材の共上がりが生じやすくなる．

　引張材の共上がりの原因としては，以下のことが考えられる．

（ⅰ）　引張材の外径に比較して，ケーシング内径が小さい

（ⅱ）　アンカー傾角が小さいため，引張材の自重によるケーシングとの摩擦抵抗が大きくなる

（ⅲ）　ケーシングの内壁に付いた傷や付着した注入材によって摩擦抵抗が大きくなっている

（ⅳ）　注入後の時間が長いため，注入材の粘性が高くなっている

（ⅴ）　ケーシングの先端部にスライムが堆積し，締め固まっている

（ⅵ）　ケーシングの先端部でボイリングが生じ，土砂がケーシング内に入っている

　原因によっては，施工段階のみの対応では処置できないこともあるので，設計に戻って対策を講ずることも必要になる．

　ケーシング引上げ時には，まず，数十cm引き上げた時点で引張材の端部位置を計測し，共上がりがあればケーシングを回転させるか，ケーシングを小刻みに上下させて縁を切る．縁切りができない場合には，いったん引張材を引き上げ，再削孔等の処置をとる．処置方法の如何を問わず共上がりが生じた場合には，その原因を究明して再発防止に努めなければならない．

8.6　引張材の組立・挿入

a．引張材は，設計図書などに示される形状，寸法に施工上の余長を加えた長さとして組み立てる．

b．引張材は，地盤アンカーとしての機能を損なわないように，組立・保管・運搬中にさびが生じたり損傷が加わらないように，また，泥や油などの付着や有害な変形が残留しないように注意する．

c．引張材の挿入は，設計図書などに示された深さまで，引張材を傷つけないように注意しておこなう．

d．施工後の地盤アンカーは，注入材が所定の強度に達するまで，荷重・振動を与えたり，移動させてはならない．

a. 引張材は設計図書などに示された形状に正確に組み立て，その後の運搬，挿入に際してばらばらになったり，スペーサーなどが落ちないように強固に組み立てなければならない．

引張材は，緊張・定着作業に用いるセンターホールジャッキを取り付けるために1.0～1.5m程度の緊張余長を取っておく必要がある．

b. 分散耐荷体方式の地盤アンカーのPC鋼より線の加工は，耐荷体シーブに適した径で，引張材を傷つけないように十分注意をしておこなう．PC鋼より線は曲げ加工半径が小さくなるほど引張荷重が小さくなる．したがって，PC鋼より線の曲げ加工は，耐荷体を用いて耐荷体シーブ径に合わせておこない，設計時に用いたPC鋼より線の引張荷重を下回らないようにおこなわなければならない．

引張材が曲がったり，シースやパッカー取付部が所定の寸法以上に太くなると，挿入が困難になったり，ケーシング回収時の共上がりの原因になるので注意する．挿入できる引張材の外径寸法は，ケーシングによって決まるのではなく，ケーシングの継手部（カップリング）の内径により制限されることに留意しなければならない．

分散耐荷体方式の地盤アンカーを除く定着体の先端には，容易に挿入できるように適切な形状のキャップを取り付けることがある．

PC鋼より線を被覆するシースは，注入材とPC鋼より線を絶縁してPC鋼より線に塗布された防せい材を保護し，導入された緊張力を確実に定着体へ伝達するとともに，除去時の摩擦抵抗を低減する役割を担っている．したがって，引張材の組立，運搬，保管，挿入時にシースを傷つけて穴を開けてしまうことなどがないように注意する．

引張材の定着体部分は，基本的に汚れなどが付着しないように保管しておかなくてはならない．汚れが付着した場合は，組立て前に取り除いておく．油等の除去は，溶剤や蒸気を用いておこなう．

引張材は，その後の保管，運搬中に傷付けたり汚損したり有害となるような過度の変形を与えないよう注意しなければならない．

c. 引張材の挿入は，孔内洗浄あるいは注入に引き続き，すみやかにおこなう．ここで時間を費やすと引張材の高止まりやケーシング回収時の共上がりが生じる危険性が高まる．

挿入に先立ち引張材を点検し，スペーサーなどの組立部材のずれや欠落，緩みなどがあれば補修し，付着した泥などの汚れは除去する．簡単に補修できないような欠陥がある場合は，新しいものと取り替える．

引張材の挿入は引張材を傷つけないよう注意しておこなう．特に，ケーシング口元の角に擦れて損傷を受けることが多いので，口元にゴム等の保護材を取り付けるか，球面状の冶具を使用するとよい．

また，人力による挿入は，口元で擦傷が生じやすいうえに危険もともなう．特に，鉛直地盤アンカーやアンカー傾角の大きい地盤アンカーの施工に際しては，孔内に引張材を急速に落下させると組み立てた引張材が破損する可能性がある．安全面においては，作業員の手が引き込まれる危険性があるためクレーンなどを使用して緩やかに挿入することが望ましい．

引張材の挿入不能の原因として，以下が挙げられる．

（ⅰ） 孔曲がり

（ⅱ） 引張材の曲がり

（ⅲ） 洗浄不足による孔底のスライム堆積およびボイリングによる土砂の流入

（ⅳ） 注入した注入材の脱水などによる硬化

（ⅴ） 先端キャップの欠落や，引張材の結束が外れてばらばらになることによるケーシングとの摩擦の増大

（ⅵ） 引張材の太さに対してケーシング内径が小さい

挿入不能になった場合は，無理に押し込もうとせず，その原因を検討し管理者等と協議して状況に応じて引上げ，再削孔，再挿入などの対策を講ずる必要がある．

なお，先行注入方式の場合，注入材の粘性や浮力などにより挿入しにくい場合があるため注意を要する．

d. 地盤アンカー施工後は，口元開口部の養生を施す．湧水がある場合は，口元止水等の必要な処置を施したうえで，注入材が所定の強度に達するまで荷重や振動を与えないように養生する．挿入した引張材の頭部は直接雨水にさらさないように養生し，重機等が接触するおそれがある場合は，適切な保護対策をおこなう．

8.7 緊張・定着

8.7.1 アンカー頭部の施工

> a. アンカー頭部は，設計図書，施工計画書に基づいて施工する．
> b. アンカー頭部は，施工した地盤アンカーの軸線に合わせて設置する．

a. アンカー頭部は，設計図書，施工計画書に基づいて施工する．施工に際しては引張材に損傷を与えないように注意する．

b. 地盤アンカー頭部の施工に際しては，施工されたアンカーの軸線に合わせるように頭部部材を調整する．一般に，設計アンカー角度とアンカー頭部の設置角度の許容値は，くさび定着方式の PC 鋼より線の場合±5°，ナット定着方式の異形 PC 鋼棒や多重より線の場合±2.5° とされている〔解説図 8.10 参照〕．誤差が許容値を超えた場合は，支圧板と台座の間にキャンバー（角度調整材）を挟んで角度を調整する〔解説図 8.11 参照〕．

参考に，設計アンカー角度とアンカー頭部における設置角度の差に応じて，引張材の引張荷重が小さくなる試験結果を〔解説表 8.3〕に示す．

許容値を満足していても，くさびやナットなどのアンカー頭部の定着具と引張材の軸がずれたり，引張材が支圧板や台座等に接触していると，不測の荷重が加わり，強度低下を起こす危険性がある．特に引張材に防せい処置としてエポキシ樹脂塗装を施している場合，支圧板や台座に接触しているとエポキシ樹脂塗装が剥がれてしまうので，注意が必要である．

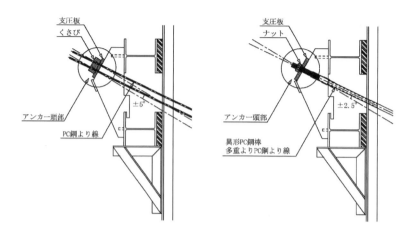

(a) くさび定着方式　　　(b) ナット定着方式

解説図 8.10　設計アンカー角度とアンカー頭部における設置角度の許容値

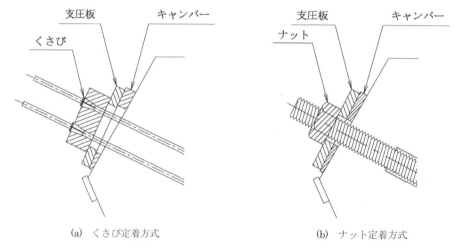

(a) くさび定着方式　　　(b) ナット定着方式

解説図 8.11　アンカー頭部における定着角度調整

解説表 8.3　定着角度の変化に伴う引張荷重の低下（率）の一例[8.1]に一部加筆

定着角度 (°)	引張荷重 (kN)	引張荷重／母材引張荷重 (×100) %
0.0	274.9	100.0
3.0	272.9	99.2
5.0	271.0	98.6
7.0	260.9	94.9

8章 施 工 ― 169 ―

8.7.2 引張材の緊張・定着

---

a. 引張材の緊張・定着は，地盤アンカーの注入材，アンカー頭部のコンクリートなどが所定の強度に達してからおこなう．

b. 引張材の緊張・定着は，所定の導入緊張力が得られるように設計図書，施工計画書に示された方法でおこなう．

c. 分散耐荷体方式の引張材の緊張・定着作業は，それぞれの PC 鋼より線の自由長が異なることを考慮し，各 PC 鋼より線について，所定の安全率を確保できる導入緊張力が得られるようにおこなう．

---

a. 引張材は，注入材が所定の強度に達してから，9 章の 9.3 節に示す確認試験でその健全性を確認したうえで，設計図書，施工計画書に示される荷重で緊張・定着する．

b. 緊張方式にはシングルプレストレッシングシステムとマルチプレストレッシングシステムがあるが，一度に全ての引張材に緊張力が与えられるマルチプレストレッシングシステムを基本とする．

　山留めアンカーの場合，連続した地盤アンカーを一方向から順番に緊張すると腹起こしの跳ね上がりやねじれが生じることがある．同様に，擁壁の水平変位防止や構造物の浮き上がり防止の場合，擁壁の不同変位や構造物の不同沈下が生じることがある．通常は荷重が極力偏らないように順次緊張するが，一度に複数のジャッキでバランスよく緊張をおこなう対処方法もある．

　山留めアンカーの緊張力管理は，油圧ポンプのブルドン管式圧力計によるが，基本試験や本設地盤アンカーにおいては，電気式油圧センサーを用いることもある．電気式油圧センサーを用いると，緊張力のデジタル表示が可能である．緊張定着後に緊張力のモニタリングをおこなう場合には，センターホール型荷重計を設置することで，細かいインターバルでの観測が可能となる．センターホール型荷重計には，ひずみゲージ式荷重計，差動トランス式荷重計，油圧ディスク荷重計がある．

　初期緊張力は，導入緊張力と定着具のセット量による緊張力低下を考慮して設定する．本設地盤アンカーにおいて地盤のクリープ特性の影響を受けるおそれがある場合は，長期引張試験を実施し，設計へのフィードバックをおこなう．供用期間における緊張力低下量が設計を上回る場合は，低下量を加味した対応が必要となる．

　再緊張が予定されている場合は，頭部の構造や余長の長さを考慮して計画する．緊張に必要な余長は，ジャッキの寸法によって異なるので，事前に採用するジャッキの寸法を確認しておく必要がある．

c. 分散耐荷体方式の地盤アンカーの緊張方法については，施工計画書にしたがって緊張・定着する．

　以下に 4 種類の緊張方法と留意点について述べる．

（ⅰ）　PC 鋼より線 1 対ごとに緊張力を加え定着する方法

（ⅱ）　各 PC 鋼より線の伸び量に基づいて緊張・定着をおこなう方法

（ⅲ）　多段のプーリングヘッドを用いる方法

（ⅳ）　同時緊張方式で緊張する方法

（ⅰ）　PC 鋼より線 1 対ごとに緊張力を加え定着する方法

同じ長さの1対のPC鋼より線ごとに所定の緊張力を加えて定着していく．本来，1対のPC鋼より線に対する各耐荷体は，それぞれの定着体圧縮応力分布に影響がないように配置されている．定着地盤の剛性が極端に小さい場合，上下耐荷体の定着体圧縮応力分布が影響範囲内となり，先に緊張されたPC鋼より線の緊張力は，後続のPC鋼より線の緊張によって減少することもある．緊張力が減少した場合は，この再緊張を何度か繰り返す必要がある．ただし，地盤アンカー全体の荷重～伸び関係を把握することは難しくなる．

（ⅱ）各PC鋼より線の伸び量に基づいて緊張・定着をおこなう方法

PC鋼より線の伸び量（$\Delta L_{ft(i)}$）は，下式で求められる．

$$\Delta L_{ft(i)} = \frac{P_{d(i)} L_{ft(i)}}{EA_{(i)}} \tag{8.7.1}$$

記号　$P_{d(i)}$：i番目の耐荷体の部分設計アンカー力（kN）
　　　$L_{ft(i)}$：i番目の耐荷体の引張材自由長（mm）
　　　E：引張材のヤング係数（kN/mm^2）
　　　$A_{(i)}$：引張材の断面積（i番目の耐荷体に掛かるPC鋼より線の合計断面積）（mm^2）

この式により，各PC鋼より線の伸び$\Delta L_{ft(i)}$を計算して，すべてのPC鋼より線で設計アンカー力作用時に計算で得られた伸び量が生じるように，自由長が長いPC鋼より線から順に緊張し，最後にすべてのPC鋼より線を同時に緊張して定着する．すなわち，最も長い第1耐荷体のPC鋼より線を，2番目に長い第2耐荷体のPC鋼より線との伸び量の差分（$\Delta L_{ft(1)} - \Delta L_{ft(2)}$）だけ引っ張る．次に，第1耐荷体のPC鋼より線と第2耐荷体のPC鋼より線を，3番目に長い第3耐荷体のPC鋼より線との伸び量の差分（$\Delta L_{ft(2)} - \Delta L_{ft(3)}$）だけ引っ張る．以上の手順を繰り返し，最終的にすべてのPC鋼より線を同時に緊張・定着することによって，設計アンカー力作用時のPC鋼より線の伸び量が所定量となる緊張力を導入することができる．部分設計アンカー力を等しくした場合の緊張力―伸び量関係を解説図8.12に示す．

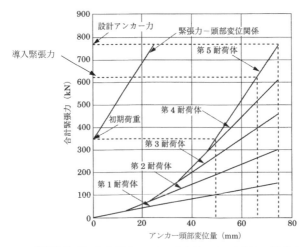

解説図8.12　部分設計アンカー力を等しくした場合の緊張力―伸び量関係

（ⅲ）　多段のプーリングヘッドを用いる方法

　PC鋼より線の伸び量の差分を調整する弾性体を各PC鋼より線を係留するプーリングヘッドの間に挟み込むことにより，一度の緊張作業で所定の緊張力を導入することができる．解説図8.13は，3段の耐荷体で構成される地盤アンカーを緊張する場合で，伸び量が小さい短いPC鋼より線ほど上段のプーリングヘッドにより緊張されるため，すべてのPC鋼より線に所定の緊張力が導入される．

（ⅳ）　同時緊張方式で緊張する方法

　同時緊張できるのは，引張材自由長がある程度長い場合に限られる．ここでは，解説図8.14に示す3つの耐荷体を有する分散耐荷体方式の場合について考える．

　緊張時の各PC鋼より線の伸び量（$\Delta L_{ft(i)}$）は（8.7.1）式から得られる．よって，同時緊張した場合の各PC鋼より線に導入される緊張力$P_{(i)}$は，下式で表される．

$$P_{(i)} = E_{(i)}A_{(i)}\frac{\Delta L_{ft(i)}}{L_{ft(i)}} \tag{8.7.2}$$

　この時，各PC鋼より線の伸び量は等しくなる（$\Delta L_{ft(1)}=\Delta L_{ft(2)}=\Delta L_{ft(3)}$）．各PC鋼より線のヤング係数および耐荷体に掛かるPC鋼より線の合計断面積が等しい（$E_{(1)}=E_{(2)}=E_{(3)}$，$A_{(1)}=A_{(2)}=A_{(3)}$）と仮定すると，導入される合計緊張力$\Sigma P_{(i)}$および各PC鋼より線の緊張力の分担比は，下式で求められる．

$$\Sigma P_{(i)} = P_{(1)} + P_{(2)} + P_{(3)} = \left(EA\Delta L_{ft}\right)\times\left(\frac{1}{L_{ft(1)}} + \frac{1}{L_{ft(2)}} + \frac{1}{L_{ft(3)}}\right) \tag{8.7.3}$$

$$\frac{P_{(1)}}{\Sigma P_{(i)}} = \frac{\dfrac{1}{L_{ft(1)}}}{\dfrac{1}{L_{ft(1)}} + \dfrac{1}{L_{ft(2)}} + \dfrac{1}{L_{ft(3)}}} = \frac{L_{ft(2)}L_{ft(3)}}{L_{ft(2)}L_{ft(3)} + L_{ft(1)}L_{ft(3)} + L_{ft(1)}L_{ft(2)}}$$

$$\frac{P_{(2)}}{\Sigma P_{(i)}} = \frac{L_{ft(1)}L_{ft(3)}}{L_{ft(2)}L_{ft(3)} + L_{ft(1)}L_{ft(3)} + L_{ft(1)}L_{ft(2)}} \quad , \quad \frac{P_{(3)}}{\Sigma P_{(i)}} = \frac{L_{ft(1)}L_{ft(2)}}{L_{ft(2)}L_{ft(3)} + L_{ft(1)}L_{ft(3)} + L_{ft(1)}L_{ft(2)}} \tag{8.7.4}$$

緊張力が最も大きくなる第3耐荷体のPC鋼より線の緊張力は，下式のとおりとなる．

$$P_{(3)} = \frac{L_{ft(1)}L_{ft(2)}}{L_{ft(1)}L_{ft(2)} + L_{ft(1)}L_{ft(3)} + L_{ft(2)}L_{ft(3)}}\times\Sigma P_{(i)} \tag{8.7.5}$$

　（8.7.5）式により，導入する緊張力が最大となる確認試験時に自由長が最も短い引張材，すなわちアンカー頭部側耐荷体のPC鋼より線の緊張力（$P_{(3)}$）が緊張力導入時の許容引張力（$T_{as(1)}$）以下である場合に同時緊張が可能である．分散耐荷体方式地盤アンカーの定着は，PC鋼より線の戻りに応じてアンカー頭部に定着されるフリーセッティングと，くさび押込み用のジャッキを用いて定着するコントロールセッティングの2方式に分類され，一般的にセット量によるセットロス（くさびが引き込まれた後，PC鋼より線にグリップし定着されるまでに生ずる荷重の低下量）には差が生じる．いずれの方式でも自由長が短いものほど，引張材に対するセット時の荷重低下量が大きくなるのでセット量の管理が重要となる．

　シース内にグリースが封入されたアンボンドPC鋼より線は，シースを除去するとグリースが露

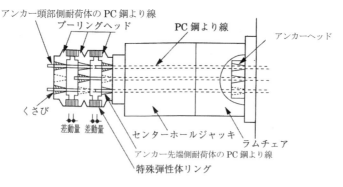

解説図 8.13　一度の緊張作業で緊張力のばらつきを補正できる緊張方式

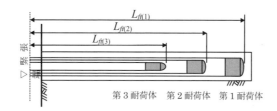

解説図 8.14　分散耐荷体方式の定着体を用いた地盤アンカー例

出して泥やゴミなどが付着しやすい状態となる．これらの汚れがないよう PC 鋼より線を清掃して，計画どおりのセット量となるように緊張・定着をおこなう．

8.7.3　防せい処置

> 防せい処置は，設計図書，施工計画書に基づいておこなう．

　本設地盤アンカーや供用期間が長い（2 年以上）仮設地盤アンカーは，引張材，アンカー頭部などの腐食のおそれがある金属類に防せい処置を施す必要がある．通常，工法に応じた防せい処置が設計図書，施工計画書に示されるので，防せい材や防せい被覆された金属類を傷つけないように注意して施工する．

　供用期間が短い地盤アンカーにおいて防せい処置をする場合は，最も腐食しやすいアンカー頭部や頭部背面のみを防せいすることが多い〔解説図 8.15(a)参照〕．

　本設地盤アンカーにおける防せい処置として，引張材にポリエチレンシースやスパイラルシースを取り付け，内部に防せい材を充填する方法がある．アンカー頭部には，再緊張の有無に応じた形状の防せいキャップを取り付け，内部に防せい油などを充填する．頭部の防せいキャップ内が，高温になる場合には，高融点の防せい油を充填するなどに配慮する．アンカー頭部背面は，防せい構造が不連続になりやすいので，注入材や防せい油などを完全に充填する〔解説図 8.15(b)参照〕．特

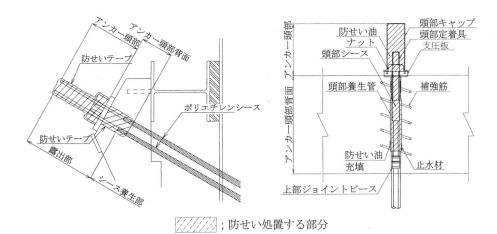

解説図 8.15 自由長部およびアンカー頭部の防せい処置の例

に地下水の流出や上昇が事前に予測される場合は，止水性に配慮した工法の選定が必要となる．定着完了後に漏水に対する防せい対策を施すことは困難で，仮に止水処理により漏水を抑えたとしても供用期間内における防食を保証することにはならないため，事前の計画・工法の選定が重要である．また，緊張定着後すぐに頭部処理ができない場合は，雨水などでアンカー頭部や引張材が腐食しないよう，簡易な防せい処置をおこなう必要がある．

8.8 除去式地盤アンカーの引張材の引抜き

> a．引張材の引抜きは，緊張力除荷後におこなう．
> b．引抜き後の引張材は，適切に処分する．

a．緊張力除荷は支圧板背面部をガス切断する方法が一般的である．緊張力除荷の際，反動によって頭部定着具，台座，腹起しなどが落下するおそれがあるため，事前に落下防止措置や立入禁止区画を設ける必要がある．また，現場条件によりガスによる溶断ができない場合は，緊張ジャッキを用いてくさびを取り除き緊張力を除荷する方法もある．ただし，この場合は引張材の余長が必要になるので，事前に計画する必要がある．

b．分散耐荷体方式の地盤アンカーにおいて，PC鋼より線をセンターホール型ジャッキで引き抜くと，PC鋼より線がコイル状になるため，緊張力除荷と同様立入禁止区画を設けるとともにグリースの飛散養生をする必要がある．引抜き後のPC鋼より線は，グリースが付着しているため，周囲のコンクリートや鉄筋などに付着しないよう養生したうえで，専用のコンテナ等に収納可能な長さに切断し，適切に処分する．

8.9 作業の安全

> 地盤アンカーの施工にあたっては，関連法規を遵守し，作業者および周辺の安全を確保する．

　地盤アンカーの施工にあたっては，建築基準法，労働安全衛生法などの関連法規を遵守し，安全衛生管理計画書を事前に作成したうえで作業をおこなう．地盤アンカー造成時の削孔機による作業から確認試験および緊張定着などの油圧ジャッキを用いる作業までの各施工段階で，適切な安全対策を施さなければならない．解説表 8.4 に地盤アンカー施工時の安全管理事項の例を示す．

　地盤アンカーの打設作業は根切り面でおこなうことが多く，掘削重機との同時作業になりやすい．仮設支柱，切梁，逆打工法の場合の先行スラブ，逆打支柱などが施工位置の近傍に配置されている場合は施工空間が狭あいとなるため，削孔機の移動に伴う挟まれや接触・破損事故には十分注意しなければならない．山留め壁際の地盤は，地盤アンカー削孔用の溝掘りや場所打ち杭の埋戻し跡による不陸や乱れが生じている場合があるため，作業員や施工機械の転倒防止対策が必要である．

　削孔用ケーシングは人力で扱う材料としては重量物であるため，ケーシングのカップリング端部での指先の挟まれ，ケーシング回転時のレンチによる挟まれ，あるいは巻き込まれによる災害を防止する．重量物を扱う際の作業員の姿勢や動線を考慮した無理のない計画を立てることが重要である．

　緊張作業にあたっては，載荷荷重に対して，アンカー頭部の台座や試験反力装置等が十分な強度を有していることを事前に確認する．引張材が破断すると品質に重大な影響を及ぼすとともに，非常に危険である．載荷中は，万一に備えて，載荷装置周辺とアンカー軸の延長線上を立ち入り禁止とする．

　供用期間終了後の除荷作業に際しては，荷重解放に伴う腹起しの飛び出しや横滑りの防止対策を施したうえで，荷重解放の順序をよく検討することが重要である．ガス切断や溶接など火気を使用する場合には，仕上げ材などの可燃性材料に引火しないよう，養生や施工後の消火確認を徹底する必要がある．

　除去式地盤アンカーの引張材の引抜きに際して，引抜専用のセンターホール型油圧ジャッキを用いる場合には，作業員間の連絡合図が円滑におこなえるよう配慮する．引き抜かれた PC 鋼より線は，全長の半分がコイル状となっているため，先端部が抜け出たと同時に跳ね上がることもあり，同時にシース内のグリースが飛散する．したがって，引張材の引抜時の立入禁止区画は，作業員の施工ヤードに限定するのではなく影響が及ぶ範囲を想定して定め，周辺を適宜養生する必要がある．引き抜かれた PC 鋼より線は，切断・廃棄に至るまで取扱いには十分注意を要する．

　最近は建築物の耐震補強等の目的で，供用中の建築物の外壁際などで施工するケースもあり，施工条件に適合した第三者に対する安全上の配慮は特に重要である．

解説表 8.4　地盤アンカー施工時の安全管理事項(例)

施工ステップ	安全管理項目	危険要因	対策例
1.施工準備	作業地盤の安定 使用機械の性能	機械の転倒 誤作動による損傷	地盤補強（鉄板敷き等） 機資材の受け入れ時点検
2.削孔	削孔補助作業（人力）用設備 オペレーターとの合図方法	ケーシング継切時の転倒 ケーシング端部での挟まれ	適切な足場整備 視認できる位置関係での作業
3.孔内洗浄	エアーによる孔内洗浄対策	排水およびスライム飛散	飛散用防護カバーの設置
4.注入材の混練	混練時の環境 ミキサー等練混設備	セメントの吸引 ミキサーへの巻き込まれ	保護具（マスク等）の使用 ミキサー養生蓋等の設備設置
5.注入	注入圧力管理 注入ホースの状態	ホースの破裂 セメントペーストの飛散	保護メガネの使用 ジョイント養生
6.引張材の挿入	引張材の荷解き方法 引張材建込み手順	荷解時の材料のはね上がり対策 口元での手指引き込まれ	作業員の配置徹底 適切な人員配置と合図
7.ケーシング引上げ	ケーシングジャッキ操作手順 作業足場の計画	誤操作によるケーシング落下 ケーシング回収時の転倒	熟練者の配置 作業姿勢が安定する作業足場
8.頭部部材の取付け	台座取付位置・設置角度	台座の変形 接触による引張材の損傷	スケール・ゲージによる測量 キャンバーの設置
9.確認試験・緊張定着	ジャッキ性能の確認 試験荷重の確認	換算圧力違いによる過緊張・破断 定着荷重違いによる山留め崩壊	加力時立入禁止措置 チェックシートの活用
10.アンカー頭部撤去	山留め計画の検証 解体時施工ヤード	山留め崩壊 腹起しの飛び出し	計画と実施との比較検討 立入禁止措置
11.PC鋼より線の引抜き	ジャッキ操作と施工環境 鋼線の切断ヤードの整備	ジャッキ端部での指の挟まれ ガス切断時の火災	視認を基本とした作業 可燃物の排除・養生と消化設備

8.10　施工記録

> 施工した地盤アンカー全数について施工記録を作成し，供用期間中保存する.

　施工者は，設計図書等の記載事項に基づき，施工品質を保証する目的で地盤アンカー全数について施工記録を作成し，管理者に提出する．地盤アンカーの構築に関する記録だけでなく，確認試験の記録も同様に施工記録として保存する．本設地盤アンカーにおいて維持管理の資料として用いる場合には，建物管理者が供用期間中を通じて保存する．

　仮設地盤アンカーは条件によっては敷地外に打設することもあり，その場合は除去式の地盤アンカーが採用されることになるが，除去後の処置方法も含めた施工の履歴を図面や写真等の工事記録として残す．工事途中の変更により施工位置等の変更が生じた場合は，最終形を記録に反映させなければならない．仮設地盤アンカーを残置する場合は，建物などの所有者が変わった場合，将来的な構造物などの構築時に地中障害物となる可能性に配慮して，材料，寸法，配置などの情報が明確となるよう，竣工図書に記載する．

　各施工記録は，地盤アンカー1本ごとに管理シートを作成し，必要事項を整理して記録することが望ましい．

8.11 環境保全

> a. 地盤アンカー施工時に発生する騒音，振動，粉じんの発生を極力抑えるよう配慮する．産業廃棄物は，関連法規に基づき適正に処分する．
>
> b. 地盤アンカーの施工が周辺環境に及ぼす影響については，事前に関係者と十分に協議し，適切な低減策を講じる．

a. 地盤アンカーの削孔機は，ロータリー式またはロータリーパーカッション式掘削機であり，特定建設作業機械には指定されていない．ただし，市街地における施工時には環境負荷を極力抑えるような配慮が必要である．浅い掘削床や建築物の外壁際で居住地に近接して作業する場合には，防音設備の設置や飛散養生などの対策が必要である．

地盤アンカーの施工時には，削孔汚泥，オーバーフローした注入材やプラントにおける廃棄セメントペーストなどの産業廃棄物が発生する．削孔水は口元付近で回収し，上澄み水を分離して再利用するなど，できる限り場内で減量化し，場外搬出時には汚泥として適正に運搬・処分する．

b. 地盤アンカーは一般に小径であり，発生土の量が他の地業工事に比較して少ないことから，環境に配慮した工法と考えられる．また，地盤アンカーをカウンターウェイトとして使用することで，掘削土量や躯体の数量を低減することが可能となる．また，仮設地盤アンカーを支保工とした場合，切梁など重仮設材の削減による搬出入車両の低減が可能となることや，地下工事における仮設計画の自由度が向上し掘削工事中の搬出入車両の山均しが図れることから，環境アセスメントの観点でも効果的な工法であると考えられる．

仮設地盤アンカーは山留め壁の背面に斜めに打ち込まれ，工事期間中には山留め壁の変形を抑える機能を受け持つことから周辺環境の保全のために重要な部材であるが，工事完了後は構造上不要となる．PC 鋼より線などの引張材が平面および深度方向に縦横に配置された状態は，将来的に地中障害や産業廃棄物として扱われる可能性があるため，原則として引張材は除去することが望ましい．地盤アンカーの特質上やむを得ず残置する耐荷体や注入材等については，土地所有者と事前に十分な協議をおこない，残置物の状態を明らかにしておくことが重要である．地中の仮設構造物に関する施工後の取扱いについては，今後の環境法制上の動向を注視しつつ，施工者が諸官庁機関と個別に協議していくことが重要である．たとえば，国道などの公共道路下に地盤アンカーを打設する場合には，全体計画を考慮した総合的な判断の結果として，アンカーを計画することが環境配慮上効果的であることを示す必要があろう．

参 考 文 献

8.1) 日本アンカー協会：グランドアンカー設計施工マニュアル，p.144，2013

9章　試　　験

9.1　基本事項

9.1.1　一　　　般

> 　地盤アンカーを計画する際に必要となる設計定数と施工に対する信頼性を確認するために，原位置において基本試験と確認試験をおこなうとともに，施工性の確認をおこなう．

　地盤アンカーが施工される地盤は，強度のばらつきや地層の起伏のあることが予想される．また，施工方法によって左右される地盤アンカー性能は，計画・設計時には十分に予測しきれないこともあるため，原位置においてアンカーの信頼性を試験により確認し，品質（耐力）を保証しなければならない．地盤アンカーの品質（耐力）を保証するための試験には，基本試験と確認試験の2つがある．

　基本試験は計画・設計で必要となる定着地盤の極限摩擦応力度などの設計定数や，緊張力の長期安定性などの基本的特性を得るために実施する．基本試験は定着地盤の評価が難しいと判断して設計に先立ちおこなう場合と，設計で仮定した設計定数の妥当性を確認するために本施工に先立ち，おこなう場合がある．基本試験において採用する地盤アンカーは，実際に施工するアンカーと同一地盤，同一工法，同じ定着体方式（圧縮型定着体，引張型定着体）で施工する．

　確認試験は地盤アンカーの品質（耐力）が地層の変化や施工上のばらつきに影響を受けることを考慮し，アンカー全数に対して設計耐力が確実に確保されていることを確認する試験である．

　地盤アンカーの品質（耐力）は施工方法や施工の良否に左右されるため，本施工に先立ち施工性を確認することが望ましい．施工性の確認は施工位置の空頭制限などの施工条件や近隣などへの騒音，振動など環境条件を把握したうえで，削孔地盤の性状や地下水位に対する削孔速度など使用する機械の適用性や問題点，削孔時の逸水状況，注入材の品質などについて，計画された施工方法の妥当性を明らかにする．施工性の確認は通常，基本試験時に併せて実施する．ただし，仮設地盤アンカーにおいて基本試験を省略する場合，1本目のアンカー施工時に施工性を確認する．

9.1.2　試験の種類

> a．基本試験は地盤アンカーの引抜抵抗力，変形特性，長期安定性などの計画・設計上必要となる基本的特性を本施工に先立ち確認する試験で，地盤アンカーの使用目的に応じた試験アンカーを使用して，以下の2種類についておこなう．

```
1) 引抜試験
2) 長期引張試験
b. 確認試験は施工した地盤アンカーが所定の品質を満足していることを確認するために実施する試験で，以下
   の3種類がある．
1) 多サイクル引張試験
2) 1サイクル引張試験
3) リフトオフ試験
```

a. 基本試験は地盤アンカーの計画・設計上必要な基本的特性を得るものであり，設計や本施工に先
立ち実施することが基本である．基本試験には引抜試験，長期引張試験の2種類がある．

1) 引抜試験（9.2.2項に詳述）

　引抜試験は，定着体と地盤との境界面における摩擦抵抗力の最大値を調査し，設計に用いる極限
摩擦応力度の設定あるいは確認のために実施する．

　ただし，下記（i）の条件に示すように，定着地盤の性状が同じ地域における同一地層と判断さ
れる場合（例えば，東京礫層，上総層群の土丹層など土質性状や力学的特性が同一と見なされる地
盤）で，同一工法，同じ定着体方式で施工された地盤アンカーの引抜試験データが入手できる場合
は，引抜試験を省略できる．なお，極限引抜抵抗力，残留変位量，クリープ変位量を確認する場合
は多サイクル方式を原則とする．ただし，極限引抜抵抗力のみを確認する場合は1サイクル方式と
してもよい．

2) 長期引張試験（9.2.3項に詳述）

　長期引張試験は，緊張力の長期的な安定性を調査または確認するために実施する．緊張力の長期
的な安定性に影響する因子としては，自由長部の地盤の圧縮性，摩擦抵抗力の持続性などが考えら
れる．定着体と地盤の境界面における摩擦抵抗力の持続性は，与えた荷重が極限抵抗力に近づくに
つれて急激に低下する性質がある．特に土丹や硬質粘土ではクリープも考えられるため，このよう
な地盤に対しては長期引張試験を実施して摩擦抵抗力の長期的な持続性を確認することが望まし
い．

　なお，アンカー頭部と定着体との間の地盤の圧密やクリープ的な変位は，構造物の規模，基礎形
式やアンカー緊張力の大きさなどと深い関係がある．したがって，試験の実施や試験結果の解釈に
ついては，試験と実施工時の違いを考慮して判断する．

　なお，以下の場合においては，基本試験あるいはその一部を省略することができる．

　（i）　過去に同一工法，同じ定着体方式でかつ同一地盤と判断される位置での基本試験の実績が
　　　あり，計画・設計上必要な基本的特性が十分に把握されている場合

　（ii）　仮設地盤アンカーで，第5章表5.5に示されるN値またはq_uから求まる定着地盤の許容
　　　摩擦応力度を設計で採用する場合

　施工性の確認は基本試験時におこなうが，山留め工事などで用いる仮設地盤アンカーは，基本試
験を省略する場合もあり，事前に施工性を確認することができない．よって，施工性の確認は1本
目の地盤アンカー施工時に確認する．

b. 確認試験は，施工した地盤アンカーの品質（耐力）が地層の変化や施工のばらつきによる影響を受けることを考慮し，設計耐力が確実に発揮されていることを確認するためアンカー全数に対して実施する．所定の品質を満足しない地盤アンカーを確認した場合，施工者は管理者および監理者（以下，管理者等という）と協議のうえ，使用しないか，あるいは設計アンカー力を低減するなどの処置を講じる．確認試験は地盤アンカーを施工するうえで省略することができないことから，試験に費やす時間を考慮し，次の1) 多サイクル引張試験，2) 1サイクル引張試験の2種類の試験を組み合わせて実施する．また，3) リフトオフ試験は，定着が完了した地盤アンカーについて導入緊張力を確認する場合におこなう試験である．

1) 多サイクル引張試験（9.3.2項に詳述）

多サイクル引張試験は，載荷と除荷を繰り返す各サイクルで計測された伸び量，残留変位量と載荷荷重の関係から，地盤アンカーの変形特性およびアンカー自由長部におけるシースとPC鋼線の摩擦力によって定着体に伝わる緊張力の損失（摩擦損失量）の評価ができ，地盤アンカーの品質を詳しく確認する試験である．

2) 1サイクル引張試験（9.3.3項に詳述）

1サイクル引張試験は，地盤アンカーの緊張定着時にアンカー頭部の変位量を計測し，多サイクル引張試験で計測されたアンカー頭部の緊張力－変位量関係とほぼ同様であることを確認することで，アンカーの品質を確認する試験である．多サイクル引張試験を実施しない地盤アンカー全てに対して実施する．

3) リフトオフ試験（9.3.4項に詳述）

リフトオフ試験は，定着が完了した地盤アンカーについて引張材の余長や頭部定着具に油圧ジャッキを設置し，引張材あるいは頭部定着具ごと再度引張り上げることで導入された緊張力を確認する試験である．定着完了後に導入された緊張力を確認する必要があるケースは，反力の変位などによる緊張力の低下が構造体の安全性に大きく影響する場合が考えられる．各試験の分類を解説図9.1に示す．

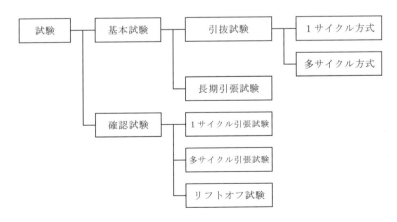

解説図 9.1 地盤アンカーの試験の分類

9.1.3 試験計画

試験の計画にあたっては，所定の試験目的が達成されるとともに，試験が円滑にかつ安全に実施できるように十分な検討をおこなったうえ，試験計画書を作成する．

試験の計画は，管理者が設計者または監理者と協議のうえ，以下の事項が示された試験計画書を作成する．

試験計画書に示す必要事項

① 地盤アンカーの概要（場所，アンカー使用目的など）

② 試験目的（基本試験，確認試験など，試験日時）

③ 試験位置（平面図）

④ 地盤条件

⑤ 試験アンカーの諸元（地盤条件を含めた断面図，定着体径，長さ，設計で想定した摩擦抵抗力など）

⑥ 試験アンカーの施工方法（使用機器，材料，施工標準，仮設計画）

⑦ 計測項目と計測装置（ジャッキ，変位計，荷重計，時計）

⑧ 試験装置組立図（基準点との関係を明示）

⑨ 載荷計画（荷重－時間サイクル関係図）

⑩ データ整理法（判定基準）

⑪ 試験の実施体制

⑫ 安全管理

⑬ その他

試験は，試験計画書と第8章8.9節に示される作業の安全に関する事項を記載した安全衛生管理計画書を施工者が作成し，これに基づき実施しなければならない．管理者は試験要員に対して十分な安全教育をおこなうとともに，緊張方向（緊張ジャッキの正面）の区域にはバリケードの設置や立入禁止表示などの安全対策を計画し，関係者以外の者が載荷時に試験区画に近づくことのないようにしなければならない．

試験要員の適切な配置は試験を円滑に実施するために重要で，通常3〜5名の編成で変位計・荷重計やジャッキなどの試験装置類を試験計画書に基づき設置，操作，測定，記録をする．荷重保持を手動でおこなう場合，使用する機械の性能や操作技術によって緊張力が変動するため，試験に適した性能を有する装置を用意するとともに，装置の取扱いに熟練した技術者を配置する必要がある．

近年，試験に用いる計測装置のほとんどは自動測定が可能となったことから，試験時の要員を減らせるようになった反面，測定台からの変位計の外れや台座の過大な変形などを見逃すことも起こりえる．そのため，測定にあたっては，試験装置が見渡せる見通しの良い位置を選定するとともに，少人数で実施する場合は，試験全般に精通している技術者を配置するなどの配慮が必要である．

9.1.4 試験装置

試験に使用する装置は，以下に定める条件に適合したものを使用する．
1) 加力装置
  加力装置は，計画最大荷重の加力が可能な公称容量を持ち，所定の速度で荷重の増減ができるものとする．
2) 反力装置
  反力装置は，計画最大荷重に対し十分に余裕のある強度と剛性を有するものとする．
3) 計測装置
  荷重計，変位計は所定の精度と容量を有するものを用いる．また，変位計測の基準点は動かないことを確かめる．

山留めアンカーや鉛直地盤アンカーの試験に使用する加力・計測装置類は，解説図 9.2 に示すようにジャッキ（センターホール型），油圧ポンプ，反力板，計測器類などである．

1) 加力装置

地盤アンカーの試験における加力装置は，試験アンカーに緊張力を加えるためのもので，通常センターホール型の油圧ジャッキと油圧ポンプを用いる．ジャッキは試験を円滑に進めるうえで，計画最大荷重に対して十分に加力可能な容量のものを用いる．ただし，容量が大きすぎると緊張力の調整が難しくなるため，適切な容量のものを用意し，荷重の増減が一定速度でおこなえるものを使用する．

2) 反力装置

地盤アンカーの試験における反力装置は，試験アンカー頭部の緊張力で過大な変位が生じることなく支持できる構造を有する必要がある．確認試験での反力装置は実際に使用する構造体をそのまま用いるのが一般的であるが，地盤アンカーの計画に先立ち実施される基本試験では別途，反力装置を設置しなければならない．この場合，計画最大荷重時に反力装置に過大な変形や沈下が生じないように，鉄板を敷設するなどの措置を講ずると良い．また，必要に応じて，反力装置を杭で支持するなどして変形や応力に対して余裕を持たせる．

3) 計測装置

地盤アンカーの試験における計測装置は緊張力，変位，時間，気温などを計測する装置をいう．計測装置類の例を解説表 9.1 に示す．

緊張力を計測する荷重計には，所定の精度が保証されたロードセル，または加力装置に組み込まれたブルドン管圧力計を用いる．ブルドン管圧力計を用いる場合は，キャリブレーション図により油圧表示を荷重に換算して計測をおこなうが，読取り誤差が生じることもあるため，ロードセルや電気式の油圧センサーを併用することが望ましい．引抜試験ではピーク後の変位の進行についても計測できるよう，ストロークの大きな変位計とジャッキおよび常時計測記録できる計測装置を用意しておくことが望ましい．

ロードセルの校正はアムスラー型試験機によっておこなうことが多いが，現場でロードセルを設置する場合，その据付け状態によりプレッシャーゲージなどの計測機器の指示値とずれが生じる場合がある．複数の計測機器により荷重の測定をおこなう場合は，各計測器間の測定値のずれを監視

解説表 9.1 計測項目と計測機器および精度の例

計測項目	名　称	精　度	備　考
緊　張　力	ロードセル プレッシャーゲージ ブルドン管圧力計	±0.5 %FS ±0.5 %FS	—
アンカー頭部変位	電気式変位計 目盛付定規	±0.5%FS 1/10 mm	ストローク（200 mm 程度） ジャッキストロークを予備として測定しておく
反力板の沈下量	電気式変位計	±0.5 %FS	各コーナーに設置 ストローク（50 mm 程度）
時　間	ストップウォッチ	±0.1 s	—
気　温	温度計	±0.1 ℃	熱電対を用いる場合もある

※FS：Full Scale の略

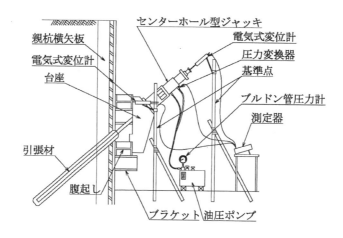

(a) 山留め用地盤アンカーの基本試験例

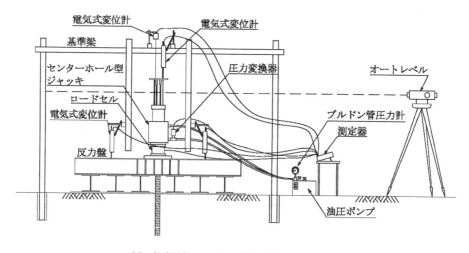

(b) 鉛直地盤アンカーの基本試験例

解説図 9.2 試験に用いる加力・計測装置類

して 10 ％以上のずれが確認された場合には，一旦試験を中断して入力された校正係数を確認し，装置類の偏心や引張材の状態を調べ，正しい状態に戻すとともに安全確認をおこなう．

解説表 9.1 中の測定精度は標準的な計測機器の公称精度を表示したものである．測定値は気温の変化で大きく変動するため，直射日光が計測機器に当たらないようにシートで養生するなど配慮するとともに，必要に応じて温度補正をおこなう．

アンカー頭部と反力装置の変位量は，電気式変位計や目盛付定規などを用いて測定する．この場合，ジャッキストロークも測定することが望ましい．変位の基準点は不動であると見なせる位置に設置することが基本であるが，トランシットなどで基準点を測定し，変動がある場合には計測データ（変位など）を補正する．ジャッキストロークの伸び量には次のものが含まれており，緊張力の大小でそれぞれの割合は変化する．

　① 反力板の沈下量

　② 反力板，ジャッキ，支圧板の間のなじみ量

　③ 緊張用の装置で使用するくさびの食込みの際のすべり量またはナットのがた付きの量

　④ 引張材の伸び量

　⑤ 構造体の変位量

不動点から測定したアンカー頭部の変位量は④の値であり，構造体に基準点を設置して測定すると④に⑤が含まれてくる．例えば，山留め壁を基準点として地盤アンカーを緊張する場合，構造体（山留め壁）の変位量が測定値に含まれる．また，反力板を用いて地盤アンカーを緊張させる場合は，支承条件と緊張位置の関係で条件によっては基準点の沈下や浮き上がりが生じる．構造体を基準点としたときの変位量の正確な予想は難しいので，その場合は，基準点の変位量を十分離れたところから光学式レベルやトランシットなどにより確認して，計測データの補正をすべきかを判断する資料にする．

9.2　基 本 試 験

9.2.1　試験アンカー

---

a. 基本試験に用いる試験アンカーは，実際に施工する地盤アンカーと同じ施工法で造成し，同じ定着地盤に定着する．

b. 引抜試験において，定着体径は実際に施工する地盤アンカーと同径とし，定着体長は定着地盤の性状に応じて 1〜3 m を標準とする．

c. 長期引張試験は，実際に長期使用される地盤アンカーと同規模の試験アンカーに対しておこなう．本数および位置は定着地盤の性状を考慮して決める．

---

a. 基本試験は，地盤調査結果等を用いて試設計した地盤アンカーが，原位置で期待どおりの性能を発揮できるか否か，さらに確実に施工できることを確認するために実施する．

地盤アンカーを設計するための原位置の摩擦抵抗，変形特性およびそれらの長期特性は，基本試験（引抜試験，長期引張試験）から評価することができる．基本試験に用いる試験アンカーは，原

則として実際に施工する地盤アンカーと同じ荷重伝達方式，施工法および定着地盤とする．施工法や定着地盤が複数の場合には，これらの条件ごとに実施することが望ましい．基本試験では，定着地盤の摩擦抵抗や地盤アンカーの変形特性などの設計に必要な情報を得るとともに，削孔時の逸水状況やこれに対する施工方法の妥当性を確認することができる．

b. 引抜試験は，地盤の極限抵抗力および変形特性を調べるために実施するものである．引抜試験の結果からは設計で採用する定着体と地盤との極限摩擦応力度が得られる．引抜試験は原則として必ず実施するが，9.1.2項に示した条件を満たす場合は，引抜試験を省略することができる．

引抜試験に用いる地盤アンカーの定着体径は実際に施工するアンカーと同径とし，定着体長は地盤の極限抵抗力を確実に確認できるように1mから3mの範囲で設定することを標準とする（引張材の破断や付着切れなどで試験を終了することがないようにする）．解説図9.3は引抜試験に用いる定着体の仕様を例示したものである（実際に施工する地盤アンカーと同径）．なお，引抜試験の引張材を分散耐荷体方式とした場合，各耐荷体に作用する荷重の分担比が変化することから，いずれの耐荷体が極限に達したのか明確とならないため極限引抜力の判定が難しい．したがって，分散耐荷体方式の地盤アンカーに対する引抜試験に使用する引張材は，原則として一つの耐荷体とすることが望ましい．

解説図 9.3　試験用定着体の形状の例

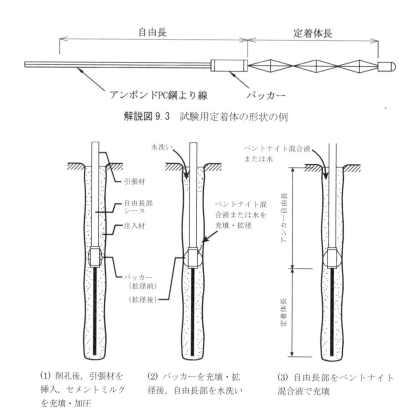

解説図 9.4　引抜試験用地盤アンカーの設置例

試験用地盤アンカーの定着体は，試験の精度を向上させるために正確な長さに施工することが必要である．余分な注入材が定着体の上に残っていると，実際より大きな引抜抵抗が測定されることがあるので，パッカーを用いて自由長部と完全に縁を切ったうえで，解説図9.4に示すように自由長部の十分な水洗いをおこなう．引抜試験から求まる極限摩擦応力度は，対象地盤の平均的な値として求める必要があるため，引抜試験に用いる地盤アンカーの最小定着体長は1mと設定した．

　引抜試験は，定着体を確実に地盤から引き抜くために，定着体長を1～3mに設定するケースが多い．このような場合，引張型定着体では引張材との付着力を確保するために引張材の本数を増やして付着面積を確保したり，引張材の先端に支圧体を取り付けて補強することもある．

　引抜試験は実際に施工する地盤アンカーと同じ角度でおこなうことが基本であるが，現場状況によっては斜め地盤アンカーの引抜試験を鉛直地盤アンカーでおこなわざるを得ない場合がある．この場合は，斜め地盤アンカーで設定した定着地盤を同じとするだけでなく，定着体の土被り圧（有効上載圧）の条件を同じにして試験をおこなうことが望ましい．なお，鉛直地盤アンカーと斜め地盤アンカーの極限引抜抵抗を比較した例によると，砂質粘土層では明確な差は認められなかったが，砂礫層と強風化岩盤層では，鉛直地盤アンカーの極限引抜抵抗力が斜め地盤アンカーより大きな値となった結果が報告されている〔解説表9.2，解説図9.5参照〕[9.1]．鉛直地盤アンカーと斜め地盤アンカーでは，削孔時の残留スライムの堆積状況が異なる可能性もあるため，地盤によっては鉛直地盤アンカーの引抜抵抗力から求められた極限摩擦応力度を低減するなどの配慮が必要である．

c．長期引張試験は，地盤アンカーの緊張力の長期安定性を確認するためにおこなうもので，9.1.2項に示したとおり，緊張力の長期的な安定性が懸念される場合に実施する．土丹や硬質粘性土ではクリープなどが考えられるため，長期引張試験を省略する場合には，地盤の極限抵抗に対する十分な安全性を考慮して，地盤アンカーおよび構造物を設計する必要がある．

　試験方法としては，導入緊張力が時間の経過にともなって低下していく度合いを調べる試験（定着型試験［またはリラクセーション試験］）が一般的である．緊張力を一定に保った状態で変位が増大していく度合いを調べる試験（緊張力保持型試験［またはクリープ試験］）は，緊張力の制御に要する試験設備や管理要員等の問題もあり，おこなわれることが少ない．特に分散耐荷体方式の地盤アンカーでは引張材の長さが異なるため，緊張力保持型の試験は耐荷体ごとに緊張力を調整することができるジャッキによりおこなう方法がある．また，一般に短期間で用いられることが多い仮設

解説表9.2　角度ごとの極限引抜抵抗の比較例[9.1]に加筆

地層	施工角度(°)	15	30	45	90
砂礫層	P_s (kN)	800	900	850	1200
	τ_u (N/mm²)	0.77	0.87	0.82	1.16
強風化岩盤層	P_s (kN)	1000	>1700	1550	>1700
	τ_u (N/mm²)	0.96	>1.66	1.5	>1.66
砂質粘土層	P_s (kN)	900	850	950	800
	τ_u (N/mm²)	0.87	0.82	0.92	0.77

※P_s：極限引抜抵抗力　τ_u：極限摩擦応力度

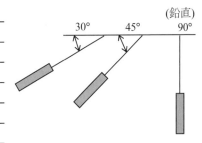

解説図9.5　解説表9.2の施工角度

地盤アンカーの場合は，長期引張試験を実施する例は少ない.

　長期引張試験に用いる地盤アンカーは，定着型試験の導入緊張力または緊張力保持型試験の緊張力を実施設計にそのまま反映させるために，実際に施工するアンカーと同じ仕様・大きさとするのが望ましい. ただし，定着地盤が強固と推定された場合には，計画している地盤アンカーより短い定着体を用い，地盤と定着体の間に設計より大きな摩擦応力度が作用する条件で試験をおこなう場合もある.

9.2.2　引抜試験

---

　a.　試験荷重および載荷方法
　　1) 計画最大荷重は，引張材の許容引張力以下とする.
　　2) 載荷方式は，多サイクル方式を標準とする. 多サイクル方式では計画最大荷重までの間を 4〜8 等分し，荷重保持時間 5 分〜30 分を基本とする.
　　3) 初期荷重は，計画最大荷重の 0.1 倍程度とする.
　b.　引抜試験の計測項目は，緊張力，アンカー頭部変位量，反力板の沈下量および時間とする.
　c.　引抜試験結果の整理では，緊張力−アンカー頭部変位量の関係を普通目盛のグラフに作成する. また，引抜状態を確認した緊張力を極限引抜抵抗力とする.

---

a. 引抜試験における試験荷重および載荷方法は，以下のとおりとする.

1) 計画最大荷重は引張材の許容引張力以下で，引張強度の 75 ％または降伏強度の 85％の小さい方〔5.2 節参照〕とする. これは試験担当者や第三者の安全確保という観点からばかりでなく，試験結果に引張材の非線形性が入り込むのを防止する意味も含まれている. また，PC 鋼より線を U 形に折り曲げて耐荷体に定着させた，分散耐荷体方式の定着体を用いた地盤アンカーの計画最大荷重は，U 形に折り曲げたことによる強度低下や破断時の伸びの減少を考慮して低減する. 引張材の緊張力導入時の許容引張力は，5.2 節に示すとおりである. なお，以降の基本試験で分散耐荷体定着方式の定着体を用いる場合の計画最大荷重は，強度低下や破断時の伸びの減少を考慮する. 計画最大荷重の設定として引張材から決まる制限値を示したのは，引張材で引抜耐力が決まり試験が終了することがないように，試験アンカーの定着体長は，9.2.1 項で示した方法で設定することを前提としている.

2) 試験方法は，自由長部の摩擦損失量や時間−変位関係などの有効なデータが得られること，また，特に引き抜けた場合のそれ以前の残留変位量が把握可能なことを考慮して，できる限り荷重段階を分けた多サイクル方式を標準とする. ただし，残留変位やクリープ変位が問題ない，あるいはそれらを評価する必要がないと設計者が判断した場合は，1 サイクル方式でもよいものとする. 解説図 9.6 に，多サイクル方式での荷重段階例を示す. 多サイクル方式では，計画最大荷重までの間を 4 〜8 等分し，荷重保持時間 5 分〜30 分程度を基本とする. 1 サイクル方式で試験をおこなう場合には，1 段階 50 kN，荷重保持時間 30 秒程度を基本とする. また，載荷加力速度は以下の範囲で一定値とする.

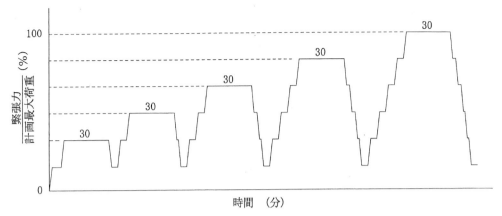

解説図 9.6 多サイクル方式の例

載荷加力速度＝計画最大荷重／15～20 (kN/min)

なお，多サイクル方式と1サイクル方式の両試験ともに途中で極限荷重となった場合，変形が進行した状態での残留抵抗を確認するために残留変位増大以降の $P-\delta$ 関係について測定する場合もある．

3) 初期荷重は，計画最大荷重の 0.1 倍程度とする．初期荷重の目的は，「試験装置を安定させる」，「引張材のゆるみを排除する」，「台座やジャッキなどが試験中にずれないようにする」ことが挙げられる．引抜試験における荷重－変位量関係（特に残留変位量）を正確に把握するためには，初期荷重の値は極力小さい方が望ましいが，試験装置が安定しないうちに試験を開始した場合，先の「引張材のゆるみ」や「試験装置のずれ」により生ずる変位量も計測値に含まれる可能性があるため，これらが生じない程度まで初期荷重を大きくする必要がある．

b．引抜試験では，緊張力 P，アンカー頭部変位量 δ，反力板沈下量 s，時間 t を計測する．ただし，使用する計測機器の精度〔解説表 9.1 参照〕や分解能に注意して計測値を整理する．

ここで，定着体が長い場合には進行性破壊の影響を受け，周面摩擦応力度の分布は引抜変位量によって変化する〔6.2.4 参照〕．本指針では，定着体の 3 m を超える部分の極限摩擦応力度を低減することで考慮しているが，上記進行性破壊についてはいまだ未解明な部分があり，この問題を調べるためには，引張材や定着体に複数の計測機器を設置して，地盤アンカー各部の変位量と摩擦応力度の関係を詳細に検討する必要がある．解説図 9.7 に，引張材にひずみゲージ，定着体の注入材の中にモールドゲージを配置した計測方法の例を示す．今後は，このような引抜試験の実績が増えて，上記進行性破壊に関する研究が進捗することが望まれる．

c．引抜試験の計測結果例を解説図 9.8 に示す（緊張力［荷重］－アンカー頭部変位量の関係）．試験結果から次の値を評価する．

① 極限引抜抵抗力：試験用地盤アンカーが引き抜けた状態における引抜抵抗力
② 残留変位量　　：多サイクル方式の各サイクルにおいて，最大荷重まで加力した後に初期荷重まで除荷した時点で残留している変位量
③ クリープ変位量：各サイクルにおいて，各荷重を保持している間の変位の増加量

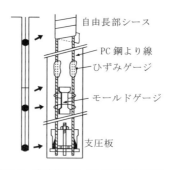

解説図 9.7 定着体のひずみ計測例の詳細

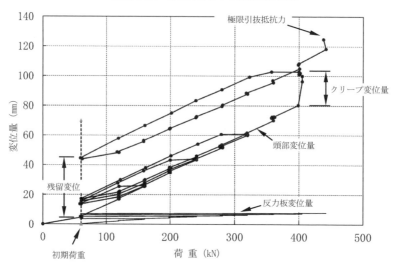

解説図 9.8 引抜試験の計測結果例[9.1)に一部加筆]

1サイクル方式では①が，多サイクル方式では①，②，③が求められる．

引張型定着体で定着体長が3m以下，あるいは圧縮型定着体（単一耐荷体方式）で定着体長が（3m＋耐荷体長）以下の場合，(9.2.1) 式で極限摩擦応力度 τ_u を評価する．ただし，計画最大荷重まで載荷しても引抜状態を確認できない場合は，その荷重を極限引抜抵抗力と見なす．なお，引張型定着体で定着体長が3mを超える場合は 6.2.4 項，圧縮型定着体（単一耐荷体方式）で定着体長が（3m＋耐荷体長）を超える場合は 6.2.5 項に従って，所定の長さを超える部分の摩擦抵抗の低減を考慮する．

$$\tau_u = T_{ug} / \pi D_a L_a \tag{9.2.1}$$

記号　τ_u ：極限摩擦応力度（kN/m²）
　　　T_{ug} ：極限引抜抵抗力（kN）
　　　D_a ：定着体径（m）
　　　L_a ：定着体長（m）

多サイクル方式で，各荷重段階における「残留変位量」や「クリープ変位量」が求められている

場合には，極限引抜抵抗力を評価する際にこれらが参考となる．残留変位量やクリープ変位が，ある荷重段階以降に急激に増加する場合は，その時の荷重を極限引抜抵抗力として評価することができる．なお，複数本の地盤アンカーについて引抜試験を実施し，測定された極限引抜抵抗力にばらつきがある場合には，設計において最小値を用いることを原則とする．

ただし，ばらつきの原因が施工上の不具合や地盤条件の相違によるものと管理者等あるいは設計者が判断した場合は，再試験を実施する．再試験にあたっては不具合の原因を分析し，施工方法等の改善や変更に至った経緯を報告書にまとめて管理者等または設計者へ提出する．

先に述べたように，定着体が長い地盤アンカーの極限引抜抵抗力を求めるためには，最大荷重時の極限摩擦応力度だけでなく，その荷重以後の変位が進行した状態における残留引抜抵抗力（アンカーが極限に達した後に保持しうる耐力）から極限摩擦応力度の低減度合いを適切に評価する必要がある．引抜試験で残留引抜抵抗力を測定した事例[9.2]を解説図9.9に示す．本事例では，通常の引抜試験で試験アンカーの極限引抜抵抗力を確認した後（加力①），荷重を除荷して残留変位を確認して再度変位を制御しながら再加力し（加力②），残留引抜抵抗力を確認したものである．6.2.4項に示すとおり，残留引抜抵抗力は極限引抜抵抗力の概ね50～80％程度であることが多い．解説図9.9における残留引抜抵抗は極限引抜抵抗の65～75％であり，一般的な残留引抜抵抗力の範囲内にあるといえる．

引抜試験においては，前述した地盤アンカーの極限摩擦応力度の他に，緊張力［荷重］－アンカー頭部変位量関係からアンカーのばね定数を確認する．緊張力－アンカー頭部変位量関係が9.3.2項「多サイクル引張試験」で示す品質および性能の判定基準から外れている場合には，定着体長または見かけの引張材自由長が想定と異なっている可能性について検討する．また，検討結果に応じて定着体長の見直しや，場合によっては試験のやり直しを計画する．

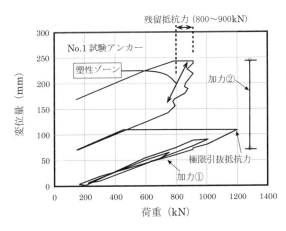

解説図 9.9 引抜試験における残留引抜抵抗力の測定例[9.2]に一部加筆

9.2.3 長期引張試験

> a. 計画最大荷重は，本設地盤アンカーでは初期緊張力 P_i とし，仮設地盤アンカーでは設計アンカー力 P_d の 1.1 倍を基本とする．
>
> b. 長期引張試験の計測項目は，緊張力，アンカー頭部変位量，反力板の変位量，気温および時間とする．
>
> c. 長期引張試験の結果は，緊張力（あるいはアンカー頭部変位量），反力板の沈下量，経過時間について整理する．

a. 長期引張試験の計画最大荷重は，本設地盤アンカーでは初期緊張力 P_i，仮設地盤アンカーでは設計アンカー力 P_d の 1.1 倍を基本とした．

長期引張試験の測定周期の例を解説表 9.3 に示す．定着型試験［リラクセーション試験］では，解説表 9.3 に示す間隔で残留緊張力を約 3.5 日間測定し，測定期間中に荷重が 10 ％以上減少したり，もしくは対数時間に対する荷重の減少速度が時間とともに増加する場合には，再緊張して計画最大荷重に戻し，さらに測定を約 7 日周期で継続する．

荷重を保持して変位の増加を測定する緊張力保持型試験［クリープ試験］の場合にも，同様の測定周期を採用する．この場合，変位量と変位増加速度を計測し，約 3.5 日間で初期緊張力に対するアンカー頭部変位量 δ_i が 10 ％増加したり，もしくは対数時間に対する変位速度が時間とともに増加する場合には，約 7 日周期で測定を継続する．緊張力保持型試験で荷重保持を自動的におこなう場合には，±2％または±20 kN 程度の範囲を目安にするが，より精度の高い制御が可能であれば，さらに荷重変動の幅を小さくする．

b. 長期引張試験の計測項目は，緊張力 P，アンカー頭部変位量 δ，反力板の変位量 s，気温 T および時間 t とする．解説図 9.10 に長期引張試験の計測装置の例を示す．

長期引張試験（定着型試験）で評価する緊張力の低下要因は，地盤のクリープによる定着体周辺地盤の変位，引張材のリラクセーション，自由長部のシースと引張材の摩擦応力の変化による影響などが挙げられる．試験で測定される緊張力の低下量には，反力板の沈下による減少量も含まれている．そこで，緊張力の補正をおこなうために反力板の変位量を計測する．さらに，変位計測機器を固定している不動梁の変位は計測された反力板の沈下量に影響を与えるため，不動梁のレベル測量を併せておこなうことが望ましい．

一般的に，ひずみゲージを利用した変位計やロードセル，プレッシャーゲージ等による測定値は温度に影響されやすいため，気温が安定する時刻に測定するか，測定が長期にわたる場合には温度補正ができるように気温も同時に測定する必要がある．

c. 長期引張試験でも確認試験と同様に，まず緊張力－アンカー頭部変位量関係から，施工された地盤アンカーが所定の性能を有していることを確認する．さらに，定着型試験では残留緊張力 P，反力板の沈下量 s，と時間 t 関係，緊張力保持型試験ではアンカー頭部変位量 δ，常時緊張力 P，反力板沈下量 s，と時間 t の関係について整理する．

長期引張試験の結果の整理では，緊張力（あるいはアンカー頭部変位量）と時間関係，反力板の

解説表 9.3　長期引張試験における測定周期の例（単位：分）

0.5,　5,　　15,　　150,　500,　1,500,　　5,000
（約1日）（約3.5日）

0.5,　5,　　15,　　150,　500,　1,500,　　5,000　　10,000,　　15,000
（約1日）（約3.5日）（約7日）（約10.5日）

※下段は継続時

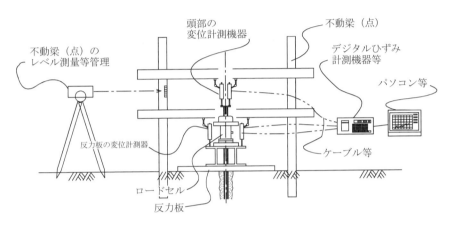

解説図 9.10　長期引張試験（定着型試験）の計測装置の例

沈下量と時間関係を，片対数グラフ用紙を用いて，縦軸に緊張力（あるいはアンカー頭部変位量）と反力板の沈下量，横軸に時間（分）をとって図示し，長期引張試験における時間に対する残留緊張力 P_t の変化の割合 a を次式で算出する．

$$a = (P_{ct1} - P_{ct2}) / P_{t0} \log_{10}(t_2/t_1) \tag{9.2.2}$$

$$P_{ct1} = P_{t1} + KS_{t1} \tag{9.2.3}$$

$$P_{ct2} = P_{t2} + KS_{t2} \tag{9.2.4}$$

$$K = E_s A_s / L_{ft} \tag{9.2.5}$$

記号　P_{t0}　：定着直後の緊張力（kN）

　　　P_{t1}，P_{t2}　　：時間 t_1，t_2 における残留緊張力（kN）

　　　S_{t1}，S_{t2}　　：時間 t_1，t_2 における反力板の変位量（mm）

　　　P_{ct1}，P_{ct2}　：時間 t_1，t_2 における補正緊張力（kN）

　　　K　　　　　：地盤アンカーのばね定数（kN/mm）

　　　E_s　　　　：引張材の弾性係数（kN/mm^2）

　　　A_s　　　　：引張材の断面積（mm^2）

　　　L_{ft}　　　　：引張試験結果から求まる見かけの引張材自由長（mm）〔9.3.2項参照〕

長期引張試験（定着型試験）結果の表示例を解説図 9.11 に示す．

残留緊張力の評価では，データの前半と後半で勾配の異なる複数の直線になる場合がある．この

ような場合，前半の直線には台座や頭部定着具のなじみ量など短期間で終了してしまう緊張力の変化分が含まれているため，定着体の長期特性としては，後半の直線部分の勾配に着目する．また，残留緊張力 P_{ti} の中には反力板の沈下による減少量が含まれているため，その影響を取り除いて緊張力を補正する．解説図 9.12 および（9.2.3）式～（9.2.4）式に示すように，反力板の沈下量 S_{ti} に地盤アンカーのばね定数 K を乗じて荷重に換算し，その値を P_{ti} に加えることにより補正緊張力 P_{cti} を算出する．なお，地盤アンカーのばね定数は（9.2.5）式で評価できるが，反力板の変位（沈下）による緊張力の低下の影響を把握するために，長期引張試験に先立って設計アンカー力の 1.1 倍まで載荷する 1 サイクル方式による引張試験をおこない，その結果からアンカーのばね定数 K，あるいは見かけの引張材自由長 L_{ft}〔9.3.2 項参照〕を事前に求めておく．

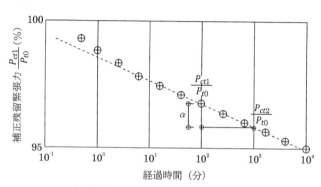

解説図 9.11 長期引張試験結果の表示例

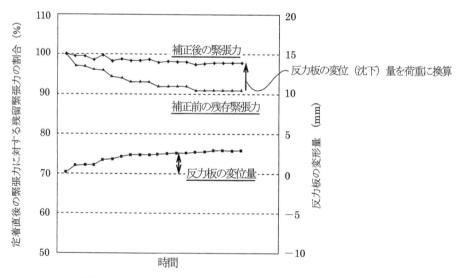

解説図 9.12 反力板の変位量（沈下量）による緊張力の補正例

9.2.4 結果のまとめ

基本試験の結果は，その試験位置，定着地盤，施工法，試験記録および性能に対する評価結果を試験報告書にとりまとめる.

試験報告書は，その形式を特に定めないが，以下に示す事項が記載されているものとし，必要に応じて管理者等に提出するとともに一部を保管する.

（ⅰ） 地盤アンカーの概要

　　現場案内図，使用目的，設計者，施工管理者，アンカー施工者，地盤概要，定着地盤

（ⅱ） 試験の種類と目的

　　試験アンカーの仕様，試験方法（引抜試験，長期引張試験）

（ⅲ） 試験アンカーの施工記録

　　試験位置，施工機器，使用材料，施工法，工程，施工者，チェックリスト

（ⅳ） 計測項目と計測機器

　　ジャッキ，変位計，荷重計，時計，試験装置組立図

（ⅴ） 載荷計画

　　荷重－時間サイクル関係図

（ⅵ） データ整理法

　　判定基準など

（ⅶ） 試験結果

　　試験日，試験結果のグラフ

（ⅷ） 試験結果一覧

　　極限摩擦応力度，長期安定性の評価結果

（ⅸ） その他特記事項

　　試験結果の考察，試験時の問題点

（ⅹ） 付録，数値データ集

9.3 確認試験

9.3.1 試験アンカーおよび本数

> a. 多サイクル引張試験は1サイクル試験に先立って実施し，地盤アンカーの力学的性質によって分けられたアンカー群ごとに実施する．アンカー群の分類は，引張材の仕様，アンカー角度，定着地盤の種類等を考慮して管理者等と協議のうえで決める．
> b. 1サイクル引張試験は，多サイクル引張試験を実施していない残りの全ての地盤アンカーについておこなう．
> c. リフトオフ試験は，導入緊張力を確認する必要がある場合に実施する．

a. 地盤アンカーの力学的性質は荷重伝達の方式や引張材 PC 鋼より線の本数，アンカー角度，定着地盤の種類，定着体長，引張材長さ，施工上のばらつきなどによって変化する．そのため，多サイクル引張試験は力学的性質が同一と判断されるアンカー群ごとにそれぞれ1本以上実施する．アンカー群の分類および試験位置の選定などの判断は，アンカー角度や地盤種類の違いなどを考慮して管理者等と協議のうえで決める．

多サイクル引張試験は，試験が実施される地盤アンカーの施工品質を確認するとともに，同じアンカー群に含まれる他のアンカーの1サイクル引張試験結果から，施工品質を判定するための基準となる引張材伸び量と緊張力の関係を得ることを目的として実施される．したがって，多サイクル引張試験は，各アンカー群で最初に実施することが望ましい．

b. 多サイクル引張試験の結果を参考として，多サイクル引張試験を実施していない残りの全ての地盤アンカーに対して1サイクル引張試験をおこない，品質を確認する．

c. リフトオフ試験は，荷重計を設置していない地盤アンカーに対して，定着完了後の緊張力を確認するためにおこなう試験である．一般に，定着された地盤アンカーの緊張力は時間の経過にともなって低下する傾向にある．低下の度合いは定着地盤の種類や反力を期待する地盤の種類によって異なる．導入緊張力を確認する必要がある場合とは，反力板の剛性不足や反力板を受ける地盤の沈下が懸念され，緊張力の低下が構造物の安全性に大きく影響する場合等をいう．

リフトオフ試験は，仮設地盤アンカーについてはアンカー群ごとに1本以上，本設地盤アンカーについてはアンカー群ごとに3本以上を目安として実施する．なお，荷重計が取り付けられた場合は，導入緊張力を直接確認できるためリフトオフ試験の本数に含めてもよい．

9.3.2 多サイクル引張試験

a. 多サイクル引張試験の計画最大荷重は，設計アンカー力 P_d の 1.1 倍以上とする．ただし，計画最大荷重は引張材の緊張力導入時の許容引張力以下とする．

b. 多サイクル引張試験における計測項目は，緊張力，アンカー頭部変位量および時間とする．

c. 多サイクル引張試験における緊張力とアンカー頭部変位量の関係は，所定の書式に従って作図する．

d. 多サイクル引張試験では，以下の判定基準によって品質および性能を確認する．いずれかの判定基準において不合格と判定された地盤アンカーは，管理者等の指示により廃棄または設計アンカー力の低減などの処置を講じる．

（ⅰ）引張型定着体を用いた地盤アンカーでは，見かけの引張材自由長は，設計自由長の 90% 以上，かつ設計自由長+引張材付着長の 1/3 以下にあること．

（ⅱ）圧縮型定着体を用いた地盤アンカー（分散耐荷体方式のアンカーを含む）では，見かけの引張材自由長は，設計自由長の 90% 以上，かつ 110% 以下の範囲にあること．

（ⅲ）本設地盤アンカーおよび供用期間が 2 年以上となる仮設地盤アンカーにおいては，次式に示すクリープ係数 $\triangle c$ が 2 mm を超えないこと．

$$\triangle c = (St_2 - St_1) / log(t_2 / t_1) \qquad (9.3.1)$$

記号　St_1, St_2：各ピーク荷重時の緊張力保持時間 t_1, t_2 における引張材の伸び量(mm)

a. 多サイクル引張試験の計画最大荷重は，原則として設計アンカー力を基準にしてその 1.1 倍以上とし，解説図 9.13 に例示するように 4 段階 4 サイクルの加力方式で実施する．また，各サイクルの最大荷重時に 10〜30 分間の荷重保持をおこなって，時間経過に伴う変位量の変化を計測する．保持時間と計測周期の関係を解説表 9.4 に示す．

　分散耐荷体方式では，耐荷体ごとに引張材の長さが異なるため，設計アンカー力作用時に各引張材の緊張力が等しくなるように緊張力を調整して緊張・定着する．この方法で緊張すると，確認試験においては設計アンカー力を超えると上段の耐荷体ほど緊張力が大きくなる．したがって，計画最大荷重は，最上段の耐荷体の引張材が許容引張力以下となるように設定する．

　本設地盤アンカーは，有効緊張力に対して有効率 η=0.9 として導入緊張力を設定することが多いことから，設計アンカー力の 1.1 倍の緊張力は，緊張力導入時における引張材の許容引張力である規格引張荷重の 75% あるいは規格降伏荷重の 85% を超えることはないと考えられる．一方，仮設地盤アンカーでは，有効率を考慮せずに設計アンカー力を有効緊張力として設定する場合が多いので，設計アンカー力の 1.1 倍を計画最大荷重と設定すると，引張材の許容引張力を超えることがある．このため，許容引張力による制限を設けた．

　分散耐荷体方式の場合，初期荷重は長さの異なるすべての引張材に緊張力が導入され，かつ載荷装置の緩みがないようにして，なるべく小さくなるように定める．

b. 多サイクル引張試験の計測項目は，緊張力とアンカー頭部変位量および試験の経過時間である．ただし，使用する計測機器の精度〔解説表 9.1 参照〕や分解能に注意して計測値を整理する必要がある．試験位置付近の構造躯体に基準点を設ける場合は，計測される変位量に基準点の変動が含まれる可能性があるので留意する．

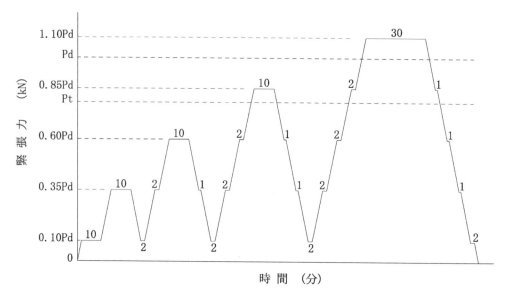

解説図 9.13 多サイクル引張試験の加力方式例

解説表 9.4 多サイクル引張試験の保持時間と計測周期の例

保持時間(分)	計測時間(分)
30	0,1,2,5,10,15,20,25,30
10	0,1,2,5,10
2	0,1,2
1	0,1

c．多サイクル引張試験で計測された個々のデータに基づき，緊張力とアンカー頭部変位量の関係を解説図9.14に例示するように作成して，品質や性能の判定をおこなう．このとき，他の地盤アンカーとの比較が容易となるように，グラフの目盛を統一するなど書式に配慮する．

d．見かけの引張材自由長は試験から得られた弾性戻り変位量と引張材の弾性係数を用いて算定する．弾性戻り変位量とは，各サイクルの最大変位量とそのサイクルの終わりに初期荷重まで戻したときの残留変位量との差である．引張材の弾性係数は検査証明書に示される値を採用する．引張材の設計自由長と見かけの引張材自由長を比較し，施工された地盤アンカーの品質および性能を以下のような考え方で評価することができる．ここで，見かけの引張材自由長は(9.3.2) 式で算定する．

$$見かけの引張材自由長 = \frac{引張材断面積 \times 弾性係数 \times 弾性戻り変位量}{緊張力} \quad (9.3.2)$$

（ⅰ）見かけの引張材自由長が設計自由長より長いと算定された場合

引張型定着体を用いた地盤アンカーでは，定着体において引張材と注入材との付着切れ破壊が生じていることが考えられる．

(ⅱ) 見かけの引張材自由長が設計自由長より短いと算定された場合

　引張材自由長部における摩擦損失が大きく，定着体まで十分に緊張力が伝達されていないことが考えられる．摩擦損失の原因としては，引張材自由長部のアンボンド加工不良により注入材がシース内部に浸入したこと，あるいは引張材を束ねる時にスペーサーを強く拘束したことなどが考えられる．

　試験結果に対する判定基準は，応力伝達方式の違いにより引張型定着体を用いた地盤アンカーと圧縮型定着体を用いたアンカーに区分して以下のように定めた．

　引張型定着体を用いた地盤アンカーの見かけの引張材自由長の上限値を設計自由長に引張材付着長の 1/3 を加算した長さ以下とした．これは，性能の良くないアンカーを見逃す危険性を減らすことを目的としたものである．また，圧縮型定着体を用いた地盤アンカーにおいては，引張材の弾性係数のばらつきは非常に小さく，工場でアンボンド加工された引張材については摩擦損失がほとんどないことを考え合わせ，見かけの引張材自由長の上限値を設計自由長の110%とした．

　一方，下限値については，特に低緊張力時の自由長部の摩擦損失の影響により見かけの引張材自由長が下限値を下回ることがあるが，性能上の危険は小さいので，わずかに逸脱するものについて

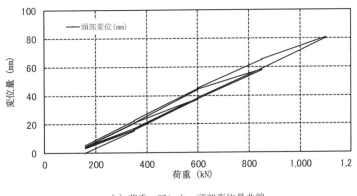

(a) 荷重－アンカー頭部変位量曲線

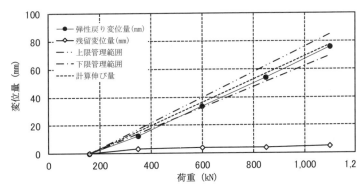

(b) 荷重－弾性戻り変位量・残留変位量曲線

解説図 9.14 多サイクル引張試験結果の表示例

は工学的判断により判定をおこなう．以下に判定の例を示す．

 i）設計アンカー力に相当する緊張力の段階で判定する

 ii）荷重—変位量曲線の勾配で判定する

　本設地盤アンカーおよび供用期間が 2 年以上の仮設地盤アンカーは，(9.3.1) 式に示すクリープ係数 $\triangle c$ を用いて，長期的安定性を判定する．(9.3.1) 式は，比較的短い荷重保持時間であってもクリープ特性を評価できるとされ，$\triangle c$ の限界値 2 mm は，BSI[1.9]，DIN[1.10]でも採用されている値である．多サイクル試験における荷重保持時間で $\triangle c$ が 2 mm を超える場合には，保持時間を延長して $\triangle c$ が 2 mm 未満になることを確認するが，それでも限界値以下とならない場合には，設計の見直しなどの処置を講じる．

　試験で不合格と判定された地盤アンカーは，再度試験を実施して性能の確認をおこなう．それでも不合格の場合は，試験結果を基に設計者が判断して管理者等の指示により処置を講じる（耐力や変形性能，あるいは長期安定性などの要求性能が及ぼす影響の程度に応じて総合的に判断する）．

9.3.3　1 サイクル引張試験

---

a．1 サイクル引張試験の計画最大荷重は，設計アンカー力 P_d の 1.1 倍以上とする．ただし，計画最大荷重は，引張材の緊張力導入時の許容引張力以下とする．

b．1 サイクル引張試験での計測項目は，緊張力，アンカー頭部変位量および時間とする．

c．1 サイクル引張試験では多サイクル引張試験に準じて，品質および性能を確認する．いずれかの判定基準において不合格と判定された地盤アンカーは，管理者等の指示により廃棄または設計アンカー力の低減などの処置を講じる．

---

a．1 サイクル引張試験の計画最大荷重は，設計アンカー力の 1.1 倍を基本にして解説図 9.15 に例示するように 4 段階 1 サイクル方式を基本とする．各荷重段階の荷重保持時間は 1 分とし，計画最大荷重時は 5 分間の荷重保持をおこなう．保持時間と計測周期の例を解説表 9.5 に示す．

　5 分間で変位が収束しない場合は，保持時間をさらに 5 分延長して変位の傾向を確認する．ただし，仮設地盤アンカーの場合に限り，2 分程度経過した時点で変位が安定していることが確認された場合は，その時点で荷重保持を終了してもよい．計画最大荷重の設定に引張材の許容引張力による制限を設けた理由は，9.3.2 項の解説で記述したとおりである．なお，1 サイクル引張試験は最大荷重載荷後に初期荷重まで下げて残留変位量を確認して記録する．

b．1 サイクル引張試験での計測項目は，緊張力とアンカー頭部変位量および試験の経過時間とし，使用する計測機器の精度〔解説表 9.1 参照〕や分解能に注意して計測値を整理する必要がある．また，計測された変位量には多サイクル引張試験の場合と同様に基準点の変動が含まれる可能性があるので留意する．

c．1 サイクル引張試験で計測された緊張力とアンカー頭部変位量の関係を解説図 9.16 に例示するように作成し，多サイクル引張試験の判定基準に準じて品質および性能を確認する．

解説表 9.5 1サイクル引張試験の保持時間と計測周期の例

保持時間（分）	測定時間（分）
10（初期荷重）	10分経過時に初期値
5	0, 1, 2, 5
1	0, 1

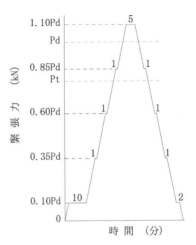

解説図 9.15 1サイクル引張試験の加力方式例

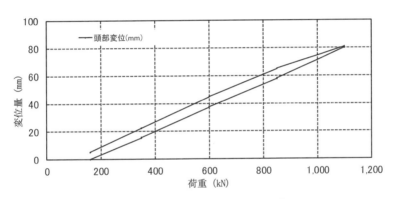

(a) 荷重－アンカー頭部変位量曲線

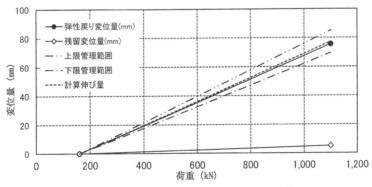

(b) 荷重－弾性戻り変位量・残留変位量曲線

解説図 9.16 1サイクル引張試験結果の表示例

9.3.4 リフトオフ試験

> a. リフトオフ試験の計画最大荷重は，導入緊張力 P_t の1.1倍とする．ただし，計画最大荷重は，引張材の緊張力導入時の許容引張力以下とする．
> b. リフトオフ試験での計測項目は，緊張力，アンカー頭部変位量および時間とする．
> c. リフトオフ試験結果の整理は，緊張力とアンカー頭部変位量の関係を普通目盛りのグラフ用紙に作図し，頭部定着具の離間荷重を確認する．
> d. 分散耐荷体方式の地盤アンカーに対するリフトオフ試験は，引張材全体に対する導入緊張力の確認，あるいは単独の耐荷体ごとの導入緊張力の確認など，試験目的に応じて適切な方法により実施する．

a. リフトオフ試験は，9.1.2「試験の種類」の解説で述べたように，定着が完了した地盤アンカーの導入された緊張力を調べる試験である．設計時に想定した導入緊張力の前後で荷重段階を小刻みに設定することで，導入緊張力をより正確に把握できる．定着時に引張材を固定する頭部定着具（くさび定着の場合はアンカーヘッド，ナット定着の場合はナット）が引張材とともに支圧板から引き上げられ，アンカー頭部の変位量の変化が主に引張材の伸び特性で決まる変位量になる状態を明確にするために，計画最大荷重は導入緊張力の1.1倍と規定した．加力方式を解説図9.17に例示する．

計測は各荷重段階の加力直後とする．リフトオフ試験の荷重段階と計測時間の関係の例を解説表9.6に示す．

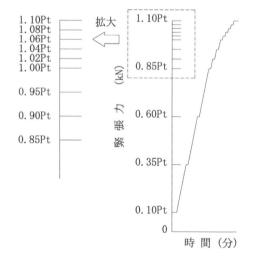

解説図 9.17 リフトオフ試験の加力方式例

解説表 9.6 リフトオフ試験の荷重段階と計測時間の例

荷重段階	計測時間
0.10 × Pt	直後（初期値）
0.35 〃	直後
0.60 〃	〃
0.85 〃	〃
0.90 〃	〃
0.95 〃	〃
1.00 〃	〃
1.02 〃	〃
1.04 〃	〃
1.06 〃	〃
1.08 〃	〃
1.10 〃	〃

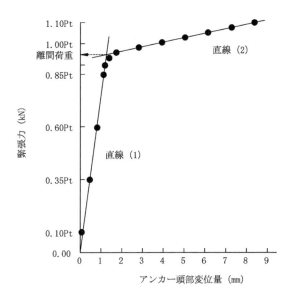

解説図 9.18 離間荷重の求め方の例

b. リフトオフ試験での計測項目は，前述の多サイクル引張試験および1サイクル引張試験と同様に，緊張力，アンカー頭部変位量および時間とする．ただし，使用する計測機器の精度〔解説表9.1参照〕や分解能に注意して計測値を整理する．また，計測された変位量には基準点の変動が含まれるが，離間荷重の判定には実用上の問題になることは少ない．

c. リフトオフ試験結果を解説図9.18に示すように整理する．緊張力－アンカー頭部変位量の曲線は，緊張力導入時に曲線の勾配が変化するので，解説図9.18のように，直線(1)と直線(2)の交点を導入された緊張力として評価することができる．この導入された緊張力が設計時に設定した導入緊張力の許容範囲を外れる場合は，その原因を調べるとともに初期緊張力を見直して再度緊張・定着を実施する．

d. 分散耐荷体方式の地盤アンカーに対するリフトオフ試験には，アンカー全体を対象とした試験と個々の耐荷体を対象とした試験がある．

　地盤アンカー全体を対象としたリフトオフ試験は，引張材の長さが異なる複数の耐荷体の導入緊張力の合計を調査することになる．この場合，試験は最上段の耐荷体の引張材が許容引張力を超えないように伸び量を管理する．

　それぞれの引張材に導入された緊張力を正確に求めようとする場合は，個々の耐荷体を対象とした緊張力確認試験によるのがよい．特に耐荷体の引張材の長さが大きく異なる場合や同時緊張をおこなった場合などは，個々の緊張力が計画どおりにならないことがあり，導入された緊張力を耐荷体ごとに確認する必要がある．ただし，この試験を実施する際には，緊張・定着後でも各々の引張材の長さを確認できるようにしておく．また，一度定着したくさびをアンカーヘッドから離間させることになるため，離間後のくさびの交換やPC鋼より線についたくさび痕に対する十分な検討をおこなう．

― 202 ―　建築地盤アンカー設計施工指針　解説

9.3.5　結果のまとめ

> 確認試験の結果は，その全記録，図表および品質・性能に対する検討結果を試験報告書に取りまとめる．

　確認試験結果をまとめた報告書の書式については特に規定しないが，以下に示す項目を網羅する必要がある．試験結果報告書は実際に施工管理で作成したチェックシート類をまとめた施工報告書と一対をなすものであるため，施工報告書とともにまとめておくとよい．

（ⅰ）　地盤アンカーの概要

　　工事名称，工事場所，使用目的，設計者，施工管理者，アンカー施工者，工事実施工程，アンカー数量，地盤概要，施工要領，施工管理体制

（ⅱ）　地盤アンカーの施工記録

　　施工機器，使用材料，各種施工管理記録・チェックシート

（ⅲ）　確認試験の概要

　　試験項目，試験数量，試験位置，試験日時

（ⅳ）　計測項目と計測機器

　　ジャッキ，変位計，荷重計，時計，加力装置組立図

（ⅴ）　データ整理法

　　判定基準

（ⅵ）　載荷計画

　　荷重—時間サイクル関係図

（ⅶ）　確認試験結果

　　試験結果のグラフ（解説図 9.14，解説図 9.16，解説図 9.18 などに例示する）

（ⅷ）　判定結果一覧表

（ⅸ）　その他

　　試験結果の考察，試験時の問題点

（ⅹ）　数値データ集

参 考 文 献

9.1)　前田卓磨，藤原達夫，筒井通剛，松沢哲哉，小師克之：永久地盤アンカー工法の研究（その 14．アンカー施工角度とアンカー耐力との関係），日本建築学会大会学術講演梗概集，B-1，pp.1339-1340，1992.8

9.2)　須藤敏巳，森脇登美夫，橋本康則，田畑博章：急傾斜地における本設斜め型地盤アンカーの実施例（その 2：施工前におこなった性能試験結果），日本建築学会大会学術講演梗概集，B-1，pp.615-616，2006.9

10章　維持管理

10.1　仮設地盤アンカーの計測管理

10.1.1　基本事項

> 地盤アンカーおよび地盤アンカーを用いる仮設構造物は，定期的に点検や計測をおこない，その構造物の供用期間中における安全を確認する．

　根切り山留め工事などに用いる仮設地盤アンカーは，構造物とアンカーの供用期間における安全を確認するため，定期的に点検や計測をおこなう．

　地盤アンカーを用いた根切り山留め工事は，地盤の不確実性に起因する工事共通の問題に加えて，地盤の崩壊を防ぐためその地盤自体を利用するという構造上の特殊性がある．このため，地盤アンカーを用いた山留め構造物の崩壊や大変形の発生要因として次のような事項が考えられる．

（i）　地盤アンカーの強度・引抜耐力不足（アンカーの破壊，引抜け）

（ii）　アンカー長，山留め壁根入れ長の不足（山留め壁と地盤アンカーを含む全体的な地盤崩壊）

（iii）　腹起しの強度不足（腹起しの変形，破壊）

（iv）　ブラケットの強度不足（ブラケットの脱落，破壊）

（v）　山留め壁の強度不足（山留め壁の変形，破壊）

（vi）　山留め壁の支持力不足（山留め壁の沈下）

　また，地盤アンカーを複数段配置した根切り山留め工事では，掘削による応力開放や下段のアンカー施工による地盤の乱れによって，すでに供用されている上段のアンカーの荷重が変化したり，引抜抵抗力が低下するおそれがある．したがって，施工中を含めた根切り工事時において，山留め壁および地盤アンカーの挙動や応力状態を的確に把握することが重要である．なお，山留めアンカー以外の仮設地盤アンカーにおいても，アンカーの破壊や引抜け，構造物の変形や破壊に繋がる挙動や応力状態を的確に把握する必要があり，定期的な点検や計測の実施が望ましい．

　仮設地盤アンカーの場合，日常の点検項目として山留め壁やアンカー頭部，台座，腹起しなどの変状の確認，計測管理としては設置した計測装置による山留め壁の変形や応力状態の変化の確認が挙げられる．これらの情報により構造物の状態を把握して，必要に応じて適切な処置を施すことができるようになる．また，計測管理の実施に先立ち，想定される変状と対応策を事前に整理・検討しておくことが重要であり，検討結果に応じて計測管理項目を選定する．

　なお，山留め壁の変位や応力状態が設計時の想定から大きく外れる状況となった場合は，その

— 204 — 建築地盤アンカー設計施工指針　解説

原因を追求するとともに対策（応急対策を含む）の実施を検討する．対策の検討では，部材の補強に加え，設計の見直しをおこない，必要に応じて地盤アンカーの増し打ちなどを検討する．

10.1.2　点検・計測管理

> a. 点検や計測の項目・方法・頻度は，構造物の特徴や供用期間などを考慮して決める．
> b. 点検や計測管理を実施するにあたっては，施工者はその目的や実施内容・方法を明記するとともに，結果に対する管理基準や対策などの実施項目・フローを記した計画書を作成する．

a. 点検や計測の項目・方法・頻度は，構造物や地盤アンカーの特徴および供用期間などを考慮して決める．根切り山留め工事における計測管理全般については，本会「山留め設計指針」(2017) [10.1]が参考になる．

　点検や計測の実施にあたって，全ての地盤アンカーに対する計測，多くの断面における山留め壁の計測は，その費用の面からも困難である．そこで，代表となる断面において計測管理をおこない，全体に対して実施する点検と組み合わせることにより，山留め全体の挙動を把握するのが一般的である．

　一般に安全管理を目的とした山留めの計測管理では，山留め壁の変形に加え，山留め部材に作用する荷重に注意が払われることが多い．地盤アンカーを用いた山留めの場合は，アンカーに作用している緊張力の変化に着目する．しかし，その構造上の特殊性から，地盤の支持力不足によってアンカーが抜け上がるだけでなく，地盤アンカーを含む背面地盤にすべり破壊が生じることがある．このような場合にはアンカー荷重にほとんど変化が現れない場合が多い．

　地盤アンカーの挙動を詳細に把握するには，アンカー頭部の荷重，引張材の荷重分布，アンカー頭部の変位などアンカー自体の計測項目のほか，周辺地盤の変位，山留め壁の変位や沈下，山留め壁背面の地下水位など多くの計測をおこなうことが望ましい．しかし，引張材の荷重分布の計測は計測機器を地中に設置する必要があり，施工における計測管理として実施するには，費用や計測技術の面から困難である．よって，計測管理は，構造物の特徴や重要度，および計測の目的などを考慮し，少なくともアンカー頭部の荷重と山留め壁の変位の 2 項目の計測は実施したうえで，アンカー頭部，山留め壁からの漏水のチェックや腹起し・ブラケットの変状などの点検，光学レベルやトランシットなどの機器による背面地盤の沈下や移動などの項目を組み合わせて管理する．根切り山留め工事における点検・計測管理項目の例を解説表 10.1 に示す．

　点検は，目視を主体として，山留め壁全体の状態および個々の構造物の状況を把握する．現場ごとに点検項目と点検位置を決め，日々の状態を点検シートに記入する方法で実施するのがよい．

　計測位置については，その計測目的に合致した箇所を選定する．一般的には，以下に示す点を基準として計測位置を決定するのがよい．

解説表 10.1　根切り山留め工事における点検・計測管理の例

対　象	点検項目	計測管理項目	主な計測管理装置
山留め壁	変位・変形 土砂漏れ，漏水箇所 クラック	水平変位 応力 沈下	挿入式・多段式傾斜計，トランシット，トータルステーション ひずみ計，鉄筋計 レベル
支保工 （アンカー，台座，腹起し等）	たわみ，ねじれ，ゆるみ アンカー頭部	腹起し応力 腹起したわみ アンカー緊張力	ひずみ計 水糸，トランシット ロードセル
周辺地盤および周辺構造物	沈下・浮き上がり，変位・変形 クラック	背面地盤，構造物の沈下・浮き上がり，水平変位・傾斜，クラック	レベル，トランシット，連通管式沈下計，層別沈下計，挿入式・多段式傾斜計，トータルステーション，スケール
地下水	－	地下水位	電気式水面検出器 間隙水圧計

- （ⅰ）　設計計算値と対比できる位置
- （ⅱ）　安全管理上もっとも必要と思われる位置
- （ⅲ）　特異な点でもっとも危険側となる位置
- （ⅳ）　場内作業が計測を妨げない位置
- （ⅴ）　局部的な影響を受けない位置
- （ⅵ）　基準点（不動点）からの照合が確実におこなえる位置

　一般にアンカー緊張力や山留め壁変位は，平面的に見て端部より中央部で大きくなることが知られており，通常は中央部で計測をおこなう．しかし，端部に重要工作物などがある場合や，土層構成が危険側に変化している場合などは，その箇所でも計測を実施することが望ましい．

　根切り山留め工事における点検や計測の頻度は，根切り完了までの掘削段階，山留め構造物の供用期間，および解体・埋め戻し段階に分けて考える．掘削段階では，掘削による山留め壁，支保工，および山留めアンカーの応力状態の変化を把握する必要があるため，施工ステップに合わせて計測管理を実施する．また，山留めアンカーの供用期間における計測管理は一定間隔でおこなうことを標準とし，これに加えて大雨や地震後などの異常時の計測管理を実施する．解体・埋め戻し段階では，掘削段階同様に施工ステップに合わせて計測管理を実施する．また，計測管理結果より，工事の安全性が損なわれると予測される場合は，計測頻度を多くするなど地盤アンカーおよび根切り山留め工事の状況を適宜把握できるように設定するとともに，対策の検討をおこない，すみやかに実施できる体制を整えることが必要である．

　解説表 10.2 に根切り山留め工事における計測頻度の目安を示す．なお，本会「山留め設計指針」(2017) [10.1]の計測管理の章も参照されたい．

b．点検や計測管理を実施するにあたっては，施工計画書において，その目的，実施項目・数量・実施方法を明記する．さらに管理基準値を設定し，これを外れた場合に実施する対策などの実施項目と実施のためのフローを作成する．

― 206 ―　建築地盤アンカー設計施工指針　解説

解説表 10.2　根切り山留め工事における計測頻度の目安[10.1) に加筆]

計測項目	初期値	根切り開始まで	根切り期間	地下躯体構築期間
山留め壁の変位量	根切り開始前	1回／週	固定式傾斜計：毎日 挿入式傾斜計：根切り段階ごとに1回およびアンカー緊張・定着の直前直後	固定式傾斜計：毎日 挿入式傾斜計：アンカー撤去の直前直後
山留め壁の応力			毎日	毎日
アンカー緊張力	アンカー定着完了直後			
周辺地盤，周辺構造物の沈下，浮き上がり，水平変位，クラック	山留め壁設置前	初期値設定後，根切り開始までに3回	根切り段階ごとに1回	アンカー撤去ごとに1回
地下水位	根切り開始前	1回／週	1〜2回／日	1〜2回／日

　山留め壁の変位は，通常，山留め壁打設時に設置した固定式傾斜計や計測孔を用いた挿入式傾斜計により計測するが，光学レベルやトランシットによる計測でも把握することができる．計測方法は，現場条件や計測頻度などを考慮して選択する．アンカー頭部の荷重は，アンカー緊張定着時に設置したロードセルなどの荷重計により計測する．現在用いられている荷重計には，油圧ディスク式，ひずみゲージ式，差動トランス式のものがあるが，近年，耐久性を高めた新しいタイプのものも開発されている．なお，荷重計を設置していない地盤アンカーの荷重を確認する必要がある場合は，油圧ジャッキを用いたリフトオフ試験〔9.3.4項参照〕をおこなう．

　計測機器の選定にあたっては，計測目的や実施条件を考慮する必要があるが，耐水性・防じん性・耐衝撃性に優れ，取扱いが簡単なものを選定する．また，複数の計測を一元的におこなう計測システムには，手動で計測をおこなうものから，設定したインターバルでデータを取り込み常にモニタリング可能なタイプまでさまざまなものがあるが，計測目的，測点数，費用などを考慮して適切なものを選定する．

　計測結果を効果的に工事にフィードバックするには，迅速なデータ整理と計測結果の適切な評価，ならびに安全を損なう可能性が発生した場合の対処方法について計画時点で明確にしておく．管理計画においては，計測結果の検討方法・評価基準を明確にするとともに，異常時の対処方法の立案と管理体制を整えることが重要である．

　計測管理フローの例を解説図 10.1[10.1)]に示す．図中に示した管理基準値とは計測値の評価基準となるものであり，工事の安全と工事現場周辺の環境条件から決定する．管理基準値の基本的な考え方として「1次管理値」，「2次管理値」，「3次管理値」というように細分化しておくと管理しやすい．たとえば，「1次管理値」は設計値の80％，「2次管理値」は設計値，「3次管理値」はこれを超えると山留め架構や周辺の構造物に障害が発生する値といった要領である．この場合，「1次管理値」は工事の努力目標で，これを超えると要注意の黄信号であり，「2次管理値」は超えると抜本的な対策が必要となる考え方である．

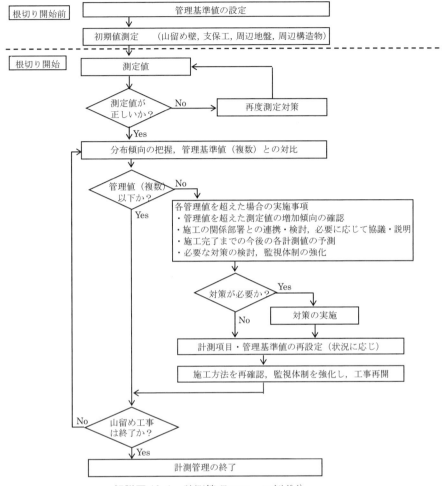

解説図 10.1 計測管理フローの例[10.1]

　管理基準値は工事当事者のみで設定できる計測項目と工事当事者のみでは設定できないものもあるため，管理者および監理者（以下，管理者等という）と十分協議したうえで，管理値を設定する．工事当事者のみで設定できる管理基準値の設定例を解説表 10.3 に示す．計測項目としては根切り山留め工事の安全に関わる項目の山留め壁の応力や切梁軸力など山留め架構の応力などに関係するものであり，設計計算値や地盤アンカーの許容引張力を考慮して管理基準値を決めるとよい．

解説表 10.3 管理基準値の設定例[10.1] に加筆

設定対象	管理基準値			備考
	1次管理値	2次管理値	3次管理値	
アンカー緊張力	設計値の80%	設計値の100%	—	許容引張力以下を3次管理値と設定することもある
山留め壁の変位量	設計値の80%	設計値の100%	—	山留め架構が安全であるという前提のもとに躯体と山留め壁の離隔距離（設計クリアランス）を3次管理値と設定することもある

管理基準値を外れた場合，たとえば，山留め壁の変位量が管理基準値を超えた場合の対策としては，地盤アンカーの増し打ちが有効である．山留め壁の変位量の増加に伴い，すでに設置済みの地盤アンカーの緊張力が増加する場合は，まずアンカーの引抜けや引張材の破断を防ぐ必要がある．特に荷重が許容アンカー力を超えるおそれがある場合は，地盤アンカーの増し打ちによりアンカー1本あたりが分担する荷重を抑える等の対策が必要となる．なお，山留め壁の変位量が管理基準値を超える要因としては，側圧の増加やこれにともない，山留め応力材に作用する曲げモーメントの増加が考えられるため，地盤アンカーの増し打ちは中間段においておこなうと効果的である．

山留め壁の変位量の増加に対するその他の対策としては，背面土の掘削や地下水位低下による側圧の低減などが考えられる．ただし，背面土の掘削は敷地条件によりその可否が決まり，地下水位低下による側圧の低減は周辺への悪影響の可能性があるため，実施に際しては，十分な検討が必要である．

アンカー荷重の計測値に対する地盤アンカーの安全性を判断する目安と対策工の目安を解説表10.4に示す．

解説表 10.4　アンカー荷重と安全性の目安

緊張力の範囲	状況	考えられる原因	対策工
0.9$T_{s}y$	緊急に対策（破断のおそれ）	想定以上の土圧や水圧が加わる	破断に対する緊急処置後に抜本的な対策工
許容引張力　0.8$T_{s}y$	早急に対策（工事ストップも視野）	想定以上の土圧や水圧が加わる	押え盛土，増し打ちアンカー
設計アンカー力　Pd 導入緊張力　Pt	経過観察（定着長さの検討）	他アンカー施工時の水圧増加 他工種による水圧の変化	増し打ちアンカーの検討
	健全		
0.9Pt	経過観察	地盤のクリープ 引張材のリラクセーション 反力板（山留め壁）の変形	必要と判断すれば再緊張
0.8Pt	原因を把握して対策	アンカーの引き抜け	再緊張または再施工
0.5Pt	原因を把握して早急に対策	アンカーの引き抜け	再緊張または再施工

$T_{s}y$：PC 鋼材の規格降伏荷重

なお，本会「山留め設計指針」(2017)[10.1]による近接程度の判定で「近接山留め」となった場合や地下鉄などの地下構造物や道路下のインフラなどの重要埋設物の所有者・管理者と近接協議をおこなう場合は，工事当事者のみでは計測項目の管理基準値を設定できない．このように近接施工となった場合は，近接構造物の固有の条件に対する沈下，傾斜の管理基準値を所有者・管理者と協議のうえ，承認を得て設定する必要がある．

構造物に近接して根切り山留め工事を実施する場合の計測項目の管理基準値の設定は，本会「山留め設計指針」(2017)[10.1]，「近接山留めの手引き」[10.2]等を参考にされたい．

10.2 本設地盤アンカーの維持管理

10.2.1 基 本 事 項

> 維持管理を実施することを前提として設計された本設地盤アンカーは，設計図書に基づいて必要な維持管理をおこなう．

　本設地盤アンカーの設計には，点検や緊張力のモニタリングなどの維持管理をおこなわないことを前提とした設計と，点検や緊張力のモニタリングをおこなって必要に応じて再緊張等の対策をおこなうことを前提とした設計がある．設計者は，それぞれの設計思想に応じて，設計図書に維持管理の要否およびその方法（実施項目と数量等）を明示する．

　維持管理を不要とする場合，供用期間を通してあらかじめ期待した機能を果たせるように，すなわち不具合や性能の劣化が発生しないように設計がおこなわれ，地盤アンカーの頭部を構造物中に埋め込む手法がとられることが多い．

　供用期間中の点検や緊張力のモニタリングを実施する本設地盤アンカーは，頭部キャップの取外し・交換が容易で，かつ，再緊張や緊張力緩和が可能な頭部構造を有していることが必要となる．また，ロードセルなどの荷重計を設置する場合は，頭部の収まり具合と計測期間に対する耐用年数を検討のうえ，頭部構造として設計図書に示す．

　なお，維持管理は，通常，管理者自らまたは管理者が委託した専門家によりおこなわれる．

10.2.2 点検・計測管理

> a. 維持管理を実施する本設地盤アンカーでは，設計図書に基づいて，実施項目・数量・実施方法を設定し，併せて管理基準値を外れた場合の対策を検討する．
>
> b. 維持管理の実施にあたっては，上記の内容を明記した維持管理計画書を作成し，管理者等の承認を得たうえで実施する．

a. 維持管理を実施する本設地盤アンカーでは，設計図書に基づいて，点検や計測管理の実施項目・数量・実施方法を設定する．

　本設地盤アンカーの維持管理とは，一般的には緊張力の経時変化を管理することであり，ロードセルなどの荷重計を設置してモニタリングする方法がとられている．まず，計画段階において，荷重計を設置する地盤アンカーを選定し，計測頻度・計測期間・計測方法を設定する．荷重計を設置する地盤アンカーは，供用するアンカーを代表とすべきであり，異なるタイプが混在する場合はタイプごとに荷重計設置アンカーを選定することが望ましい．荷重計は，現在用いられているものには，油圧ディスク式，ひずみゲージ式，差動トランス式があるが，耐用年数が10年程度であるものが多く，さらに地盤アンカーが定着された状態での交換ができないなどの課題を有し

ている．したがって，計測管理の計画に際しては，この課題を考慮したうえで計測期間を設定する必要がある．現在では，より耐用年数の長いもの，定着された状態で交換が可能な荷重計の開発が進められているため，これらの情報を検討したうえで維持管理計画を立案する．荷重計を用いた計測管理では，計測頻度を自由に設定できるため，計測結果を見ながら再設定していくことが可能であるが，緊張定着後の数ヶ月間は短い間隔で，その後は頻度を減らした一定間隔での計測が一般的である．

荷重計を設置していない地盤アンカーの緊張力を確認するためには，リフトオフ試験〔9.3.4 項参照〕をおこなう．リフトオフ試験は，油圧ジャッキ等により地盤アンカーを緊張し，アンカー頭部が支圧板から離間する荷重を求める試験である．リフトオフ試験の実施には作業に必要なスペースと機材の持込み経路を確保する．また，試験を実施しやすくするための頭部の工夫も必要になるため，実施を計画する場合，または実施の可能性がある場合には，これらを考慮した構造とする．

点検は，アンカー頭部について機能に異常がないかを，目視あるいは必要に応じて頭部キャップを取り外して頭部を露出させておこなう．特に地盤アンカーの緊張力に大きな変化が生じた場合は，頭部を露出させて引張材や定着具に異常がないかを確認する．

計測管理において設計図書に示された管理基準値を外れた場合，適切な対処が必要になる．維持管理計画時には，検討の手順と方法について明確にしておく．管理基準値を外れた場合の検討項目としては，現象に対する原因の調査・検討，計測値の今後の変化予測，設計と照らし合わせた時の対策の必要性の検討などが挙げられる．

b．本設地盤アンカーの維持管理の実施者は，実施項目・数量・実施方法および管理基準値を外れた場合の対策について明記した維持管理計画書を作成し，管理者等の承認を得たうえで実施する．地盤アンカーの維持管理は，アンカー施工における緊張・定着に引き続いて実施するため，維持管理計画書をアンカー施工時に作成する施工計画書と併せて作成することが望ましい．維持管理計画書に記載する項目の例を解説表 10.5 に示す．

解説表 10.5　維持管理計画書に記載する項目例

区分	記載項目
点検	実施項目・数量 実施の期間と頻度 点検方法 点検結果の評価方法
計測管理	実施項目・数量 実施の期間と頻度 計測管理方法 計測結果の評価方法

10.2.3 対　　策

> 　本設地盤アンカーの維持管理において，設計図書に明示された管理基準値を外れた場合には，検討のうえ，十分な対策を講じる．

　計測管理により地盤アンカーの緊張力が管理基準値を外れた場合は，原因について調査をおこなったうえで，原因を取り除くとともに再緊張や緊張力緩和の実施を検討する．

　再緊張は，地盤アンカーの定着工法の機能を利用した方法で実施し，再緊張により機能低下や耐久性能の低下を生じないようにする．ただし，荷重低下が地盤アンカー設置地盤の変位や構造物の沈下による場合は，再緊張後も荷重低下が継続する場合があるので，まず原因を取り除く対策が必要となる．

　一方，緊張力緩和は，地盤アンカーの緊張力が許容緊張力を超えた場合，または超えるおそれがある場合に必要となるため，アンカーの増し打ちによる分担荷重の再配分についても同時に検討する．

10.2.4　記録の保存

> 　本設地盤アンカーの点検・計測管理・対策に関する維持管理記録は，設計図書とともに地盤アンカーの供用期間中保存する．

　維持管理を実施する本設地盤アンカーでは，地盤の状況や地盤アンカーの諸元が明示されている設計図書とともに，点検・計測管理・対策に関する維持管理記録を地盤アンカーの供用期間中保存しておく．記録の整理にあたっては，統一的な様式で整理することが望ましい．これにより，点検・管理する項目が明らかになるとともに，客観的な判断がおこないやすくなる．また，効率的な維持管理のためには，地盤アンカーの調査計画から設計・施工を経て供用に至る記録を一貫して整理することが望ましい．

参 考 文 献

10.1）日本建築学会：山留め設計指針，2017
10.2）日本建築学会：近接山留めの手引き，2015

付　　　録

付録 1　地盤内せん断すべりの検討方法 ……………………………………………… 213

付録 2　分散耐荷体方式の圧縮型定着体における荷重割増係数 β ……………… 215

付録 3　施工管理一覧表の例 …………………………………………………………… 218

付録 4　仮設計画の例 …………………………………………………………………… 221

付録 5　削孔時のクリアランスの例 …………………………………………………… 222

付録 6　高水圧状況下での施工機材の例 ……………………………………………… 224

付録1　地盤内せん断すべりの検討方法

　地盤内せん断すべりの検討は，既往の地盤アンカーの地盤内せん断すべりに関する研究ならびに山留めに使用した地盤アンカーの設計施工実績に基づいて，地盤のせん断抵抗を付録図1.1のように想定し，（付1.1）式を用いておこなうことができる．既往の研究では鉛直地盤アンカーと斜め地盤アンカーの引抜抵抗は大差ない[付録1.1]とされていることから，すべり線は鉛直アンカーの地盤内せん断すべりの研究成果など[付録1.2],[付録1.3]を参考にして図のように想定できる．なお，鉛直地盤アンカーの地盤内せん断すべり線はアンカーの深さ（D）と直径（B）の比（D／B）が大きければ（15程度以上）地表面まで到達しないとされているが，アンカー群として考えた場合，見かけ上Bが大きくなるため，地表面に到達するすべり面を想定した．

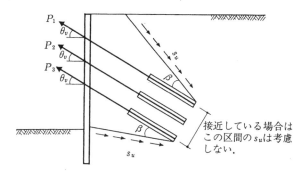

付録図1.1　地盤内せん断すべりの検討方法

$$F_s = \frac{S}{\sum P_{d_i}} \quad \text{ただし，} F_s \geqq 1.2 \tag{付1.1}$$

記号　S：すべり線上のせん断抵抗の総和の地盤アンカー方向成分（kN/m）

$$S = \sum s_u \times \cos\beta$$

$\sum P_{d_i}$：設計アンカー力の総和（kN/m）（付録図1.1では$P_1 + P_2 + P_3$）

s_u：地盤のせん断抵抗（kN/m^2）

$$s_u = c + \sigma' \tan\phi$$

c：粘着力（kN/m^2）

σ'：有効土被り圧（kN/m^2）

ϕ：内部摩擦角（度）

β：すべり角（通常20度とする）

θ_v：アンカー傾角（度）

参 考 文 献

付録 1.1) BRJA M. DAS and VIJAY K. PURI : Holding Capacity of Inclined Square Plate Anchors in clay, Soils and Foundations Vol.29, No.3, pp.138-144, 1999

付録 1.2) BSI Draft for Development, Recommendations for ground anchorage, 1982

付録 1.3) 松尾稔:基礎の引揚げ抵抗力の算定法と粘性土の中の基礎の現場引揚げ試験の解析, 土と基礎, Vol.14, No.10, pp.11-21, 1966

付録2. 分散耐荷体方式の圧縮型定着体における荷重割増係数 β

本指針 6.2.5 項「圧縮型定着体の設計」において,表 6.1 の耐荷体の荷重割増係数 β は,以下に示す実大実験の結果に基づき設定されたものである.

緩い〜中位の砂層に定着した 3 段の分散耐荷体の圧縮型定着体を用いた地盤アンカーでの実験[付録2.1]では, PC 鋼線のひずみに対する,定着体内に設けたモールドゲージのひずみの比が下段から上段になるほど大きくなる傾向が認められた〔付録図 2.1,付録図 2.2 参照〕.

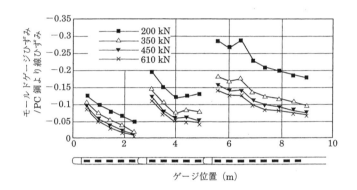

付録図 2.1 定着体の内部ひずみ(耐荷体間隔 2.5 m)[付録2.1]

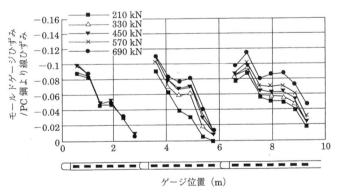

付録図 2.2 定着体の内部ひずみ(耐荷体間隔 3 m)[付録2.1]

耐荷体間隔 2.5 m のほうの地盤アンカーで,耐荷体 1 個ずつに緊張力を加えて他の耐荷体への影響を調べた実験結果が報告されている[付録2.2].付録図 2.3(a) では,第 1 耐荷体から順次第 2 耐荷体,第 3 耐荷体と緊張力を加えると,第 1 耐荷体緊張時には第 2 耐荷体位置の注入材のひずみが若干増加し,第 2 耐荷体緊張時には第 3 耐荷体の注入材のひずみが増加していることがわかる.

付録図2.3(c) は，第1耐荷体→第3耐荷体および第3耐荷体→第1耐荷体という順序で緊張力を加えた場合と同時緊張した場合の注入材の内部ひずみを比較したものである．これから緊張力を加える順序により，注入材のひずみにも差が出ることがわかる．

いずれの場合でも，最終的には各段耐荷体位置でのPC鋼より線ひずみと注入材のひずみの比が注入材の品質や地盤の状況が同じであればほぼ一定値になると考えると，上段の耐荷体になるほどその比が大きくなっているということは，下段の耐荷体の緊張力の影響を上段の耐荷体が受けているということである．

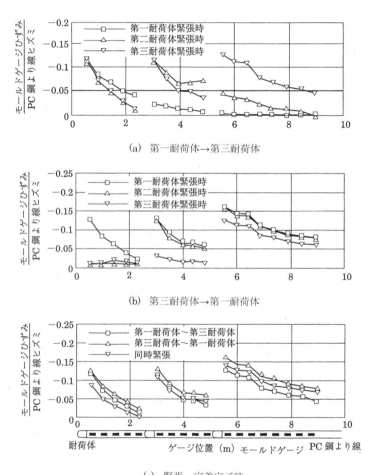

(c) 緊張・定着完了時

付録図2.3 耐荷体個別緊張による定着体内部のひずみ（耐荷体間隔2.5 m）[付録2.2]

この原因の一つとしては，上段の耐荷体部分になるほど引張材が増えるために注入材の有効断面積が減少しているということが考えられる．しかし有効断面積の比率で考えるとひずみに与える影響はせいぜい1：1.03程度なので，この現象の原因の大半は，下段の耐荷体の緊張力による注入材の圧縮応力が上段の耐荷体部分まで伝達されることによると考えられる．一方，剛性の大

きい岩盤に定着した実験の報告[付録2.3), 付録2.4)]では，このような傾向は見られていない．

これらの結果からわかるように，β は定着地盤の剛性等によっても異なると考えられるが，根拠となるデータが少ないことや過去の設計例ではほとんどが（付 2.1）式で設計され，実施工に供されているという実績等も考え，表 6.1 に示す荷重割増係数を考慮して地盤アンカー全体としての安全性を高めることとした．

$$L_a = \frac{P_d}{\tau_a \times \pi \times D_a} \tag{付 2.1}$$

付録図 2.4 は，N 値の異なる地盤毎に，引張型定着体の定着体長を(6.2.14) 式で，また，分散耐荷体方式の圧縮型定着体の定着体長を表 6.1 の β を用いて (6.2.18) 式でそれぞれ算出して比較したものである．定着地盤の許容摩擦応力度は $\tau_a = 9N$，圧縮型定着体は，部分定着体長を $(3+l)$m 以下，耐荷体数を 5 段までとし，各段 ϕ12.7 mm の PC 鋼より線は 2 本ずつ使用するものとした．ここで，耐荷体長は $l = 0.3$ m とした．

定着体長は，N 値 40～50 の定着地盤であれば大きな差は生じていないが，N 値が小さくなるほど，圧縮型定着体の方が短くなっている．なお，引張型定着体は引張材本数や断面を増すことにより，1000 kN より大きな設計アンカー力でも設計が可能である．

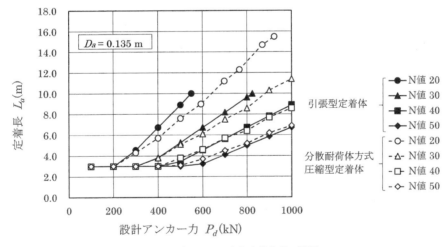

付録図 2.4 設計アンカー力と定着体長の関係

参 考 文 献

付録 2.1) 石井善一, 妹尾博明, 桜井信一, 向亨：アンボンド型除去式地盤アンカーの引抜き試験（その4 アンカー体内部応力），日本建築学会大会学術講演梗概集，B-1，構造 I, pp.633-634, 1999.9

付録 2.2) 妹尾博明, 石井善一, 向亨, 菅浩一：アンボンド型除去式地盤アンカーの引抜き試験（その6 アンカー体内部応力），日本建築学会大会学術講演梗概集，B-1，構造 I, pp.637-638, 1999.9

付録 2.3) 長沼和宏, 尾高英雄, 橋本和明, 寺田俊朗：荷重分散型アンカー工法の現場実験における一考察，土木学会第 51 回年次学術講演会講演要集第 3 部(A), pp.442-443, 1996.9

付録 2.4) 寺田俊朗, 長沼和宏, 尾高英雄, 岡本悟：荷重分散型アンカー工法の現場実験（その2），土木学会第 52 回年次学術講演会講演概要集第 3 部(A), pp.378-379, 1997.9

付録 3. 施工管理一覧表の例

　地盤アンカーの一般的な施工管理は，施工順序に従って管理項目を定めておこなう．管理値を外れた場合には，その都度修正等の処置を取ることで，大きな手戻りをなくすことができる．

　施工計画書等に記載する地盤アンカーの施工管理計画としては，管理項目のみならず管理項目ごとに，計測方法，計測時期，管理値（許容誤差），管理値を外れた場合の対処方法を明確にしておくことが肝要である．施工管理一覧表の例を，付録表 3.1(a) (b)に示す．

付録3. 施工管理一覧表の例 — 219 —

付録表 3.1(a)　施工管理一覧表の例

作業工程	区分[注1]		管理項目	管理値	チェックの方法		異常時の処置
	仮設	本設			方法	記録・資料	
機械・材料検収	○	○	施工機械検収	機種・規格・点検表	書類検査	納品書	再納入
	○	○	セメント・混和材料検収	材料メーカー規格値内	書類検査	納品書	再納入
	○	○	アンカー組立材検収	傷汚れの有無 ミルシート	書類検査	納品書 チェックシート	再納入
削孔機据付	○	○	削孔ビット径	削孔径以上	スケール	チェックシート	交換
	▲	○	ケーシング方向の精度	計画角度±2.5°以内 （条件により精査する）	スラントルール	チェックシート	再設置
削孔	○	○	定着地盤	計画深度での地層状態であること	循環水の色目視	ボーリングデータ, チェックシート	監理者と協議
	○	○	削孔位置	設計軸心から 75mm 以内	スケール	チェックシート	据付け直し
	○	○	削孔長	設計長以上	ロッド本数 検尺テープ	チェックシート	再削孔・再洗浄
	▲	▲	孔内水位	削孔天端高さ	目視	チェックシート	清水補給
	○	○	孔内残存スライム量	削孔余長以下	目視	チェックシート	洗浄継続
	○	○	孔内洗浄度合	透明度 （二重管削孔の場合）	目視	チェックシート	洗浄継続
注入材計量	○	○	セメント量	計画調合どおり	袋数	チェックシート	追加・変更
	○	○	練混ぜ水の量	計画調合どおり	水量計	チェックシート	再計量
	○	○	混和材料の量	計画調合どおり	メスシリンダー	チェックシート	再計量
混練	▲	○	練混ぜ水温度	練上がり温度 5～35℃	温度計	チェックシート	水温調整
	○	○	練混ぜ時間	2分以上	時計	チェックシート	再混練
	▲	○	比重	設定値±2%	マッドバランス	チェックシート	計量チェック 再混練
	○	○	流下時間	10～18秒	Pロート・時計	チェックシート	計量チェック 再混練
	▲	▲	ブリーディング率	4%以下	袋, メスシリンダー	チェックシート	計量チェック 再混練
	○	○	圧縮強度用供試体採取	50×100mm 1材齢あたり 3～6体	モールド等	チェックシート	計量チェック 再混練

注1) ○：必須項目　▲必要に応じて

付録表 3.1(b) 施工管理一覧表の例

作業工程	区分[注1] 仮設	区分[注1] 本設	管理項目	管理値	チェックの方法 方法	チェックの方法 記録・資料	異常時の処置
引張材組立[注2]	○	○	引張材の本数	仕様どおり	目視	チェックシート	再納入・再組立
	○	○	引張材の長さ	アンカー長（自由長） 　設計長+0〜100mm 定着体長 　設計長+0〜20mm	リボンテープ	チェックシート	再納入・再組立
	○	○	スペーサーの位置	所定の位置±20mm	スケール	チェックシート	再組立
	○	○	自由長加工の状態	変形・傷・油脂がないこと	目視	チェックシート	再組立
引張材挿入	○	○	挿入深度	計画深度以上	スケール	チェックシート	高止まりは洗浄からやり直し
注入	○	○	注入管先端位置	削孔先端位置 　+0 〜 −500mm	スケール	チェックシート	再挿入
	○	○	注入量	削孔容積の1〜5倍程度 （引張材容積を除く）	バッチ数	チェックシート	追加注入
	▲	▲	戻り液の比重	設定値±2%	マッドバランス	チェックシート	追加注入
加圧	○	○	加圧・位置・回数	アンカー体設置地盤の自立性を加味して設定	回収ロッド数	チェックシート	追加注入
	○	○	加圧力	0.1〜0.5MPa	プレッシャーゲージ	チェックシート	注入装置・経路の見直し
	▲	○	加圧時間	1分程度	時計	チェックシート	再加圧
ケーシング引抜き	○	○	引張材共上がり	ケーシング内確認	スケール	チェックシート	引張材再挿入協議
引張材仮受け・養生	▲	▲	引張材天端高さ	計画深度±100mm	スケール	チェックシート	協議
緊張・定着	○	○	緊張・定着・計測装置の検収	機種・規格・点検表	目視	納品書 チェックシート	再納入
	○	○	腹起し・ブラケット・台座の状態	地盤アンカー計算書の設定値以上	目視・スケール	チェックシート	ブラケット補強
	○	○	注入材強度	30N/mm²以上	圧縮強度試験	試験報告書	再調査・協議
	○	○	緊張力・伸び量	—	9章参照	試験報告書	9章参照
	○	○	定着荷重	計画初期緊張力による	プレッシャーゲージ	試験報告書	9章参照
アンカー頭部の防せい	▲	○	防せい処理の状態	頭部背面および頭部の点検	目視	チェックシート	再処理

注1) ○：必須項目　▲必要に応じて

注2) 引張材の組立：現在は工場でおこなうことが多い

付録 4. 仮設計画の例

　地盤アンカーを施工する場合の作業床の高さは，作業員がケーシングを着脱する際の作業性により決める．削孔機の仕様のほか，地盤アンカーの削孔角度，排水溝の幅および深さ，作業床の養生方法などを考慮したうえで，安全に配慮した無理のない作業環境とする．
　泥排水処理用側溝の形状，敷き鉄板の位置などの例を付録図 4.1 に示すが，地盤条件や施工条件により個別に検討が必要である．

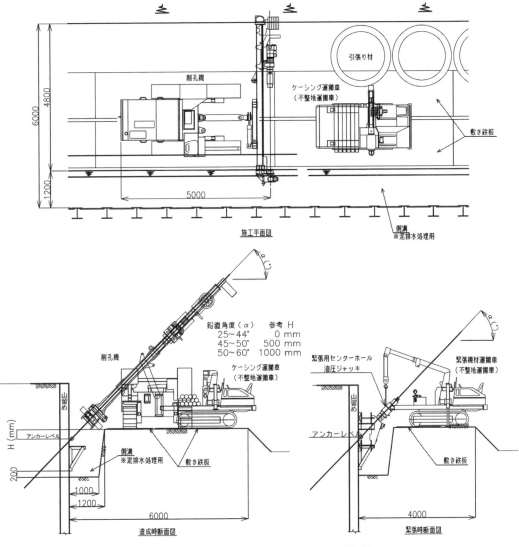

付録図 4.1 施工地盤高さとアンカー位置の関係（参考）

付録5. 削孔時のクリアランスの例

　クローラタイプ削孔機の場合，削孔方向に対する削孔機本体の位置はある程度移動できるため，最低限，削孔機セット時に削孔のための可動部分（ドリフタに関わる主に油圧関係部材）が干渉しないように計画する．

　削孔機前面と支障物（例えば構台杭や山留め壁）との最小離隔は，使用する削孔機の種類にもよるが，500 mm 程度は必要である．特にクローラタイプの削孔機は，ガイドセルが 6 m 前後と長く，削孔機の特性上各ヒンジ部分（ピン構造）での遊びが大きいため，推進力の変化（押込み～引抜き）あるいはケーシング回転によるガイドセルのブレを考慮する〔付録図5.1参照〕．

　削孔機の寸法上必要なクリアランスは前記のとおりであるが，ケーシングは人力で接続するため，アンカー軸線の前面に作業員が安全に入り込めるスペースも必要となる（削孔軸心から 700 mm 程度は必要）．

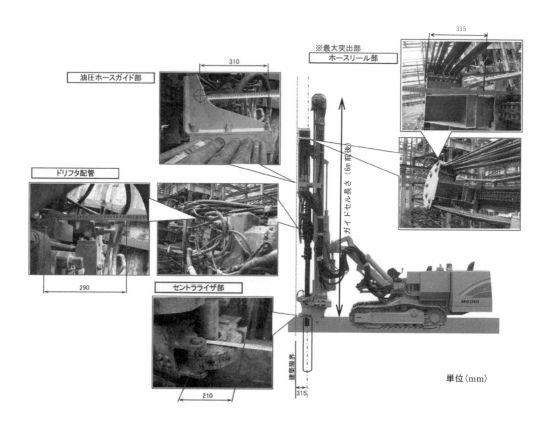

付録図 5.1　ロータリーパーカッション削孔機の例（クローラタイプ）

スキッドタイプ削孔機の場合，削孔機本体とガイドセルとが固定されているため，削孔のための可動部分が干渉しないように計画するとともに，削孔機のベース部分に関しても十分なクリアランスを確保することとなる．

付録図 5.2(a)は，地下空間では本設構造物の柱が支障となり削孔機がセットできないため，仮設構台上から削孔した例である．付録図 5.2(b)(c)(d)は地下空間における削孔機の移動あるいは削孔時の状況である．特に，スキッドタイプの削孔機を用いる場合，本体（ベース）と削孔位置との平面的な関係，操作盤の位置と仮設構造物等との離隔は使用する機種によって大きく異なるので，事前の十分な検討が必要である．

(a) アンカーレベルでの機械セットが不可能な場合の実施例

(b) 既存躯体との干渉

(c) 削孔可能な支障物との離隔

(d) スキッドタイプ移動時の支障物干渉

付録図 5.2 ロータリーパーカッション削孔機の例（スキッドタイプ）

付録6. 高水圧状況下での施工機材の例

　アンカーの孔口が地下水位以下となる場合，地下水だけではなく山留め壁背面の土砂の流出を防止しながら地盤アンカーを施工する必要がある．

　以下に，地下水位以下での施工方法および高水圧状況下での施工で用いられている施工技術について紹介する．

1) 山留め壁孔口における止水方法

　山留め壁孔口からの出水量の調整には止水ボックスが用いられる．

　止水ボックスは，山留め壁孔口とケーシングの隙間からの地下水の流出を，ゴムパッキンなどで防止するとともに，削孔スライムあるいは地下水の排水量を止水ボックスに取り付けられた排出口のコックの開閉度合により調整する装置である．

　止水ボックスの一例を取付け手順とともに付録図6.1に示す．

　止水ボックスの取付けには口元管が必要となる．通常，口元管には削孔径より一回り大きい内径を持つ鋼管が使用される．口元管自体には漏水を止める効果はないが，削孔精度を高めると同時に山留め壁の裏側の崩壊を防ぐことが可能で，さらに注入材を確実に加圧注入する効果もある．また，山留め壁にあけた穴が，削孔が進むにつれて大きくなることによる漏水の増加や口元止水が困難になることを防止する効果もある．特に地下水位以下の大深度での削孔または注入作業では，必ず口元管の設置を計画する．

　口元管の設置には，山留め壁を貫通しない方法と背面地盤に打ち込む方法の2通りがあり，山留め壁の仕様によりその取付け方法は異なる．山留め壁が鋼製矢板壁やRC地中壁の場合には，取付けプレート付きの口元管を山留め壁の応力材に溶接やボルトにより直接取り付ける．ソイルセメント壁の場合には，応力材に溶接するかソイル自体を先行削孔し，これに口元管を挿入した

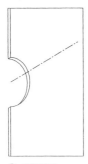
① 山留め壁に
　プレート取付け

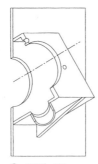
② 止水ボックス
　取付け

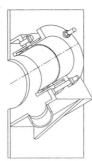
③ 口元プリベン
　ダー取付け

付録図6.1　止水ボックスの例

状態で，注入材などにより止水処理をおこなう．ただし，鋼製矢板壁の場合，背面からの出水が懸念され，先行して窓開け（鋼製矢板壁のガス切断）ができない場合がある．このような場合には，止水ボックス取付け後，ケーシングに取り付けた鋼材切断用のビットで切断することとなる．また，事前に鋼製矢板壁の背面を薬液注入する方法も有効である．先行して口元管を打ち込む場合には，打ち込み中に出水がないことが条件となる．打ち込まれる口元管の長さは，山留め壁の背面から1～2 mが一般的である．

また，鋼製矢板壁のような肉厚の小さい山留め壁において，矢板切断部に直接パッカーを設置して止水する場合には，パッカーの破損のないように口元管を取り付けることが望ましい．

2) 削孔時における特殊な先端ビットでの止水方法

削孔時にケーシング内から出水があった場合，ケーシングの接続が困難となるばかりでなく，削孔完了後におこなう注入作業において，セメントペーストが洗い流されてしまうこととなる．そこで，こういった場合には逆止弁付きビットを使用する．逆止弁付きビットの一例を付録図 6.2 に示す．

ビットは，削孔時には削孔水圧により弁となるボールが押し下げられることで削孔が可能となり，削孔停止時にはばねの力により弁となるボールが戻され開口部が閉塞されるため，地下水のケーシング内への逆流を防止できる．逆止弁付きビットは，注入終了後，ケーシングを逆回転させると外れる構造となっている．逆止弁付きビットにはさまざまな種類があり，削孔終了後，インナーロッドまたは引張材による衝撃を先端ビットに与えることで，ビットと先端ケーシングとを連結する固定ピンが外れ，先端ビットを取り外すことが可能となるタイプもある．

ビットの離脱後ケーシングを引き抜くと，先端ビットは地中に残置される．この方法によれば，削孔時において地下水圧等に対する出水対策が可能となる．

逆止弁付きのビットは，押込みのみで削孔する先端ビットを改良したものであるが，二重管方式の削孔が可能な特殊先端ビットも開発されている．

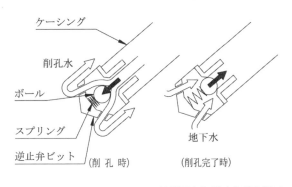

付録図 6.2 逆止弁付先端ビットの一例

3) ケーシング引抜き時の止水方法

　ケーシング引抜き時における止水対策は，被圧水などにより注入材が押し出される場合に必要となる．代表的な止水対策方法を付録図 6.3〜6.5 に示す．

　　ⅰ）方法-1〔付録図 6.3 参照〕
　　　　締め付けられることにより膨らむパッキンを用いた方法であり，注入圧力により作動する．また，この装置は引張材頂部に取り付けて使用する．
　　　　ケーシングの引抜きは加圧注入しながらおこない，注入材の加圧力によりケーシングパッカー下部のばねを収縮させ，ケーシングパッカーを解放した状態にする．ケーシング切り離し時はばねの伸びる力と地下水の圧力によりケーシングパッカーが作動し，ケーシング内が閉塞状態となる．

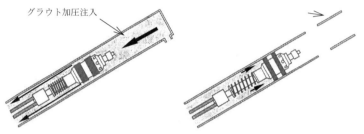

① 加圧注入しながらケーシングを引抜くと，注入圧力によりケーシングパッカーは開放される．　② 注入停止と同時にばねと水圧によりケーシングパッカーが作動しケーシング内を閉塞する

付録図 6.3 方法-1 とその原理

　　ⅱ）方法-2〔付録図 6.4 参照〕
　　　　空気圧により膨らむケーシングパッカーを引張材に取り付けて用いる方法である．
　　　　引張材挿入終了後，水圧以上の空気圧によりケーシングパッカーを膨張させる．ケーシング引抜きはケーシングパッカー圧力よりも大きな圧力で加圧注入しながらおこない，注入材の加圧力によりケーシングパッカーを収縮させケーシングパッカーを解放した状態にする．ケーシング切離し時は，ケーシングパッカー内部の空気圧によりケーシングパッカーが膨張し閉塞状態となる．たとえば，水圧が 0.5 MPa の場合，ケーシングパッカーへの空気圧は 0.6 MPa，加圧注入圧は 0.7 MPa とする．

　　ⅲ）方法-3〔付録図 6.5 参照〕
　　　　特殊な弾性体でケーシングパッカーをケーシング内部に密着させ，内部の逆止弁の開閉作動により，加圧注入およびケーシングパッカーの移動をおこなう方法である．ケーシング引抜き時は，このケーシングパッカーの逆止弁上部に蓋をセットし，逆止弁を閉塞しケーシング開口部から注入圧をかけることにより，引き抜くケーシングの先までケーシングパッカーを移動させる．加圧注入する時は，この蓋を取り外し，注入圧によりケーシングパッカーの逆止弁を開き加圧注入する．

付録6. 高水圧状況下での施工機材の例 — 227 —

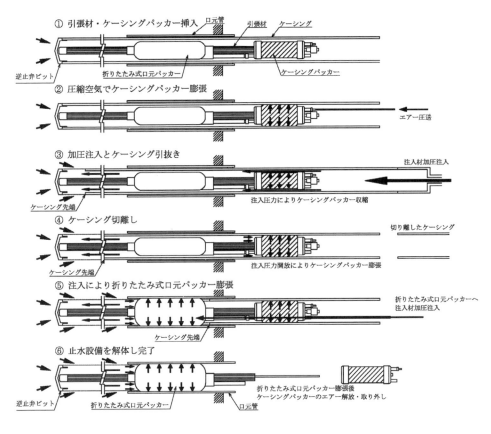

付録図 6.4 方法-2 とその原理および口元止水の一例

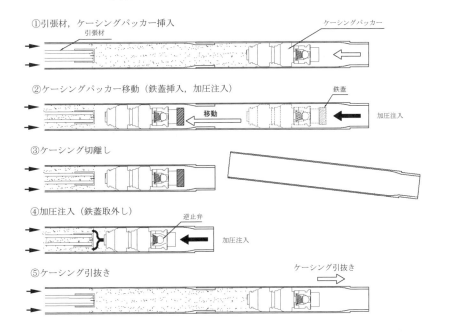

付録図 6.5 方法-3 とその原理

最終ケーシング引抜き前に，山留め壁貫通部分に当たるようにあらかじめ引張材に取り付けた折りたたみ式口元パッカーを注入材などにより膨張させ孔口を閉塞する．さらに，止水ボックス内部にも止水材を注入する場合もある．出水がある程度抑えられたことを確認後，最終ケーシングと止水ボックスを取り外し，口元に口元パッカーを取り付ける．先行して設置した折りたたみ式口元パッカーの背面には，グラウト材の流出防止と背面の空洞の充填のために，注入材の追加注入をおこなう．この場合，けい酸ソーダ等を混入させ，注入材の硬化を促進させることもある．

緊張定着完了後，アンカー口元からの地下水の流出防止のために急結セメントや加水反応型の注入材等により口元の閉塞をおこなう場合もある．施工時期に応じた止水方法は，その装置や工法も多岐にわたっている．また，それぞれの止水方法は水圧の大きさにより使い分けられている．その目安を付録表 6.1 に示す．

付録表 6.1　止水方法の目安

	水頭差＜3m	水頭差≧3m	水圧＞注入材圧力
山留め壁孔口における止水方法	口元管の設置は必要	止水ボックスを設置すべきである	止水ボックスを設置しなければならない
削孔時先端ビットでの止水方法	状況により処置を要す	状況により処置を要す	各種の止水方法を用いなければならない
ケーシング引抜き時の止水方法	状況により処置を要す	状況により処置を要す	各種の止水方法を用いなければならない
地盤アンカー設置後の止水方法	状況により処置を要す	状況により処置を要す	事後の止水を確実におこなう

建築地盤アンカー設計施工指針・同解説

1991 年 2 月 15 日 第 1 版 第 1 刷
2001 年 1 月 20 日 第 2 版 第 1 刷
2018 年 1 月 30 日 第 3 版 第 1 刷

編　　集
著 作 人　一般社団法人　日本建築学会

印 刷 所　株 式 会 社 愛　甲　社

発 行 所　一般社団法人　日本建築学会
108-8414　東京都港区芝 5-26-20
電　話・（03）3456 - 2051
Ｆ Ａ Ｘ・（03）3456 - 2058
http://www.aij.or.jp/

発 売 所　丸 善 出 版 株 式 会 社
101-0051 東京都千代田区神田神保町2-17
神田神保町ビル
電　話・（03）3512 - 3256

ⓒ 日本建築学会 2018

ISBN978-4-8189-0644-0　C3052